ELEMENTOS DE DIREITO DA INFRAESTRUTURA

GILBERTO BERCOVICI
RAFAEL VALIM
(*Coordenadores*)

ELEMENTOS DE DIREITO DA INFRAESTRUTURA

São Paulo

2015

CONTRACORRENTE

Copyright © EDITORA CONTRACORRENTE

Rua Dr. Cândido Espinheira, 560 | 3º andar
São Paulo – SP – Brasil | CEP 05004 000
www.editoracontracorrente.com.br
contato@editoracontracorrente.com.br

Editores

Camila Almeida Janela Valim
Gustavo Marinho de Carvalho
Rafael Valim

Conselho Editorial

Augusto Neves Dal Pozzo
(Pontifícia Universidade Católica de São Paulo – PUC/SP)

Daniel Wunder Hachem
(Universidade Federal do Paraná - UFPR)

Emerson Gabardo
(Universidade Federal do Paraná - UFPR)

Gilberto Bercovici
(Universidade de São Paulo - USP)

Heleno Taveira Torres
(Universidade de São Paulo - USP)

Jaime Rodríguez-Arana Muñoz
(Universidade de La Coruña – Espanha)

Pablo Ángel Gutiérrez Colantuono
(Universidade Nacional de Comahue – Argentina)

Pedro Serrano
(Pontifícia Universidade Católica de São Paulo – PUC/SP)

Silvio Luís Ferreira da Rocha
(Pontifícia Universidade Católica de São Paulo – PUC/SP)

Equipe editorial

Carolina Ressureição (revisão)
Denise Dearo (design gráfico)
Mariela Santos Valim (capa)

Dados Internacionais de Catalogação na Publicação (CIP)
(Câmara Brasileira do Livro, SP, Brasil)

B486   BERCOVICI, Gilberto; VALIM, Rafael et al.

Elementos de Direito da Infraestrutura | Gilberto Bercovici, Rafael Valim (coordenadores) – São Paulo : Editora Contracorrente, 2015.

ISBN: 978-8569220-04-6

Inclui bibliografia

1. Direito. 2. Direito Administrativo 3. Direito constitucional. 4. Direito público. 5. Direito Financeiro. 6. Política. I. Título.

CDU - 342.9

Impresso no Brasil
Printed in Brazil

SUMÁRIO

SOBRE OS AUTORES 11

APRESENTAÇÃO 15

INFRAESTRUTURA E DESENVOLVIMENTO – Gilberto
Bercovici 17

ASPECTOS MACROJURÍDICOS DO FINANCIAMENTO
DA INFRAESTRUTURA – Luís Fernando Massonetto 27

   1. INTRODUÇÃO 27

   2. PRESSUPOSTOS METODOLÓGICOS 29

   3. A INFRAESTRUTURA 35

   4. A ATIVIDADE FINANCEIRA DO ESTADO 38

   5. O FINANCIAMENTO DA INFRAESTRUTURA: FUNDING,
      RISCO E GARANTIAS.. 42

   6. A RACIONALIDADE INSTRUMENTAL NOS PROJETOS DE
      INFRAESTRUTURA.. 46

   7. CONCLUSÃO... 50

BREVES NOTAS SOBRE O *PROJECT FINANCE* COMO
TÉCNICA DE FINANCIAMENTO DA INFRAESTRUTU-
RA – Walfrido Jorge Warde Júnior e Diogo Nébias................. 53

GILBERTO BERCOVICI, RAFAEL VALIM (COORD.)

1. UMA BREVE DESCRIÇÃO DO FENÔMENO ESTU-DADO 53

2. O *PROJECT FINANCE* E A INFRAESTRUTURA COMO TÉCNICAS DE ATUAÇÃO DO ESTADO NA ECO-NOMIA 56

3. HISTÓRICO DO *PROJECT FINANCE* NO MUNDO E NO BRASIL 59

4. OS ATORES DO *PROJECT FINANCE* NO BRASIL E O PAPEL QUE DESEMPENHAM 62

5. CARACTERÍSTICAS DO *PROJECT FINANCE*...................... 66

6. A DIFERENÇA ENTRE *PROJECT FINANCE* E FINANCIA-MENTO TRADICIONAL 69

7. A DIFERENÇA ENTRE *PROJECT FINANCE* E FINAN-CIAMENTO ESTRUTURADO 70

8. O *PROJECT FINANCE* SOB O PONTO DE VISTA DOS INTERESSES PRIVADOS 72

9. RISCOS DO PROJETO E SUA ALOCAÇÃO....................... 72

    9.1 Identificação de risco e análise.............................. 73

    9.2 Alocação de risco.. 73

    9.3 Administração de risco... 74

    9.4 Modalidades de risco.. 75

    9.5 Fase de construção 75

    9.6 Fase de operação.. 78

    9.7 Riscos de operação 79

    9.8 Riscos de mercado.. 81

    9.9 Riscos regulatórios.. 82

    9.10 Riscos políticos 82

    9.11 Força maior 83

    9.12 Nível de endividamento... 83

ELEMENTOS DE DIREITO DA INFRAESTRUTURA

10. INVESTIMENTOS NECESSÁRIOS PARA O DESENVOL-
VIMENTO DO BRASIL.. 85

11. RECENTES DESAFIOS PARA O *PROJECT FINANCE* NO
BRASIL 86

ASPECTOS GERAIS DE CONCESSÕES DE SERVIÇOS PÚBLICOS E PARCERIAS PÚBLICO-PRIVADAS: CONTRATAÇÃO PÚBLICA E INFRAESTRUTURA – Irene Patrícia Nohara 89

1. CONSIDERAÇÕES INTRODUTÓRIAS 89

2. INFRAESTRUTURA E DESENVOLVIMENTO 90

3. DESDOBRAMENTO DO MODELO DE CONCESSÕES 95

4. SURGIMENTO DO MODELO DE PARCERIAS PÚBLICO-
-PRIVADAS E ASPECTOS GERAIS 99

5. PROBLEMÁTICAS TÉCNICAS DAS PARCERIAS PÚBLI-
CO-PRIVADAS NO QUADRO DO REGIME DAS CON-
CESSÕES... 102

6. CONCLUSÃO... 110

7. REFERÊNCIAS.. 112

CONCESSÕES DE SERVIÇOS PÚBLICOS E PPPS: ASPECTOS FINANCEIROS E TRIBUTÁRIOS – Heleno Taveira Torres e Suzana Soares Melo 115

1. CONSIDERAÇÕES INICIAIS 115

2. CONCESSÕES E PARCERIAS PÚBLICO-PRIVADAS: BRE-
VES DELINEAMENTOS 119

3. A CONSTITUIÇÃO FINANCEIRA E AS RECEITAS TRI-
BUTÁRIAS: CONCRETIZAÇÃO DE GARANTIAS E PRIN-
CÍPIOS CONSTITUCIONAIS 122

4. AS IMUNIDADES E A PRESTAÇÃO DESCENTRALIZADA
DE SERVIÇOS PÚBLICOS.. 124

GILBERTO BERCOVICI, RAFAEL VALIM (COORD.)

5. TRIBUTAÇÃO NAS CONCESSÕES DE SERVIÇOS PÚBLICOS E NAS PARCERIAS PÚBLICO-PRIVADAS 135

5.1 O pagamento pelos usuários dos serviços públicos: taxa ou tarifa? 136

5.2 O aporte de recursos e a contraprestação advindos do Poder Público 141

5.3 A tributação da remuneração e contraprestação percebidas na prestação de serviços de infraestrutura por concessionárias de serviços 145

6. A CONCESSÃO DE INCENTIVOS FISCAIS 156

7. CONSIDERAÇÕES FINAIS 158

REFLEXÕES SOBRE O REGIME DIFERENCIADO DE CONTRATAÇÕES PÚBLICAS – RDC – Rafael Valim 161

1. INTRODUÇÃO 161

2. A COMPETÊNCIA REGULAMENTAR NO CONTEXTO DO REGIME DIFERENCIADO DE CONTRATAÇÕES – RDC 162

3. O SIGILO DO ORÇAMENTO SOB A ÓTICA DO PRINCÍPIO DA PROPORCIONALIDADE 164

4. CONTRATAÇÃO INTEGRADA 166

4.1. Critério de julgamento 167

4.2. Alterações contratuais 171

5. CONCLUSÃO 173

6. REFERÊNCIAS BIBLIOGRÁFICAS 173

SANEAMENTO BÁSICO – Ricardo Marcondes Martins 177

1. COMPETÊNCIA DA UNIÃO 177

2. CONCEITO 178

ELEMENTOS DE DIREITO DA INFRAESTRUTURA

3. NATUREZA JURÍDICA 179

4. TITULARIDADE DOS SERVIÇOS 181

5. TITULARIDADE DOS RECURSOS HÍDRICOS E TITULA-
RIDADE DA PRESTAÇÃO 184

6. REGIÕES METROPOLITANAS 186

7. CONSORCIAMENTO COMPULSÓRIO 189

8. CONSORCIAMENTO VOLUNTÁRIO 192

9. "REGULAÇÃO" DOS SERVIÇOS 195

10. CONDIÇÕES DE VALIDADE DO CONTRATO 198

11. REFERÊNCIAS BIBLIOGRÁFICAS 202

**O DEVER DE PLANEJAMENTO ESTATAL E A EFETIVIDA-
DE NA PRESTAÇÃO DO SERVIÇO PÚBLICO DE SANEA-
MENTO BÁSICO – Augusto Neves Dal Pozzo** 207

1. CONSIDERAÇÕES INICIAIS 207

2. CONTEXTO HISTÓRICO DA DISCIPLINA JURÍDICA
DOS SERVIÇOS DE SANEAMENTO BÁSICO NO ORDE-
NAMENTO JURÍDICO BRASILEIRO 210

3. DO DEVER DE PLANEJAMENTO E OS SERVIÇOS DE SA-
NEAMENTO BÁSICO 230

**DESESTATIZAÇÃO DA INFRAESTRUTURA FEDERAL DE
TRANSPORTES E FINANCIAMENTO PÚBLICO: ALGUNS
PONTOS DE DISCUSSÃO – Danilo Tavares da Silva** 241

1. INTRODUÇÃO 241

2. AS ATIVIDADES FEDERAIS DE TRANSPORTE 243

3. BREVÍSSIMO HISTÓRICO DO PROCESSO DE DESESTA-
TIZAÇÃO DOS TRANSPORTES NA ESFERA FEDERAL .. 246

3.1 Setor ferroviário.. 248

3.2 Infraestrutura rodoviária.. 250

3.3 Infraestrutura aeroportuária... 252

3.4 Infraestrutura portuária 253

4. FINANCIAMENTO PÚBLICO DA DESESTATIZAÇÃO DA INFRAESTRUTURA DE TRANSPORTES? 255

4.1 Financiamento público da política de redução dos gastos públicos?... 258

4.2 Modalidades de financiamento público................................ 264

4.3 Agentes das políticas de financiamento público.................... 267

5. OBSERVAÇÕES FINAIS 275

CONTROLE PÚBLICO DE PROJETOS DE INFRAESTRUTURA – Fernando Facury Scaff... 277

1. POSIÇÃO DA QUESTÃO... 277

2. SOBRE O QUÊ INCIDE O SISTEMA PÚBLICO DE CONTROLE DE CONTAS.. 279

3. QUEM CONTROLA E QUEM AUXILIA NO CONTROLE .. 287

4. GARANTIAS PRESTADAS PELO PODER PÚBLICO NOS PROJETOS DE INFRAESTRUTURA: VINCULAÇÃO DE RECEITAS E O FUNDO GARANTIDOR 293

5. CONCLUSÕES.. 304

SOBRE OS AUTORES

AUGUSTO NEVES DAL POZZO

Professor de Direito Administrativo e Fundamentos de Direito Público na PUC-SP. Doutorando em Direito Administrativo pela PUC-SP. Mestre em Direito Administrativo pela PUC-SP. Especialista em Direito do Estado pela PUC-SP. Professor do Corpo Permanente da Pós-Graduação da Universidade de La Coruña – Espanha. Professor Convidado do Curso de Pós-graduação em Direito Administrativo da Universidad de Belgrano – Argentina. Pós-graduado em Management Program for Lawyers e Corporate Governance pela Yale School of Management. Presidente da Comissão Especial de Direito de Infraestrutura do Conselho Federal da Ordem dos Advogados do Brasil. Vice-Presidente do Instituto Brasileiro de Estudos Jurídicos da Infraestrutura (IBEJI). Membro do Comité de Coordinadores Nacionales da Red Iberoamericana de Contratación Pública. Diretor da Revista Brasileira de Infraestrutura (RBINF). Diretor da Revista Internacional de Direito Público (RIDP). Coordenador da Coleção Fórum Direito e Infraestrutura. Diretor do Instituto de Direito Administrativo Paulista (IDAP). Membro da Asociación Argentina de Derecho Administrativo (AADA). Membro da International Bar Association (IBA). Membro do Instituto de Advogados de São Paulo (IASP). Advogado. Sócio Fundador do Escritório Dal Pozzo Advogados.

DANILO TAVARES DA SILVA

Mestre e doutor em Direito Econômico pela USP. Professor de Direito Econômico da Universidade Presbiteriana Mackenzie e da FGV Direito SP. Advogado em São Paulo.

DIOGO NÉBIAS

Bacharel em direito pela USP. Master of Laws pela London School of Economics. Advogado em São Paulo

FERNANDO FACURY SCAFF

Professor da Faculdade de Direito da USP. Doutor e Livre Docente pela mesma Universidade. Professor da Faculdade de Direito da Universidade Federal do Pará. Sócio de Silveira, Athias, Soriano de Melo, Guimarães, Pinheiro & Scaff – Advogados.

GILBERTO BERCOVICI

Professor Titular de Direito Econômico e Economia Política da Faculdade de Direito da USP. Professor do Programa de Pós-Graduação em Direito Político e Econômico da Universidade Presbiteriana Mackenzie.

HELENO TAVEIRA TORRES

Professor titular do Departamento de Direito Econômico, Financeiro e Tributário da Faculdade de Direito da USP. Advogado.

IRENE PATRÍCIA NOHARA

Livre-Docente em Direito Administrativo e Doutora em Direito do Estado pela Faculdade de Direito da USP, por onde se graduou e fez mestrado. Professora-Pesquisadora do Programa de Mestrado da Universidade Nove de Julho. Professora de Fundamentos de Direito Público da Universidade Presbiteriana Mackenzie. Advogada e autora de obras jurídicas de direito público.

LUÍS FERNANDO MASSONETTO

Professor de Direito Econômico e Economia Política na Faculdade de Direito da USP (Departamento de Direito Econômico, Financeiro e Tributário). Graduado em Direito pela mesma Universidade. Doutor em Direito Econômico pela USP. Coordenador do Grupo de Pesquisa Direito e Regulação do Capitalismo.

RICARDO MARCONDES MARTINS

Doutor em Direito Administrativo pela PUC-SP. Professor de Direito Administrativo da Faculdade de Direito da PUC-SP.

RAFAEL VALIM

Doutor e Mestre em Direito Administrativo pela Pontifícia Universidade Católica de São Paulo – PUC/SP. Professor de Direito Administrativo e Fundamentos de Direito Público da Faculdade de Direito da Pontifícia Universidade Católica de São Paulo – PUC/SP. Professor Visitante da Università Commerciale Luigi Bocconi (Itália). Coordenador do Curso Euro-Brasileño de Postgrado sobre Contratación Pública – Faculdade de Direito da Universidade de La Coruña (Espanha). Professor do Mestrado em Direito Administrativo da Economia da Universidade Nacional de Cuyo – Mendoza (2012). Professor do Curso de Especialização em Direito Administrativo da Universidade Nacional de Comahue (Argentina). Presidente do Instituto Brasileiro de Estudos Jurídicos da Infraestrutura – IBEJI. Membro do Conselho do Instituto Brasileiro de Direito Administrativo – IBDA. Membro do Foro Iberoamericano de Derecho Administrativo – FIDA. Secretário da Comissão Especial de Direito da Infraestrutura do Conselho Federal da Ordem dos Advogados do Brasil – OAB. Membro da Comissão Especial de Controle dos Gastos Públicos do Conselho Federal da Ordem dos Advogados do Brasil – OAB. Diretor Executivo da Red Iberoamericana de Contratación Pública (Espanha). Diretor da Revista Brasileira de Infraestrutura – RBINF, publicada pela Editora Fórum. Publicou anteriormente: A subvenção no Direito Administrativo brasileiro (Contracorrente, 2015); O princípio da segurança jurídica no Direito Administrativo brasileiro (Malheiros Editores, 2010). Coordenou as seguintes obras: Contratación pública sostenible: una perspectiva iberoamericana (Bubok Publishing, 2015, em conjunto com Juan José

Pernas García); Acesso à informação pública (Editora Fórum, 2015, em conjunto com Antonio Carlos Malheiros e Josephina Bacariça); Parcerias Público-Privadas: teoria geral e aplicação nos setores de infraestrutura (Editora Fórum, 2014, em conjunto com Augusto Neves Dal Pozzo, André Luiz Freire e Bruno Aurélio); Regime Diferenciado de Contratações Públicas: aspectos fundamentais (3ª ed., Editora Fórum, 2014, em conjunto com Márcio Cammarosano e Augusto Neves Dal Pozzo); Tratado sobre o princípio da segurança jurídica no Direito Administrativo (Editora Fórum, 2013, em conjunto com José Roberto Pimenta Oliveira e Augusto Neves Dal Pozzo); Direitos humanos: desafios e perspectivas (Editora Fórum, 2011, em conjunto com Antonio Carlos Malheiros e Josephina Bacariça). Advogado.

SUZANA SOARES MELO

Doutora em Direito Econômico, Financeiro e Tributário pela Faculdade de Direito da USP. Professora de Direito Tributário dos Cursos de Graduação e Pós-graduação da Faculdade de Direito da FAAP. Advogada.

WALFRIDO JORGE WARDE JÚNIOR

Bacharel em direito e em filosofia pela USP. Master of Laws pela New York University School of Law. Doutor em direito comercial pela Faculdade de Direito da USP. Advogado em São Paulo.

APRESENTAÇÃO

Sabe-se que alguns temas no Direito, à semelhança de outras ciências, sofrem frequentemente o assalto de modismos que os empobrecem e os vulgarizam. Não há dúvidas de que a "infraestrutura", ao converter-se em uma das grandes "modas" do Direito Público brasileiro, passou a ser vítima deste nefasto fenômeno.

O leitor logo notará, entretanto, que a presente obra coletiva está na contramão desta tendência. Os artigos nela reunidos, da lavra de reputadíssimos juristas brasileiros, oferecem uma visão ampla, original e profunda acerca de assuntos da máxima relevância.

Ademais, a corresponder com a inerente interdisciplinaridade do tratamento jurídico da infraestrutura, nela se descortina um fascinante diálogo entre o Direito Constitucional, o Direito Econômico, o Direito Administrativo, o Direito Financeiro, o Direito Tributário e o Direito Societário.

Não podemos deixar de registrar também que esta publicação é resultado do exitoso Curso de Verão intitulado "Direito Econômico e Infraestrutura", realizado entre os dias 2 a 5 fevereiro de 2015 pelo Programa de Pós-Graduação e o Departamento de Direito Econômico e Financeiro da Faculdade de Direito da Universidade de São Paulo – USP, de cujos debates, animados por mais de 300 alunos, emergiu um riquíssimo conteúdo.

À vista disso é que, com indisfarçável satisfação, trazemos a público o presente livro, na expectativa de que ele possa contribuir para a concretização do projeto emancipatório consagrado na Constituição Federal de 1988.

Gilberto Bercovici
Rafael Valim

INFRAESTRUTURA E DESENVOLVIMENTO

GILBERTO BERCOVICI

O conceito de infraestrutura delineia-se primeiramente na terminologia administrativa francesa do início do século XX para designar as instalações permanentes das ferrovias, como pontes, túneis, redes de trilhos e estações.[1] Na década de 1960 adota-se internacionalmente o termo "infraestrutura" na linguagem estratégica e geopolítica da OTAN para designar as instalações militares permanentes, como casernas, centros de treinamento, paióis, estações de radar, etc. À mesma época, delimitados como objeto de pesquisa acadêmica, os problemas relacionados à infraestrutura evocam a preocupação cada vez maior de economistas em lhe dar uma definição precisa e investigar sua racionalidade no tocante à sua função, planejamento, financiamento, preço, risco, organização e desenvolvimento. A utilização mais intensa do termo "infraestrutura" foi acompanhada da popularização de outro vocábulo de origem militar e também hoje vinculado à infraestrutura: a "logística".[2]

---

[1] BERTHÉLEMY, Henry, *Traité Élémentaire de Droit Administratif*, 9ª ed, Paris, Rousseau, 1920, pp. 724-725.

[2] JOCHIMSEN, Reimut, "Über 'Infrastrukturen, als Voraussetzungen einer funktionsfähigen Volkswirtschaft" *in* KINDERMANN, Gottfried-Karl (org.), *Kulturen*

GILBERTO BERCOVICI

Da teoria econômica e social advém o sentido geral de infraestrutura como *"fundamento da atividade econômica"* (*"Unterbau der Wirtsfchaft"*),[3] o que implica dizer que os empreendimentos de infraestrutura são précondição para que as demais atividades possam se desenvolver. É a partir desta finalidade maior que se organiza toda a discussão contemporânea sobre infraestrutura.

É interessante notar nas obras de economia que, antes de se estabelecer um conceito amplamente aceito, os autores buscaram delimitar a composição material da infraestrutura econômica,[4] incluindo-se, com certo consenso, os sistemas de geração e distribuição de energia elétrica, a rede de abastecimento de água, a rede de coleta e tratamento de esgotos, as telecomunicações, a produção e distribuição de gás canalizado e a rede de transportes. Como bem enfatiza Tim Marshall, as concepções keynesianas do Estado de bem-estar europeu marcaram profundamente a concepção e o planejamento da infraestrutura.[5]

A primeira conceituação relevante de infraestrutura foi proposta por Reimut Jochimsen. Para este economista alemão, a *"infraestrutura consiste no conjunto de instalações e condições de natureza material, institucional*

---

im Umbruch: Studien zur Problematik und Analyse des Kulturwandels in Entwicklungsländern, Freiburg i. Br, Rombach, 1962, pp. 29-44; DÖRR Oliver, "Die Anforderungen an ein zukunfutsfähiges Infrastrukturrecht", *Veröffentlichungen der Vereinigung der Deutschen Staatsrechtslehrer* vol. 73, 2014, pp. 325-326 e MARSHALL, Tim, *Planning Major Infrastructure: A Critical Analysis*, New York/London, Routledge, 2013, pp. 4-8. Vide também CARVALHO, André Castro, *Direito da Infraestrutura: Perspectiva Pública*, São Paulo, Quartier Latin, 2014, pp. 94-98.

[3] FREY, René L., "Infrastruktur" *in* ALBERS, Willi & ZOTTMANN, Anton (orgs.), *Handwörterbuch der Wirtschaftswissenschaft*, Stuttgart/Tübingen/Göttingen, Gustav Fischer/Mohr Siebeck/Vandenhoeck & Ruprecht, 1978, vol. 4, p. 201.

[4] DÖRR, Oliver, "Die Anforderungen an ein zukunfutsfähiges Infrastrukturrecht" *cit.*, pp. 326-328. No escopo deste estudo interessam-nos os aspectos da infraestrutura material apenas. Vale, no entanto, mencionar que entre os economistas há uma discussão sobre a diferenciação entre a infraestrutura material e institucional. Nesta última categoria, menos evidente, poder-se-ia elencar a administração pública, a ordem jurídica, o sistema monetário, a educação, a pesquisa científica e tecnológica, a habitação e o próprio judiciário.

[5] MARSHALL, Tim, *Planning Major Infrastructure cit.*, pp. 24-25.

INFRAESTRUTURA E DESENVOLVIMENTO

e pessoal, disponibilizado a unidades econômicas no âmbito de uma economia baseada na divisão do trabalho, e que auxiliam, de um lado, a reduzir as diferenças na remuneração de fatores de produção, regional e setorialmente, e, de outro, a promover o crescimento da economia".[6] Como os estudos de infraestrutura se desenvolveram majoritariamente no âmbito da economia política, as demais elaborações conceituais acentuaram a perspectiva de desenvolvimento e planejamento econômico como elementos essenciais da infraestrutura econômica, como destacaram autores como Jacques Stohler[7] e Egon Tuchtfeldt.[8]

As definições que giram em torno da função dos objetos de infraestrutura conduzem à identificação de elementos caracterizadores que também são comuns à maioria dos economistas, tais como: *"i) concessão/ pagamento/custeio prévio universal; ii) uso vinculado ao local; iii) indivisibilidade técnica; iv) ausência de exclusividade de uso; v) uso altamente intensivo de capital em contraposição à mais moderada produtividade do capital; e vi) financiamento e controle pelo poder público"*.[9] Outros elementos consensuais são

---

[6] JOCHIMSEN, Reimut, *Theorie der Infrastruktur: Grundlagen der marktwirtschaftlichen Entwicklung*, Tübingen, Mohr Siebeck, 1966, p. 145: *"Infrastruktur ist die Gesamtheit der materiellen, institutionellen und personalen Anlagen, Einrichtungen und Gegebenheiten, die den Wirtschaftseinheiten im Rahmen einer arbeitsteiligen Wirtschaft zur Verfügung steht, und die helfen, einerseits die Unterschied in der Entlohnung der Produktionsfaktoren zwischen Regionen und zwischen Sektoren zu verringern und anderseits das Wachstum der Volkswirtschaft zu erhöhen"*.

[7] STOHLER, Jacques, "Zur rationalen Planung der Infrastruktur", *Konjunkturpolitik*, vol. 11, Berlin, 1965, p. 294: *"As tarefas de infraestrutura são aquelas que, embora sejam efetuadas em benefício de bens públicos, só são consideradas como investimento na medida em que as despesas presentes revertam em benefícios futuros"* (*"Sind Infrastrukturaufgaben solche, die "zwar für öffentliche Güter getätigt werden, jedoch insofern Investitionen darstellen, als gegegnwärtigem Aufwand künftige Erträge entsprechen"*).

[8] TUCHTFELDT, Egon, "Infrastrukturinvestitionen als Mittel der Strukturpolitik" *in* JOCHIMSEN, Reimut & SIMONIS, Udo (orgs.), *Theorie und Praxis der Infrastrukturpolitik*, Berlin, Duncker & Humblot, 1970, p. 128: *"Os investimentos em infraestrutura são considerados o conjunto de investimentos efetuados, em sua maior parte, pelo poder público, e que são pré-requisito para viabilizar a integração e o desenvolvimento de uma economia"* (*"Infrastrukturinvestitionen als "Gesamtheit aller vorwiegend von der öffentlichen Hand vorgenommenen Investitionen..., die Voraussetzung für die Integrations- und Entwicklungsfähigkeit einer Volkswirtschaft sind"*).

[9] FREY, René L., *"Infrastruktur" cit.*, pp. 201-202: *"(i) universale Vorleistung, (ii) die standortgebundene Nutzung, (iii) die technische Unteilbarkeit, (iv) die fehlende Nutzungsexklusivität, (v) die hohe Kapitalintensität bei niedriger Kapitalproduktivität und (vi) Finanzierung und Kontrolle durch die öffentliche Hand"*.

GILBERTO BERCOVICI

a possibilidade de sua utilização geral direta e a sua finalidade de abastecimento ou provimento de bens e serviços essenciais. A infraestrutura é sempre um bem público, resultante de investimentos públicos, que deve fornecer para todos os cidadãos, na expressão do historiador Dir van Laak, um "meio coletivo de subsistência" (*"kollektives Medium der Subsistenz"*).[10]

No campo do direito, observa Hünnekens[11], não há um conceito estritamente jurídico para definir "infraestrutura". De fato, identifica-se um processo de apropriação do debate econômico pelo direito, o que torna premente localizar um ponto de partida da discussão no campo da economia para sua compreensão. De qualquer forma, são poucos os autores que propõem uma definição, e a lei tampouco a oferece.[12] Há apenas a utilização do vocábulo "infraestrutura" em determinados dispositivos, como o artigo 21, XII, 'c' da Constituição de 1988, que estabelece dentre as competências da União explorar, diretamente ou mediante autorização, concessão ou permissão a navegação aérea, aeroespacial e a infraestrutura aeroportuária.

Para Rolf Stober, o setor de infraestrutura contempla *"todas as medidas empreendidas pelo poder público ou por ele influenciadas, para a instauração, manutenção ou desenvolvimento de instalações, que atendam às exigências técnicas e de demanda, a fim de garantir condições presentes e futuras para o exercício ideal e competitivo da atividade econômica"*.[13] Klaus Stern, por sua vez, amplia a definição de Stober, utilizada pela maior parte dos administrativistas,[14]

---

[10] LAAK, Dirk van, "Der Begriff 'Infrastruktur, und was er vor seiner Erfindung besagte*"*, *Archiv für Begriffsgeschichte*, vol. 41, 1999, p. 290 e DÖRR, Oliver, "Die Anforderungen an ein zukunfutsfähiges Infrastrukturrecht*"* *cit.*, pp. 328-332.

[11] HÜNNEKENS Georg, *Rechtsfragen der wirtschaftlichen Infrastruktur*, Köln/Berlin/Bonn/München, Carl Heymanns Verlag, 1995, pp. 11 e ss.

[12] DÖRR Oliver, "Die Anforderungen an ein zukunfutsfähiges Infrastrukturrecht" *cit.*, pp. 328-332.

[13] STOBER Rolf, *Handbuch des Wirtschaftsverwaltungs- und Umweltrechts*, Stuttgart, Kohlhammer, 1989, §47 I: *"alle von der öffentlichen Hand getragenen oder beeinflußten Maßnahmen zur Schaffung, Unterhaltung sowie zur bedarfsgerechten, dem technischen Fortschritt entsprechenden Weiterentwicklung von Einrichtungen, die geeignet sind, gegenwärtig und künftig eine leistungs- und wettbewerbsfähige Wirtschaftstätigkeit zu gewährleisten"*.

[14] Vide também BATTIS, Ulrich, "Wirtschaftliche Infrastruktur" *in* BUNTE, Hermann-

INFRAESTRUTURA E DESENVOLVIMENTO

compreendendo a infraestrutura como *"a categoria que se refere às instalações e medidas de ordem material, pessoal e institucional, que são necessárias como suporte básico para um determinado estágio de desenvolvimento avançado da sociedade, de forma a garantir aos indivíduos condições econômicas e pessoais apropriadas para o seu crescimento".*[15]

Estes autores nos permitem identificar as características comuns que devem ser levadas em conta quando da análise jurídica de questões relacionadas à infraestrutura. Primeiramente, os investimentos em infraestrutura são voltados à garantia dos elementos essenciais – de ordem material ou institucional – para o exercício regular das atividades econômicas fundamentais da sociedade em geral, sem os quais seu desenvolvimento não é possível. Assim, qualquer ação no campo da infraestrutura, seja realizada diretamente pelo Estado ou por ele autorizada, tem como objetivo o atendimento de necessidades determinantes à realização das atividades econômicas essenciais ao conjunto da sociedade.

Em decorrência da função central que desempenham na sociedade, as ações de infraestrutura apresentam alta complexidade em sua concepção, implantação e operação. Os economistas logo identificaram que os modelos gerais de elaboração de projetos, avaliação de riscos, estimativa de custos, formas de financiamento e formação de preços eram insuficientes para lidar com a complexidade de empreendimentos de infraestrutura.[16] A mesma necessidade de se ajustar o instrumental teórico convencional às exigências diferenciadas dos negócios complexos de infraestrutura verifica-se no campo do direito, tanto para o desenho

---

Josef & STOBER, Rolf (orgs.), *Lexikon des Rechts der Wirtschaft*, Neuwied, Luchterhand, 1991, vol. I, p. 120; BULL, Hans-Peter, *Die Staatsaufgaben nach dem Grundgesetz*, Frankfurt am Main, Athenäum Verlag, 1973, p. 268 e FRANK, Götz, *Lokaler Infrastrukturmangel und kommunale Finanzausstattung*, Baden-Baden, Nomos Verlagsgesellschaft, 1982, p. 49.

[15] STERN, Klaus, *Das Staatsrecht der Bundesrepublik Deutschland*, 2ª ed., München, Verlag C. H. Beck, 1984, vol. I, §21-II-2: *"Infrastruktur ist der Inbegriff materieller, personeller und institutioneller Einrichtungen und Vorkehrungen, die zu einem bestimmten, fortgeschrittenen Entwicklungsstadium der Gesellschaft als Grundausstattung notwendig sind, um eine angemessene wirtschaftliche und personale Entfaltungsmöglichkeit des Individuums zu gewährleisten".*

[16] FREY, René L., "Infrastruktur" *cit.*, pp. 207-211.

21

contratual das operações, quanto para a interpretação dos negócios jurídicos que as viabilizam.

A infraestrutura tem por característica a artificialidade, ou seja, é uma obra ou instalação artificial de titularidade do Estado, vinculada à exploração de um serviço público ou atividade econômica ou a um uso geral, remunerado ou não.

Em geral, a infraestrutura constitui um monopólio natural controlado pelo Estado, fornecendo produtos ou serviços para um grande número de usuários, afetando, assim, o bem-estar da população e o desempenho das empresas e produzindo efeitos diretos e indiretos por toda a economia. A configuração da infraestrutura em rede é geralmente mais frequente em infraestruturas mais ligadas à tecnologia, permitindo o acesso simultâneo a vários usuários. Este sistema de interconexão de vários pontos fundamenta a conectividade e a indivisibilidade da infraestrutura, que deve ser concebida sempre em sua totalidade. A rede é uma característica da infraestrutura, não se confunde com a própria. As redes costumam ser de difícil duplicação ou substituição física, demandando uma intensa coordenação para o bom funcionamento dos serviços.[17]

A infraestrutura deve ser compreendida sob a perspectiva do Estado. Afinal, toda e qualquer decisão sobre infraestrutura é uma decisão política, inserida na estratégia estatal de promoção do desenvolvimento. O planejamento estatal para a criação, ampliação, manutenção ou atualização da infraestrutura é, portanto, essencial. A infraestrutura não é um fim em si mesma, é um meio para o cumprimento de algum objetivo estatal.[18] Na síntese de Hünnekens: *"as ações no campo da infraestrutura não representam a sedimentação de um status quo, mas sim a propiciação do*

---

[17] FRÓES, Fernando, *Infra-Estrutura: Privatização, Regulação e Financiamento*, Belo Horizonte, Una, 1999, p. 46; DÖRR, Oliver, "Die Anforderungen an ein zukunfutsfähiges Infrastrukturrecht" *cit.*, p. 331 e CARVALHO, André Castro, *Direito da Infraestrutura cit.*, pp. 133-151.

[18] DÖRR, Oliver, "Die Anforderungen an ein zukunftsfähiges Infrastrukturrecht" *cit.*, pp. 337 e 349-353; WIβMANN, Hinnerk, "Die Anforderungen an ein zukunftsfähiges Infrastrukturrecht", *Veröffentlichungen der Vereinigung der Deutschen Staatsrechtslehrer* vol. 73, 2014, pp. 376-377 e 393-400; MARSHALL, Tim, *Planning Major Infrastructure cit.*, pp. 68-73 e CARVALHO, André Castro, *Direito da Infraestrutura cit.*, pp. 47-51 e 181-185.

INFRAESTRUTURA E DESENVOLVIMENTO

desenvolvimento presente e futuro da coletividade, (...) a infraestrutura é uma categoria vinculada ao desenvolvimento, incluindo todas as instalações e demais ações, que constituem o fundamento material e institucional – necessário e tecnicamente apropriado – para o desenvolvimento econômico de cada indivíduo e disponibilizados, em razão do interesse público que atendem, para toda a coletividade". [19]

Esta importância da infraestrutura para o Estado se reflete nas concepções de autores que, como Michael Mann, criaram a expressão "poder infraestrutural" (*"infrastructural power"*) do Estado, que seria o poder do Estado atuar na vida cotidiana de todos os cidadãos, coordenando de forma centralizada as atividades da sociedade por meio de sua própria infraestrutura. [20]

Já outros estudiosos, como Jo Guldi, vão além, e descrevem a amplitude de tarefas do que denominam "Estado de Infraestrutura" (*"Infrastructure State"*): *"In the infrastructure state, governments regularly design the flow of bodies, information, and goods. Modern governments in developed nations have mediated the relationship between individuals and infrastructure technology for so long that the role of the state in designing ports, sidewalks, and bus lines is nowadays taken for granted. It was through state activity, in the form of copyright and the broadcast spectrum, that information assumed the shape of property. By regulating railroads, states taught technocrats to cooperate; with libel and tort, states made the users of technology liable for negligence. In modern cities, government engineers design large-scale transport infrastructure, as well as street lighting, sewers, schools, and libraries. Governments directly orchestrate the social structure of neighborhoods through housing codes, health codes, zoning laws, preservation schemes and mortgage restrictions.*

---

[19] HÜNNECKENS, Georg, *Rechtsfragen der wirtschaftlichen Infrastruktur cit.*, pp. 15-16: *"Infrastruktur bedeutet nicht die Zementierung eines status quo, sondern die Ermöglichung einer Ent- und Weiterentwicklung. (...) die wirtschaftliche Infrastruktur wird definiert als entwicklungsoffener Inbegriff all jenen Einrichtungen und Maßnahmen, die als materielles und institutionelles Fundament für den Bereich der Ökonomischen Entfaltung des Einzelnen und der Allgemeinheit geeignet und notwendig sind und im öffentlichen Interesse dem Gemeinwesen zur Verfügung gestellt werden".*

[20] MANN, Michael, "The Autonomous Power of the State: Its Origins, Mechanisms and Results" *in* HALL, John A. (org.), *States in History*, Oxford/New York, Basil Blackwell, 1987, pp. 113-115 e 132-136.

GILBERTO BERCOVICI

There are few aspects of the built environment that have not been shaped by government".[21]

A infraestrutura exerce uma função de integração que é essencial para o Estado. A atribuição da responsabilidade pela infraestrutura ao Estado é dada pela Constituição, ao prever um Estado intervencionista, prestador de serviços públicos e que deve promover o desenvolvimento. Deste modo, a Constituição determina por meio de seus dispositivos ser um dever do Estado ter uma política ativa de desenvolvimento da infraestrutura[22].

Na Alemanha, por exemplo, a administração da infraestrutura é inseparável da concepção de serviço público (*"Daseinsvorsorge"*)[23], como instrumento essencial para o cumprimento da tarefa estatal de prestação dos serviços públicos. No caso brasileiro, por sua vez, a administração da infraestrutura também está vinculada não só à prestação de serviços públicos ou atividades econômicas correlatas[24]. Além disto, não podemos deixar de lado o fato de que o Estado brasileiro é o comprador

---

[21] GULDI, Jo, *Roads to Power: Britain Invents the Infrastructure State*, Cambridge (Ms.)/ London, Harvard University Press, 2012, pp. 3-4.

[22] DÖRR, Oliver, "Die Anforderungen an ein zukunfutsfähiges Infrastrukturrecht" *cit.*, pp. 337-340 e 347-349.

[23] A concepção alemã de *Daseinsvorsorge* foi desenvolvida originariamente por Ernst Forsthoff durante o nazismo e, posteriormente, adaptada à democracia da Lei Fundamental. Vide FORSTHOFF, Ernst, *Die Verwaltung als Leistungsträger*, Stuttgart/ Berlin, W. Kohlhammer Verlag, 1938, pp. 1-15 (capítulo 1, cujo título, emblemático, afirma ser a prestação de *Daseinsvorsorge* a tarefa da Administração Pública moderna – *"Die Daseinsvorsorge als Aufgabe der modernen Verwaltung"*); FORSTHOFF, Ernst, *Lehrbuch des Verwaltungsrechts*, 9ª ed, München, Verlag C. H. Beck, 1966, vol. 1, pp. 340-345 e SORDI, Bernardo, *Tra Weimar e Vienna: Amministrazione Pubblica e Teoria Giuridica nel Primo Dopoguerra*, Milano, Giuffrè, 1987, pp. 274-309. Para o debate atual na Alemanha, vide SCHMIDT, Reiner, "Der Liberalisierung der Daseinsvorsorge", *Der Staat*, vol. 42, 2003, pp. 225-247 e RONELLENFITSCH, Michael, "Daseinsvorsorge als Rechtsbegriff – Aktuelle Entwicklungen im nationalen und europäischen Recht" *in* BLÜMEL, Willi (org.), *Ernst Forsthoff: Kolloquium aus Anlass des 100. Geburstags von Prof. Dr. Dr. h. c. Ernst Forsthoff*, Berlin, Duncker & Humblot, 2003, pp. 67-114.

[24] DÖRR, Oliver, "Die Anforderungen an ein zukunfutsfähiges Infrastrukturrecht" *cit.*, pp. 332-335 e CARVALHO, André Castro, *Direito da Infraestrutura cit.*, pp. 162-168 e 239-240.

INFRAESTRUTURA E DESENVOLVIMENTO

monopsônico de infraestrutura, das grandes obras públicas, que são mercadorias não disponíveis no mercado, pelo contrário, precisam ser feitas sob uma série de especificações[25].

De acordo com Pedro Henrique Pedreira Campos, há três fases na história da infraestrutura brasileira.[26] Na primeira fase, entre a metade do século XIX e 1930, houve o predomínio das empresas estrangeiras, responsáveis pela construção de ferrovias, portos, serviços urbanos (iluminação, transporte, saneamento) e pequenas usinas hidrelétricas. Essas empresas estrangeiras eram contratadas por outras firmas estrangeiras que atuavam na infraestrutura, geralmente como concessionárias. Na segunda fase, entre 1930 e 1955, o Estado se destaca como o grande realizador das obras públicas, construindo a infraestrutura energética e de transportes do país, ampliando os serviços urbanos. Neste período, houve a estatização da contratação de obras de construção pesada. Finalmente, na terceira fase, iniciada em 1955, delineia-se uma divisão mais clara de tarefas entre a contratação por parte do Estado (a atividade estatal-contratante) e a realização das obras de infraestrutura por parte de empresas privadas (a atividade privada-contratada), em sua maioria, de capital nacional.[27]

Com o neoliberalismo, consagrou-se a hostilidade ao Estado e o desengajamento estatal da infraestrutura, por meio da privatização, abandono ou até mesmo a destruição de ativos públicos, promovendo políticas ditas "sustentáveis" que favorecem poucos em detrimento da maioria da população. Incentivou-se a chamada "comodificação" ("*commodification*"), ou seja, a mercantilização e privatização dos serviços públicos, dos bens públicos e da própria infraestrutura. A deterioração

---

[25] CAMPOS, Pedro Henrique Pedreira, *"Estranhas Catedrais": As Empreiteiras Brasileiras e a Ditadura Civil-Militar, 1964-1988*, Niterói, EdUFF, 2014, p. 32.

[26] CAMPOS, Pedro Henrique Pedreira, *"Estranhas Catedrais" cit.*, pp. 42-65.

[27] A proteção ao capital nacional no setor de grandes obras foi garantida pelo Decreto n. 64.345, de 10 de abril de 1969, que determina que o Estado só pode contratar para as obras públicas pessoas jurídicas constituídas no país, com sede e foro no Brasil, com o controle acionário pertencente a brasileiros natos ou naturalizados residentes no país e que tenham, pelo menos, metade de seu corpo técnico integrado por brasileiros natos ou naturalizados. Vide CAMPOS, Pedro Henrique Pedreira, *"Estranhas Catedrais" cit.*, pp. 341-346.

GILBERTO BERCOVICI

precipitada da infraestrutura é causada pela negligência em relação às áreas mais necessitadas e pela relutância ideológica em utilizar recursos públicos para recuperar ou investir em infraestrutura. Este modelo neoliberal de desmonte da infraestrutura contrasta vivamente com o modelo chinês, que busca ampliar a infraestrutura e garantir seu acesso para todos. Quando o Estado se afasta, terceiriza ou abandona a infraestrutura, as vítimas são sempre os economicamente mais vulneráveis, ampliando a marginalização e a exclusão. No modelo neoliberal, a segregação prevalece sobre a integração.[28]

Sem a garantia e a atuação estatais na infraestrutura, a economia não se expande, regiões inteiras podem ficar abandonadas e restringe-se o acesso de vários agentes econômicos ao mercado. A infraestrutura produz e informa as identidades e divisões políticas modernas. Só um governo que represente os interesses dos cidadãos efetivamente pode elaborar uma infraestrutura que sirva para todos.[29]

Mais do que isso, a infraestrutura faz parte do imaginário nacional. Os lugares costumam ser imaginados do modo pelo qual os países pensam sobre si mesmos. Cada sociedade projeta em seu imaginário o que pretende ou idealiza como seu futuro e qualquer projeto sobre infraestrutura é, em parte, condicionado por esse imaginário.[30] Quando planejamos ou refletimos sobre a infraestrutura, estamos planejando e refletindo sobre nós mesmos e nosso projeto nacional no futuro.

Informação bibliográfica deste texto, conforme a NBR 6023:2002 da Associação Brasileira de Normas Técnicas (ABNT):

BERCOVICI, Gilberto. Infraestrutura e desenvolvimento. *In*: BERCOVICI, Gilberto; VALIM, Rafael. (Coord.) *Elementos de Direito da Infraestrutura*. São Paulo: Editora Contracorrente, 2015. p. 17-26. ISBN. 978-8569-220-046

---

[28] GULDI, Jo, *Roads to Power cit.*, pp. 208–212 e Tim MARSHALL, *Planning Major Infrastructure cit.*, pp. 25 e 45–46.

[29] GULDI, Jo, *Roads to Power cit.*, pp. 19 e 23–24.

[30] MARSHALL, Tim, *Planning Major Infrastructure cit.*, pp. 58–63.

ASPECTOS MACROJURÍDICOS DO FINANCIAMENTO DA INFRAESTRUTURA

LUÍS FERNANDO MASSONETTO

1. INTRODUÇÃO

As carências estruturais do financiamento interno de longo prazo são um dos principais fatores de esgotamento dos sucessivos ciclos de crescimento da economia brasileira. Mesmo apresentando fatores endógenos dinâmicos, como a expressão significativa do mercado interno e diversidade setorial, as políticas de desenvolvimento sempre encontraram um limite na capacidade do Estado articular um sistema duradouro para o desenvolvimento das forças produtivas[1]. Tal insuficiência foi alvo de inúmeras abordagens acadêmicas que visavam articular uma agenda para o crescimento econômico a partir da identificação das causas deste fenômeno. Podemos mencionar, em sentido diametral, o modelo dos três hiatos apresentado por Bacha[2] no começo dos anos 80, apontando a

---

[1] COSTA, Fernando Nogueira da. *Financiamento Interno de Longo Prazo*, in Texto para Discussão / Instituto de Pesquisa Econômica Aplicada – IPEA. Brasília: IPEA, 2015, n. 2053.

[2] BACHA, Edmar. *Um modelo de três hiatos* in Pesquisa e Planejamento Econômico. Rio de Janeiro: IPEA, Volume 19, n. 2, pp. 213-232.

insuficiência de poupança privada, pública e externa (hiato de poupança), a insuficiência de reservas em moedas estrangeiras (hiato de divisas) e a falta de capacidade de investimento do setor público (hiato fiscal) como restrições à ampliação do investimento e as abordagens desenvolvimentistas filiadas ao pensamento de J. M. Keynes, que vinculam o crescimento das fontes de financiamento à expansão do endividamento, ou, de outro modo, que concebem a poupança como uma consequência da renda gerada pelo investimento.

No campo jurídico, as reflexões sobre o financiamento do desenvolvimento sempre esbarraram na dificuldade do positivismo jurídico raciocinar sobre estruturas regulatórias complexas e que estabelecem relações não-lineares entre as partes. Os campos dogmáticos da ciência do direito, moldados a partir de uma perspectiva liberal, que pressupõe uma identidade não histórica entre a regulação do sistema econômico e a regulação da economia de mercado, costumam tratar o fato social a partir das categorias distributivas que se manifestam na superfície do processo econômico, ignorando as mediações jurídicas que se manifestam nos pontos cegos das inúmeras intersecções do direito liberal.

Nesta perspectiva, uma reflexão sobre o papel do direito positivo na construção de uma política pública de financiamento interno de longo prazo, especialmente voltada à formação bruta de capital fixo, deve partir de uma abordagem sistêmica do processo de acumulação e sublinhar a regulação da atividade econômica para além das relações intersubjetivas privadas ou de uma dicotomia inexistente entre os campos de atuação do Estado e dos agentes privados no processo econômico. Esta abordagem sistêmica deve levar em conta que o processo de acumulação não pode ser compreendido a partir da análise de arranjos produtivos isolados. A regulação da atividade econômica pressupõe um sistema econômico complexo, que articula estruturas financeiras (mercados e instituições de crédito), os componentes estruturais da acumulação (capital produtivo) e os recursos que compõe o capital de empréstimo.

O Direito exerce um papel fundamental na criação de condições de ajuste e estabilização das diferentes temporalidades envolvidas nas metamorfoses do capital industrial e nos ciclos do capital monetário, do capital produtivo e do capital mercadoria[3]. Esta tarefa, no entanto, demanda uma compreensão macrojurídica[4] do processo social de produção e uma discussão política sobre o papel do Estado como estrutura indispensável da reposição das condições necessárias à reprodução ampliada do capital.

2. PRESSUPOSTOS METODOLÓGICOS

O Direito Econômico é uma construção europeia do século XX estabelecida em um ponto de convergência da *Weltanschauung* filosófica e epistemológica alemã do século XVIII, do capitalismo de estado em gestação na Alemanha desde o final do século XIX, das experiências organizativas da economia de guerra e das aspirações sociais animadas por uma ordenação do processo econômico que obliterasse o despotismo do chão de fábrica e a anarquia do mercado. Acompanhando a tendência europeia de superação do capitalismo concorrencial e promoção de políticas de bem-estar em um contexto de pactuação de classes no segundo pós-guerra, o Direito Econômico foi pouco a pouco construindo a plasticidade jurídica necessária para articular crescimento econômico, reconhecimento de direitos, proteção securitária e pleno emprego. Na periferia, o Direito Econômico foi recepcionado com a sua vocação antiliberal, discutindo os contornos da intervenção estatal na economia e o papel instrumental do direito na superação do subdesenvolvimento[5].

A Constituição de 1988 foi um marco na construção do Direito Econômico no Brasil. A despeito da hermenêutica fora do lugar do

---

[3] Ver MARX, Karl. *O Capital – Crítica da Economia Política*, Vol. II, Capítulos I, II e III. São Paulo: Nova Cultural, 1988, Vol. III, pp. 23-69. Ver também HARVEY, David. *Para Entender o Capital – Livros II e III*. São Paulo: Boitempo Editorial, 2014, pp. 43-70.

[4] Sobre o conceito de Macrojurídico, ver GRAU, Eros Roberto. Macrojurídico in Enciclopédia Saraiva do Direito. São Paulo: Edição Saraiva, 1980, pp. 21-24.

[5] Ver BERCOVICI, Gilberto. *O Ainda Indispensável Direito Econômico*, in BENEVIDES, Maria Vitória et al. Direitos Humanos, Democracia e República: Homenagem a Fábio Konder Comparato. São Paulo: Quartier Latin, 2009, pp. 503-520.

Estado subsidiário, o pacto constituinte reconheceu o papel do Estado como elemento indispensável na condução do capitalismo democrático brasileiro, seja na estabilização do processo de acumulação por meio da atuação direta e indireta na economia, seja na proteção do trabalho e do pequeno capital no espaço da livre concorrência de fatores[6]. Recuperando as aspirações de Weimar e da social-democracia alemã, desenhou diretrizes para superar a sujeição do trabalhador e do pequeno capital em face do poder econômico e para reverter a anarquia do mercado por meio do planejamento[7].

A narrativa emancipatória da constituição dirigente, no entanto, foi sendo pouco a pouco fragilizada pelo divórcio cada vez mais acentuado do projeto normativo da Constituição em relação aos pressupostos da acumulação de capital no Brasil nos últimos vinte anos. E tal divórcio redundou, de um lado, no isolamento normativo dos juristas desenvolvimentistas, cientes da construção interrompida, do bloqueio às cláusulas transformadoras, da constituição dirigente invertida[8]; de outro, animou o pensamento jurídico alinhado aos pressupostos políticos do regime de acumulação neoliberal para erigir um sistema jurídico orientado à eficiência, isto é, à melhor resposta institucional aos desígnios cosmopolitas do capital financeiro e das suas exigências de valorização[9].

O direito da infraestrutura é o campo jurídico em que tal polarização fica ainda mais evidente e pode ser uma arena importante para redefinir o Direito Econômico como construção do pensamento. De

---

[6] Ver GRAU, Eros Roberto. *A Ordem Econômica na Constituição de 1988*. São Paulo: Malheiros Editores, 7ª edição, 2002.

[7] Sobre a atualidade de Weimar, ver o trabalho magistral de BERCOVICI, Gilberto. *Constituição e Estado de Exceção Permanente*. Rio de Janeiro: Azougue Editorial, 2004.

[8] Ver BERCOVICI, Gilberto e MASSONETTO, Luís Fernando. "A Constituição Dirigente Invertida: a Blindagem da Constituição Financeira e a Agonia da Constituição Econômica" in *Boletim de Ciências Econômicas*. Coimbra: Faculdade de Direito da Universidade de Coimbra, 2006, vol. 49.

[9] Ver BERCOVICI, Gilberto e MASSONETTO, Luís Fernando. "Limites da Regulação: Esboço para uma Crítica Metodológica do Novo Direito Público da Economia", in *Revista de Direito Público da Economia*, Belo Horizonte, volume 07, n. 25, janeiro de 2009.

ASPECTOS MACROJURÍDICOS DO FINANCIAMENTO DA...

um lado, é importante abandonar o idealismo normativo ancorado nas aspirações constituintes, evitar as transposições anacrônicas de formas institucionais e modos de regulação do passado e problematizar as possibilidades materiais de instrumentalização da forma jurídica para a superação do subdesenvolvimento. De outro, é preciso apontar os limites das análises microjurídicas que reduzem a regulação da atividade econômica à criação de um ambiente de negócios favorável à segurança jurídica e redundam na proteção de interesses tendentes à extrapolação da concorrência entre os trabalhadores enquanto se socorre de uma política protetiva da renda do capital[10].

Neste sentido, é preciso estabelecer alguns pressupostos metodológicos visando reconectar o Direito Econômico com a reprodução ampliada do capital. A fragmentação doutrinária do fenômeno jurídico oculta a íntima relação da forma jurídica com a reposição das condições necessárias ao processo de valorização do capital. Desta maneira, ao focar exclusivamente os sujeitos de direito e suas representações na esfera mercantil, o direito revela os interesses e a autonomia da vontade de industriais, comerciantes, banqueiros e trabalhadores e torna opaca as mediações jurídicas entre o capital monetário, o capital produtivo, o capital de comércio de dinheiro, o capital portador de juros. O Direito Econômico como sistema normativo da estrutura global da divisão social do trabalho pressupõe, desta forma, que a "atividade econômica" objeto da regulação jurídica seja apreendida em sua dimensão integral, na qual os diversos ciclos de capital interagem incessantemente. Conforme aponta Germer, "o surgimento do capital comercial, nas suas duas formas *(comércio de mercadorias e comércio de dinheiro – nota LFM)*, e do capital bancário, no qual se fundem o capital de comércio de dinheiro e o capital de crédito, expressam a emergência de novas funções e novos personagens e, consequentemente, novas relações econômicas no interior da classe capitalista, fundadas em características objetivas da relação-capital.

---

[10] Sobre a tutela jurídica da renda financeira do capital como novo padrão normativo do Direito Financeiro, ver MASSONETTO, Luís Fernando. *O Direito Financeiro no Capitalismo Contemporâneo: a Emergência de um Novo Paradigma*. Tese de Doutorado apresentada na Faculdade de Direito da Universidade de São Paulo, 2006.

O surgimento destas novas formas do capital, reflete, portanto, uma maior diferenciação e complexidade das relações econômicas"[11].

O primeiro pressuposto metodológico do trabalho é realçar a perspectiva macrojurídica da regulação da atividade econômica. É inegável a importância dos arranjos microjurídicos para alinhavar os interesses das relações econômicas no interior da classe capitalista. No entanto, os subsídios doutrinários que pretendemos apresentar para uma reflexão jurídica das políticas públicas de financiamento interno de longo prazo sublinham os interesses agregados que se manifestam no processo social da reprodução ampliada de capital.

Eros Grau define o Direito Econômico como o "sistema normativo voltado à ordenação do processo econômico, mediante a regulação, sob o ponto de vista macrojurídico, da atividade econômica, de sorte a definir uma disciplina destinada à efetivação da política econômica estatal"[12]. Ao tratar o fenômeno jurídico a partir dos agentes econômicos agregados (ponto de vista macrojurídico) e não do sujeito de direito singular, o Direito Econômico abriu um caminho para ampliar a atividade econômica como objeto da regulação. Conforme o fenômeno social se complexifica, a análise jurídica tradicional pautada pelos conflitos intersubjetivos deixa escapar uma parte da realidade na qual os conflitos se desdobram em relações jurídicas não previstas, com a multiplicação dos atores e das jurisdições. A perspectiva macrojurídica permite, desta forma, repensar os fenômenos sociais complexos, iluminando os pontos escuros da regulação.

O segundo pressuposto metodológico é abandonar a tensão Estado-Indivíduo como fundamento do Direito Econômico. Ainda que tal reminiscência liberal do século XIX não sobreviva a um exame superficial da história do capitalismo nos últimos cem anos, é inegável a força normativa do capitalismo concorrencial dos primeiros tempos ou

---

[11] Ver GERMER. Claus. "O Capital Bancário e a Relação Indústria-Bancos na Teoria de Marx", in *Análise Econômica*. Porto Alegre, ano 28, n. 53, pp. 128-159, março de 2010.

[12] GRAU, Eros Roberto. *Elementos de Direito Econômico*. São Paulo: Revista dos Tribunais, 1981.

ASPECTOS MACROJURÍDICOS DO FINANCIAMENTO DA...

a reiteração de argumentos retóricos como a harmonia dos interesses e a mão invisível smithianas (ainda que provenientes da leitura apressada de um Smith de segunda mão). Assim, pretendemos abandonar as dualidades típicas da doutrina liberal da disciplina, como a que divisa na ordem econômica espaços protagônicos público e privado ou a que classifica as normas de direito econômico em normas de acesso e exercício da atividade econômica[13]. A atividade econômica é concebida neste trabalho em sua dimensão integradora dos diversos ciclos do capital, com suas múltiplas temporalidades, e que tem no Estado uma força indispensável para a sustentação do processo de valorização.

Em uma perspectiva microjurídica, o Direito Econômico traria à disciplina, em face de uma atividade econômica específica, as condições de acesso ao capital produtivo (iniciativa econômica, mobilização de fatores de produção, sistema de incentivos, regulações de acesso), as condições para estabilização intertemporal do processo de produção (crédito, capital de giro, estabilidade na regulação de fatores, subordinação do trabalho ao capital), as condições para realização do lucro da atividade (estímulo à demanda, liberdade de acesso ao mercado consumidor, crédito ao consumidor).

Em uma perspectiva macrojurídica, o Direito Econômico articula as mediações jurídicas de todos os ciclos da metamorfose do capital industrial. Não se trata da organização jurídica de uma unidade produtiva de valores de uso mas da articulação de uma extensa cadeia produtiva de valor. Assim, a partir da representação dos ciclos do capital industrial feita por Marx no Livro II do Capital, temos

$$D - M - P - M' - D' - M - P - M' - D' \ (...)$$

na qual:

(i)   a circulação do capital se apresenta em três estágios, a saber, forma capital-dinheiro (D), forma capital-produtivo (P) e forma capital-mercadoria (M);

---

[13] Ver Carvalhosa, Modesto. *Direito Econômico*. São Paulo: Editora Revista dos Tribunais, 1973.

(ii) M representa uma combinação de matérias-primas e força de trabalho e M´ o capital-mercadoria valorizado;

(iii) P representa o capital-relação verticalizado no sistema produtivo, responsável pela extração da mais-valia e pela reunião das matérias-primas com a força de trabalho.

O capital industrial assume as três formas e articula um processo produtivo extrator de mais-valia. No entanto, com o desenvolvimento do sistema econômico, as formas capital-dinheiro e capital-mercadoria se autonomizam, tornando-se campos específicos de negócios (ou atividades econômicas, para utilizarmos o conceito jurídico). Neste momento, é importante notar a interação dos agentes portadores destas formas autonomizadas com o capitalista industrial, cada qual representando os interesses específicos da sua camada de negócios.

A partir da representação geral da estrutura global da economia é possível vislumbrar três ciclos de interação:

(i) Ciclo do capital monetário: $D - M - P - M´ - D´$. Ciclo completo para o capital-dinheiro, cujo ponto de partida é reposto com acréscimo. Neste ciclo, sublinha-se o foco $D - (...) - D´$, ou seja, o objetivo do processo é a valorização do capital-dinheiro.

(ii) Ciclo do capital produtivo: $P - M´ - D´ - M - P$. Neste ciclo, o objetivo é a reposição das condições de produção, isto é, da reunião de matérias-primas e força de trabalho e extração de mais-valia mediante processo de subordinação do trabalho ao capital. A valorização aparece como renovação do processo de produção, sob a aparência de uma atividade econômica produtora de valores de uso.

(iii) Ciclo do capital mercadoria: $M´ - D´ - M - P - M´$. Neste ciclo, a valorização já se manifesta no seu ponto de partida, já que $M´$ já é um capital-mercadoria valorizado no processo de produção. Representa as condições de reposição do capital social, compreendido como uma soma de capitais individuais (capital constante e capital variável).

ASPECTOS MACROJURÍDICOS DO FINANCIAMENTO DA...

O deslocamento da análise da atividade econômica de uma óptica de produção de valor de uso para uma cadeia de valorização composta por ciclos com temporalidades distintas aponta o desafio da regulação macrojurídica da atividade econômica já que cada momento do ciclo é composto de atividades econômicas singulares de reprodução do capital comercial, de reprodução do capital bancário, de reprodução do capital produtivo, de reprodução do capital monetário e de reprodução do capital mercadoria. Para tornar o objeto da regulação ainda mais complexo, é preciso considerar que cada forma capital tem um tempo de rotação, que condiciona a extração da mais-valia, o tamanho da taxa de lucro, a quantidade de capital monetário adiantado... Estabilizar o processo de acumulação, especialmente em seus desdobramentos intertemporais de longo prazo, exige uma capacidade sistêmica de reposição periódica das condições para a reprodução dos capitais em todas as suas formas e temporalidades. Tal capacidade não é endógena ao processo de acumulação. O Estado e a forma jurídica têm contribuições relevantes neste sentido.

3. A INFRAESTRUTURA

A infraestrutura é um capital social fixo, normalmente de natureza pública, que integra o capital global das economias nacionais. Possui uma íntima relação com o capital industrial, constituindo-se em um insumo importante para o aumento da produtividade de fatores, para o crescimento econômico e como parte da estratégia de desenvolvimento nacional[14]. Mesmo representando uma parcela do estoque da riqueza

---

[14] É preciso reconhecer que a expansão do capital fixo não constitui necessariamente um elemento virtuoso no processo econômico a despeito da sua importância no processo de valorização. Como bem aponta David Harvey, "a contradição profunda e sujeita a crises entre fixidez e movimento é palpável, e o capital fixo está no centro disso tudo. O problema do capital fixo está, em suma, no fato de que ele é fixo, enquanto o capital se caracteriza justamente por seu valor em movimento. Essa oposição constitui um problema fascinante. E foi e continua a ser uma fonte frequente de crises que, em princípio, surgem da relação eternamente contestada entre capital e trabalho. Essas crises ocorrem quando a fixidez não consegue mais acomodar o movimento de expansão.

social, a infraestrutura é fundamental para o incremento da acumulação privada e para a elevação das taxas de retorno do capital. No entanto, apesar da relação direta entre a infraestrutura e a produtividade da economia[15], a expansão do capital social fixo é um dos problemas crônicos da economia brasileira.

De acordo com as Notas Metodológicas do Sistema de Contas Nacionais do Instituto Brasileiro de Geografia e Estatística, "a Formação Bruta de Capital Fixo (FBCF) é a operação do Sistema de Contas Nacionais (SCN) que registra a ampliação da capacidade produtiva futura de uma economia por meio de investimentos correntes em ativos fixos, ou seja, bens produzidos factíveis de utilização repetida e contínua em outros processos produtivos por tempo superior a um ano sem, no entanto, serem efetivamente consumidos pelos mesmos"[16].

De acordo com Hirschman[17], o Capital Fixo Social, composto pelos serviços públicos e pelos serviços de infraestrutura, é pressuposto necessário das Atividades Diretamente Produtivas (primárias, secundária e terciária). A implantação da infraestrutura pública é condição indispensável para a dinamização das atividades produtoras de bens e serviços, especialmente pelo setor privado. No entanto, mesmo com os inequívocos ganhos de eficiência proporcionados pelo investimento na formação bruta de capital fixo, nota-se uma dificuldade de incremento da infraestrutura na economia brasileira[18]. Revela-se, neste ponto, uma

---

Este último tem que romper as cadeias impostas pela parte do capital que é fixa. O resultado é a desvalorização de enormes quantidades de capital fixo, à medida que o capital monetário circulante e altamente móvel se transfere para outro lugar" (HARVEY, David, 2014, op. cit, p.111).

[15] Ver ASCHAUER, D. A. "Is public expenditure productive?" in *Journal of Monetary Economics*. Amsterdam: North-Holland Ed., v. 23, n. 2, pp. 177-200, março de 1989.

[16] ftp://ftp.ibge.gov.br/Contas_Nacionais/Sistema_de_Contas_Nacionais/Notas_Metodologicas/19_formacao_capital.pdf Acesso em 20 de abril de 2015.

[17] HIRSCHMAN, Albert. *The Strategy of Economic Development*. New Haven: Yale University Press, 1958.

[18] Em sentido parecido, Rostow, na sua teoria dos estágios do desenvolvimento econômico, defendia que uma forte etapa de formação de capital fixo (principalmente infraestruturas básicas) criava as condições para o crescimento econômico de um país.

ASPECTOS MACROJURÍDICOS DO FINANCIAMENTO DA...

manifestação concreta da dificuldade de financiamento interno de longo prazo mencionada no início do trabalho. Assim, em grande medida, o Direito Econômico da Infraestrutura precisa conciliar a regulação das atividades econômicas com a criação de determinantes jurídicas capazes de estimular a geração de *funding* para o financiamento interno de longo prazo em geral e para o financiamento de projetos de infraestrutura em particular.

David Harvey, ao descrever o processo de acumulação de capital por meio da urbanização, pontua que a implantação da infraestrutura urbana, devido aos longos períodos de trabalho e rotação de capital e a longevidade da maior parte dos investimentos no ambiente construído, exige uma combinação de capital financeiro e engajamento estatal[19]. Em outras palavras, no campo do Direito Econômico da Infraestrutura, somente a falsa consciência esclarecida[20] pode reivindicar a ação descentralizada dos agentes econômicos como arranjo mais eficiente para a provisão de bens e serviços.

A combinação de capital financeiro e engajamento estatal fundamenta-se não só na temporalidade do processo de formação do capital fixo mas também na necessidade de estabilizar os inúmeros interesses envolvidos na implantação de uma infraestrutura específica. Imaginemos, como exemplo, a implantação de uma usina geradora de energia a ser desenvolvida por uma Sociedade de Propósito Específico (SPE) concessionária do serviço público. A exploração de tal atividade, com um longo prazo de maturação, envolvendo uma fase pré-operacional e uma fase operacional, envolve uma interação econômica e jurídica de inúmeros centros de negócios: poder concedente, acionistas da SPE, compradores futuros da energia produzida, financiadores, operadores de sistema, bancos líderes, fornecedores de insumos, construtores, seguradoras,

---

A criação das infraestruturas seria uma condição de decolagem da economia nacional. Apontava então o sacrifício nas economias periféricas como promessa para a superação do subdesenvolvimento.

[19] HARVEY, David. *Cidades Rebeldes – do Direito à Cidade à Revolução Urbana*. São Paulo: Martins Fontes, 2014, pp.92-93).

[20] Ver SLOTERDIJK, Peter. *Crítica da Razão Cínica*. São Paulo: Estação Liberdade, 2012.

conselheiros financeiros, agentes fiduciários, assessores jurídicos, dentre outros. Cada um destes centros, mesmo que não interaja diretamente com outra unidade, participa de alguma maneira no risco do negócio. E mais: cada um destes agentes lidera uma atividade econômica com tempo de rotação do capital próprio, com custos de crédito distintos e taxas de retorno diferenciadas. Tomando a atividade econômica principal como um ciclo completo do capital industrial temos uma cadeia de atividades que se desdobra em torno do capital monetário, em torno do capital produtivo e em torno do capital mercadoria, cada qual com uma temporalidade própria, uma tendência à autonomização e um objetivo claro em torno da geração de valor.

Nesta perspectiva, o sistema de crédito vai desempenhar um papel fundamental na estabilização desta cadeia de interações, predominando sobre as órbitas mercantis e produtivas[21]. O Direito Econômico da Infraestrutura, ao discutir modelos jurídicos possíveis para a sustentação da política pública de financiamento de longo prazo, vai ter que construir alternativas institucionais para articular as esferas da produção e circulação mercantil com o sistema de crédito.

4. A ATIVIDADE FINANCEIRA DO ESTADO

Nesta seção, descrevemos um terceiro pressuposto metodológico para reconectar o Direito Econômico com a estrutura global da divisão social do trabalho. Trata-se da regulação da atividade financeira do Estado como elemento nuclear da estabilização da ordem econômica.

---

[21] HARVEY resume bem os papéis cruciais que o crédito desempenha de acordo com Marx. "Resumindo: (i) ele facilita o fluxo de capital monetário entre setores e indústrias de tal modo que a taxa de lucro é equalizada por toda a parte (...); (ii) ele reduz significativamente os custos de circulação, prescindindo do uso de mercadorias-dinheiro, e reduz simultaneamente os tempos de rotação (ou, o que resulta no mesmo, acelerando a velocidade das metamorfoses das mercadorias e aumentando a velocidade da circulação monetária. (...) Em suma, o crédito facilita a aceleração; e (iii) ele permite a formação de empresas de capital aberto que expandem drasticamente a escala das possíveis empresas de produção e a privatização de funções anteriormente governamentais ajudando a centralizar o capital". (HARVEY, David. Op. Cit. 2014, p. 223).

ASPECTOS MACROJURÍDICOS DO FINANCIAMENTO DA...

A ordenação do processo econômico e a estabilização da ordem econômica constitucional estão inseridas no processo sistêmico de acumulação e tem a sua dinâmica plasmada pelos regimes de acumulação em escala mundial e pelos modos de regulação verificados nas jurisdições nacionais[22]. A capacidade de intervenção estatal na economia vincula-se diretamente à atividade financeira do Estado, traduzida no modo como o fundo público é constituído, nas escolhas de alocação dos recursos orçamentários, na regulação do crédito público e do crédito privado.

Desta maneira, a regulação da atividade financeira do Estado está profundamente relacionada às condicionantes sistêmicas do processo de acumulação e às possibilidades de regulação das atividades econômicas. A política pública de financiamento interno de longo prazo como suporte às atividades econômicas envolvidas no processo de formação de capital social fixo tem várias de suas determinações amarradas à atividade financeira do Estado e não pode ser compreendida a partir de instrumentos jurídicos e financeiros isolados e descolados das estratégias nacionais de gestão da sua dívida pública. Em outras palavras, a regulação da atividade financeira é um pressuposto da política pública de financiamento de longo prazo porque indica a posição que o Estado assume ao longo do tempo como gestor político dos riscos e incertezas inerentes ao processo de acumulação de capital.

Durante a maior parte do século XX, o Estado keynesiano organizou a gestão pública do risco subordinando a dinâmica do processo de acumulação à política econômica estatal pautada pelo pleno emprego e pela promoção da demanda efetiva. Com as sucessivas crises de acumulação dos anos 70, sob o pretexto de reverter um quadro de aceleração inflacionária com desemprego, o Estado abandonou as estratégias fiscais expansionistas, aumentando sobremaneira o risco social. Por outro lado, no contexto da austeridade fiscal permanente, em substituição às políticas cíclicas do período anterior, o Estado passou a incentivar os mecanismos de financiamento privado da infraestrutura econômica e social,

---

[22] Sobre os conceitos de regime de acumulação e modos de regulação, ver BOYER, Robert. *Teoria da Regulação* – os Fundamentos. São Paulo: Estação Liberdade, 2010.

atuando como redutor dos riscos inerentes a esta atividade. Desta forma, houve a disseminação de políticas ativas de construção de instituições para o mercado, de melhoria do ambiente de negócios e de proteção ao investidor. Multiplicaram-se os instrumentos de delegação de serviços públicos a operadores privados, as parcerias público-privadas na área de infraestrutura e a utilização de fundos financeiros como estratégia de mobilização de recursos públicos e privados vinculados a empreendimentos específicos.

A gestão pública dos riscos envolvidos no processo de acumulação tem na dívida pública um elemento determinante, dado que ela compõe o sistema de crédito que, como visto, desempenha um papel estabilizador das interações econômicas dos ciclos de valorização do capital industrial. Como afirma Trindade, a centralidade da dívida pública para o sistema de crédito capitalista pode ser assim explicada: "(i) o mercado de títulos públicos, com as características de grande centralização, organização e volume de capital fictício, torna-se o principal centro mobilizador de capital de empréstimo; acresce-se a este aspecto o grau de negociabilidade dos títulos públicos e sua garantia, fundada na receita fiscal; (ii) de um modo geral, parece que é necessária uma sintonia fina da gestão estatal na forma de política fiscal e monetária que se dá através de mecanismo de open market e da taxa de redesconto, intervindo o Banco Central na compra de títulos no mercado secundário, retirando títulos (capital fictício) da economia e, por outro lado, injetando dinheiro da reserva fiscal do Estado, reciclando a dívida pública; (iii) a heterogeneidade dos títulos de dívida pública relaciona-se as distintas funcionalidades cumpridas pelos mesmos. Assim, a função mobilizadora de capital de empréstimo requer que a dívida pública tenha uma característica emissora baseada principalmente em títulos de médio prazo de vida, enquanto os títulos de curto prazo são funcionais a renovação da massa de capital fictício, que compõe o capital de empréstimo do sistema de crédito"[23].

---

[23] TRINDADE, José Raimundo. "A Dívida Pública como Componente Estrutural do Sistema de Crédito", in *Revista Econômica*. Rio de Janeiro, v. 13, n. 1, p. 94–125, junho de 2011, p. 96.

ASPECTOS MACROJURÍDICOS DO FINANCIAMENTO DA...

Desta forma, torna-se fundamental reconectar o Direito Econômico com o Direito Financeiro para vislumbrar uma estabilização do processo global de acumulação, especialmente em ciclos de longa duração. O Direito Financeiro é um sistema normativo que regula, mediante regime jurídico próprio, a atividade financeira do Estado e as determinantes jurídicas da política fiscal. Como tal, expressa a regulação do fundo público, estabilizando, como é próprio do capitalismo monopolista de Estado, a reprodução da força de trabalho e a reprodução do capital. Sistemicamente, a regulação da atividade financeira é determinante da divisão funcional dos papéis do Estado e dos agentes econômicos privados na dinamização do processo de acumulação. Em outras palavras, a regulação dos orçamentos, a regulação do crédito público, a formatação jurídica da política fiscal, a regulação prudencial dos riscos fiscais são questões que afetam diretamente a estrutura de financiamento do desenvolvimento em geral e do financiamento interno de longo prazo em especial.

A interação do sistema da dívida pública com o sistema de crédito afeta a profundidade do mercado financeiro. Como bem aponta, "o Estado Nacional situa-se no centro das decisões cruciais de financiamento da economia. A especificidade brasileira está em ter setor público que coordena o desenvolvimento do país. (...) O Tesouro Nacional, em última análise, oferece aos investidores risco soberano, para captar em longo prazo, tanto no mercado financeiro doméstico, quanto no internacional, e possibilita aos bancos públicos federais a realocação dos recursos em prazos adequados ao financiamento dos setores prioritários para o desenvolvimento brasileiro"[24-25].

As decisões sobre o perfil da dívida pública brasileira, bem como a definição da taxa básica de juros da economia, afetam o mercado de crédito para o financiamento de longo prazo. Em uma economia de

---

[24] COSTA, Fernando Nogueira, Op. Cit, 2015, p. 7.

[25] A referida atuação estatal não é isenta de críticas. Alguns economistas apontam um efeito deslocamento na economia brasileira (crowding-out) a partir da elevação da taxa de juros que o governo está disposto a pagar. A prioridade na colocação de títulos da dívida pública deslocaria a oferta no mercado de outros instrumentos financeiros.

juros altos, a colocação de títulos privados de longo prazo fica limitada pelo deslocamento dos investidores para o mercado de títulos públicos. Além disso, os títulos públicos têm risco soberano e mercado secundário bem organizado, o que pesa bastante na decisão de investimento privada. Por conta disso, o Estado, ao mesmo tempo em que segue uma política econômica de juros altos, tenta viabilizar os financiamentos de longo prazo, seja subsidiando a taxa de juros para setores estratégicos da economia, seja incentivando a captação de recursos de longo prazo, por meio de estímulos fiscais aos investimentos em fundos de infraestrutura ou por uma atuação diferenciada na fixação da taxa de juros pelos bancos públicos.

Nas últimas décadas, o financiamento de longo prazo só foi possível pela ação de fundos públicos captadores de poupança compulsória, como o Fundo de Garantia do Tempo de Serviço – FGTS e o Fundo de Amparo ao Trabalhador – FAT, cujas receitas originam-se do desconto da folha de salários e do faturamento das empresas. Visando superar este quadro, várias medidas têm sido apontadas como decisivas para a expansão do crédito de longo prazo. Entre elas, podemos citar o estímulo ao crédito bancário via emissão primária de títulos de dívida direta (debêntures), a expansão do mercado de capitais e o desenvolvimento de um mercado de securitização que favoreça a maior rotação de capital e o compartilhamento dos riscos de crédito, de mercado e de liquidez pela transferência dos créditos para companhias securitizadoras e investidores institucionais[26].

5. O FINANCIAMENTO DA INFRAESTRUTURA: *FUNDING*, RISCO E GARANTIAS

A formação do capital social fixo costuma estar associada a projetos de investimento de longa maturação. A duração destes projetos eleva o nível de incertezas do processo de valorização e implica uma alocação de riscos capaz de suportar a participação dos inúmeros agentes econômicos envolvidos nas várias etapas do processo.

---

[26] Ver COSTA, Fernando Nogueira. Op. Cit.

ASPECTOS MACROJURÍDICOS DO FINANCIAMENTO DA...

Os projetos de infraestrutura, por este motivo, costumam mobilizar várias fontes de financiamento visando adequar o fluxo de investimentos, as diferentes rotações do capital, a disparidade de prazos e custos e as etapas de execução do projeto. Costa aponta quatro fontes importantes de recursos: o autofinanciamento, o investimento direto estrangeiro, o crédito bancário e o mercado de capitais[27]. Estas fontes são complementares e variam de acordo com as características do projeto a ser financiado. A combinação destas fontes constitui o *funding* do projeto.

A estruturação jurídica do projeto de infraestrutura deve levar em conta os riscos associados às diversas atividades que o integram. De um lado, existe a estratégia de estabilização do projeto a longo prazo, que distribui os riscos entre os seus participantes e viabiliza a sua execução. Nesta perspectiva macro, o foco da análise é a estabilidade da operação, a definição dos riscos e sua alocação e a construção de um ambiente de interação entre os agentes que viabilize o projeto. De outro, existe a percepção subjetiva dos riscos pelos vários agentes econômicos envolvidos no projeto. Nesta perspectiva micro, o foco da análise são as condições individuais para que os agentes participem daquele risco, mensurando a incerteza, calibrando expectativas de retorno, perquirindo o preço das garantias necessárias para mitigar as situações de desconforto.

No primeiro caso, os riscos globais são ponderados a partir da confiança na gestão pública da incerteza radical do sistema capitalista. De acordo com J. M. Keynes, "o estado das expectativas de longo prazo, em que baseamos nossas decisões, não depende somente, portanto, da previsão mais provável que possamos fazer. Depende também da confiança que depositamos nessa previsão (...) Se esperarmos por grandes mudanças, mas estivermos muito incertos quanto à forma exata que essas mudanças irão assumir, então nossa confiança será débil. O ´estado de confiança` como chamam é uma questão a qual os homens práticos sempre prestam a máxima e mais ansiosa atenção. Mas os economistas não têm analisado isto com cuidado, contentando-se, habitualmente,

---

[27] Idem, p. 30.

em discutir o assunto em termos genéricos. Em particular, não tem ficado claro que a sua relevância para os problemas econômicos se manifesta como grande influência sobre o investimento (...) Entretanto não há muito a ser dito sobre o estado de confiança a priori. Nossas conclusões devem depender principalmente da real observação dos mercados e da psicologia dos negócios..."[28].

A redução dos riscos globais e a criação de um estado de confiança constituem aspectos relevantes de uma agenda jurídica voltada ao incremento do financiamento interno de longo prazo. Conforme já predicava Keynes, é fundamental uma ação centralizada pelo Estado que controle deliberadamente a moeda e o crédito, que dissemine em grande escala as informações relativas à situação dos negócios e aos fatos econômicos relevantes e que organize o mercado de capitais para distribuir a poupança por canais produtivos mais racionais[29]. Além disso, é necessário o desenvolvimento de instituições estatais capazes de deliberar publicamente sobre a política macroeconômica, estabilizando as expectativas do mercado financeiro e do mercado de fatores.

A gestão pública da incerteza de longo prazo e o desenvolvimento de um estado de confiança são elementos imprescindíveis para a gestão individual dos riscos, para a mensuração da incerteza subjetivamente apreendida. Frank Knight[30], escrevendo sobre as situações econômicas de risco e incerteza na década de 20 do século passado, já qualificava o risco como uma incerteza que pode ser medida e que permite, por conta de cálculos de probabilidade, a formação de um preço. Os projetos de infraestrutura demandam, neste sentido, uma estabilidade institucional que transforme as incertezas de longo prazo em

---

[28] KEYNES, John M. *The General Theory and After*: defence and development. London: MacMillian (The collected writings of John Maynard Keynes, edited by D. Moggridge, vol. XIV).

[29] KEYNES, John M. "O fim do laissez-faire" in SZMRECSANYI, T. (org.). KEYNES. São Paulo: Editora Ática, 1978, pp. 106-126.

[30] KNIGHT, Frank. *Risk, Uncertain and Profit. Washington*: Beard Group, 2002. Sobre o problema da incerteza e as transformações do modelo neoclássico, ver YAZBEK, Otávio. *Regulação do Mercado Financeiro e de Capitais*. Rio de Janeiro: Elsevier, 2007.

ASPECTOS MACROJURÍDICOS DO FINANCIAMENTO DA...

risco, tornando possível um cálculo econômico individual sobre as condições de adesão ao projeto.

Como aponta Natan Silver, "o risco lubrifica as engrenagens da economia de livre mercado; a incerteza é o cascalho que faz a engrenagem emperrar"[31]. A capacidade de mensuração das incertezas é vital para impulsionar os negócios de longo prazo. Em primeiro lugar, tal capacidade permite a composição da matriz de riscos do projeto, possibilitando a distribuição dos encargos entre os participantes da atividade. Em segundo lugar, a técnica de mensuração das incertezas indica as possibilidades de mitigação dos riscos, sugerindo estruturas de garantias mais adequadas.

Ainda que seja difícil falar sobre o estado de confiança a priori, como bem alertava o economista inglês, é possível identificar as determinantes das decisões individuais e discutir estratégias de mitigação ou distribuição dos riscos das atividades de longo prazo. O Direito Econômico, neste sentido, pode contribuir para uma estruturação macrojurídica da alocação de riscos e garantias, sem abrir mão da análise microjurídica e das técnicas contratuais e obrigacionais que perfazem a segurança demandada pelos agentes econômicos privados.

Assim sendo, é possível rascunhar uma matriz para reconhecimento dos elementos determinantes das decisões individuais nos projetos de infraestrutura e que repercutem no campo da dogmática jurídica. Da perspectiva da estruturação global do projeto, tal matriz deve indicar:

(i)   as características do projeto (CAPEX, OPEX, ativos, fluxos de caixa, prazo da etapa pré-operacional, prazo da etapa operacional);

(ii)   a estrutura societária da unidade executora do projeto e a seleção dos satélites e centros de negócios associados;

(iii) alocação de riscos entre os participantes conforme a participação no investimento;

---

[31] SILVER. Natan. *O sinal e o ruído: por que tantas previsões falham e outras não.* Rio de Janeiro: Intrínseca, 2013.

(iv)   as fontes de recursos (*funding*): autofinanciamento, investimento direto estrangeiro, crédito bancário e mercado de capitais;

(v)   a composição das garantias: contratuais, obrigacionais, institucionais e financeiras

6. A RACIONALIDADE INSTRUMENTAL NOS PROJETOS DE INFRAESTRUTURA

A implementação dos projetos de infraestrutura depende de uma viabilidade estrutural global e da viabilidade e do encontro virtuoso dos agentes individuais que participam da atividade econômica. De outro modo, não basta analisar a viabilidade do projeto tendo em consideração exclusivamente a estabilidade do ciclo de reprodução do capital industrial sem avaliar as intercorrências no longo prazo nos ciclos do capital dinheiro, do capital produtivo e do capital mercadoria. Os riscos envolvidos nas etapas intermediárias podem implicar a destruição de capitais, a interrupção da valorização e o fracasso do projeto global[32].

Para mitigar estes riscos, o sistema de crédito é um agente importante. Não somente porque harmoniza as diversas temporalidades dos capitais envolvidos no projeto de longo prazo mas porque cria *funding* para projetos altamente rentáveis, mas de longa maturação. A instrumentalização do crédito para os projetos de infraestrutura depende da viabilização de *funding* para o projeto específico e de *funding* no sistema financeiro nacional para lastrear a expansão do financiamento de longo prazo.

---

[32] Como bem adverte HARVEY, " à medida que a sociedade se desenvolve, a questão da manutenção, reparo e reposição do capital fixo existente não só absorve quantidades crescentes de capital, mas também requer quantidades crescentes de trabalho. (...) investir grandes volumes de capital fixo novo em reposições e reparos, além dos custos crescentes de manutenção, pode significar um fardo enorme para a sociedade. Para os capitalistas individuais, isso altera o cálculo sobre o tempo de rotação. Num certo ponto, devido aos custos cada vez maiores com reparos e manutenção, pode parecer mais econômico abandonar um investimento de capital fixo e começar de novo com equipamentos diferentes, talvez em outro lugar". (HARVEY, David. Op. Cit, 2014, p. 132).

ASPECTOS MACROJURÍDICOS DO FINANCIAMENTO DA...

O *funding* do sistema financeiro nacional para projetos de longo prazo é composto por captações estáveis, como os depósitos em poupança, a emissão de títulos como as letras financeiras e captações externas. Como já dito anteriormente, a economia brasileira sempre enfrentou dificuldades na oferta de produtos financeiros para captar passivos de longo prazo e alongar o perfil do endividamento. De acordo com Costa[33], são exemplos de produtos financeiros para captar recursos no mercado de capitais: ofertas públicas iniciais (IPO) de ações, debêntures, Letras Financeiras, *Project Finance*, Fundos de Investimento em Participações (FIPs), *Private Equity*, *Venture Capital*, securitização via venda de Cédulas de Recebíveis Imobiliários (CRIs) e Cédulas de Recebíveis Agrícolas (CRAs), Fundos de Investimentos Imobiliários (FII), Fundos de Investimento de Direitos Creditórios (FIDC). Além destas, em maior escala, destacam-se as captações bancárias tradicionais, como os depósitos à vista, a prazo e de poupança.

Os instrumentos financeiros mencionados são construções jurídicas que expressam funções distintas mas complementares na mobilização de recursos para o financiamento de projetos. Ao lado dos instrumentos financeiros, juridicamente formatados, a viabilidade dos projetos de infraestrutura exige o desenvolvimento de instrumentos jurídicos que auxiliem a ponderação de riscos e atuem na mitigação das incertezas mensuradas.

O acesso à informação é condição indispensável para operar a transformação de incertezas em riscos ponderados. Quanto maior a massa de dados, quanto mais alongadas as séries históricas de uma experiência reiterada, quanto maior a capacidade de enquadramento das situações de risco em padrões de frequência, maior a possibilidade de predição, pela teoria dos grandes números, dos eventos futuros ainda que incertos. Neste sentido, a prática negocial tenciona identificar riscos tipicamente associados aos projetos de longo prazo, buscando evidenciar a probabilidade de sua ocorrência, os

---

[33] COSTA. Fernando Nogueira. Op. Cit., p. 29.

instrumentos necessários para evitar a ocorrência do evento não desejado, as garantias de recomposição patrimonial em caso de ocorrência do evento não desejado, os custos destas garantias diretamente associados com a maior ou menor probabilidade de ocorrência do evento não desejado.

A título de exemplo, podemos mencionar os seguintes riscos típicos: o risco de caso fortuito ou força maior (*acts of God*), os riscos setoriais (associados com as características específicas de cada setor da economia, como estrutura de demanda, volume de recursos, políticas tarifárias, intensidade tecnológica), os riscos legais, o risco de suprimento (incerteza quanto à oferta de um insumo estratégico), o risco tecnológico (de engenharia, operacional técnico, de performance operacional), o risco ambiental, o risco de conclusão, o risco político (risco país e risco soberano), o risco dos participantes, o risco cambial, entre outros.

No setor de infraestrutura, o maior entrave ao financiamento é a falta de liquidez dos ativos tradicionalmente oferecidos em garantia pelos acionistas. Neste caso, a mitigação de riscos impõe a associação de medidas protetivas específicas a cada evento incerto, mas de ocorrência provável. Em linhas gerais, as medidas de mitigação giram em torno da garantia de conclusão e operação de projeto (que possibilita, por exemplo, a realização do fluxo de caixa previsto na estruturação da operação) e da garantia do pagamento do serviço da dívida em todas as fases do projeto, impulsionando os ciclos de valorização intermediários.

A mitigação de riscos pressupõe a constituição de uma estrutura garantidora que dilua a contaminação das cadeias de valor do projeto pela ocorrência de um evento não desejado. Tratando-se de operação complexa, que reúne diversos agentes econômicos e capitais com temporalidades distintas de valorização, a mitigação dos riscos não ocorre em uma relação linear dever-responsabilidade-garantia, mas sim em uma estrutura complexa de alocação de riscos e garantias. Assim, além das garantias tradicionais previstas na legislação civil, a gestão individual dos riscos envolve o desenvolvimento de garantias

ASPECTOS MACROJURÍDICOS DO FINANCIAMENTO DA...

obrigacionais (estabelecimento de cláusulas-tipo na estruturação jurídica das operações), de garantias contratuais (utilização de contratos padronizados, elaborados a partir da descoberta de *Standards* de risco e garantia, que diminui a assimetria de informação), de garantias institucionais (padrão de governança do projeto nas fases pré-operacional e operacional; estabelecimento de contas segregadas; acordo de acionistas; constituição de sociedades de propósito específico) e de garantias financeiras (instrumentos de mercado, como derivativos, *hedge*, opções, *swap*). Além destas garantias, podemos mencionar outras práticas bastante comuns na estruturação de projetos de longo prazo, como a hierarquização de pagamentos e centralização do fluxo de caixa, a previsão de *covenants* (obrigações de fazer e não fazer), cláusulas *de step-in rights*, que possibilitam a intervenção dos financiadores na sociedade financiada visando o saneamento do projeto, cláusulas de *cross default* e os contratos de seguro-garantia.

No campo das garantias contratuais, vale mencionar, como exemplo de contratos tipo baseado em Standards de risco e garantia, o contrato de *take-or-pay* (que reduz o risco do agente garantidor de demanda firme), o contrato de compra de energia (que reduz o risco de oferta do insumo e garante a oferta firme de energia ou indenização), o contrato de *supply-or-pay* (que reduz o risco de oferta de insumos em geral), contratos de EPC (que reduzem o risco de construção), contratos de seguro (que garantem o risco dos *acts of God*), e o compromisso arbitral (que reduz riscos institucionais).

Além das garantias contratadas no mercado, os projetos de infraestrutura contam também com garantias do Poder Público, especialmente quando se trata de infraestrutura associada à prestação de serviço público ou exploração de ativo estratégico ao desenvolvimento nacional. Neste sentido, podemos apontar a utilização de vinculação de receitas públicas, a abertura de contas financeiras vinculadas à garantia de projetos, o estabelecimento de estruturas institucionais de garantia (fundos garantidores, companhias garantidoras), oferta de seguro-garantia e a recém-criada Agência Brasileira Gestora de Fundos Garantidores e Garantia S.A.

7. CONCLUSÃO

A economia brasileira sempre enfrentou problemas crônicos na estabilização do ambiente de negócios e na estruturação de uma política pública de financiamento interno de longo prazo. Desde o século XIX, no contexto econômico periférico, a economia brasileira serviu como variável de ajuste das crises de acumulação do centro do sistema. Foi assim nos ciclos críticos do padrão libra-ouro, na crise do padrão de Bretton Woods, na crise das bolsas da década de 90 e, recentemente, na crise de 2008.

A economia política do subdesenvolvimento diverge quanto às razões deste fracasso crônico. De um lado, existe uma visão histórica que explica esta fragilidade em decorrência da morfologia do sistema mundial que expõe a periferia como território de ajuste das crises de liquidez das economias centrais. De outro lado, leituras institucionais tributárias do manifesto anticomunista de Rostow atribuem a dificuldade na formação do capital fixo a juízos morais sobre a gestão capitalista periférica, diagnosticando um ambiente de negócios pouco maduro, um excesso de intervenção estatal na economia, excesso de cupidez governamental que impede a colocação competitiva de títulos de dívida privada no mercado.

O Direito Econômico recebe influência destas leituras históricas. De um lado, é notável o esforço de certa tradição desenvolvimentista de buscar uma narrativa política e institucional da superação do subdesenvolvimento, calcada no reconhecimento de uma ordem econômica nacional orientada para a concretização de um projeto de transformação insculpido na Constituição. De outro, contrasta uma leitura universalista, baseada em critérios de eficiência e alinhada ao processo sistêmico da acumulação em escala mundial, que identifica na circulação de modelos jurídicos uma possibilidade de integração econômica dos mercados, de redução das assimetrias informacionais e de mitigação de riscos institucionais. A disputa pelo capital circulante global exigiria portos seguros, mercado maduros e retorno garantido. Evidente, existem posições intermediárias, que não podem ser desconsideradas. O que importa é verificar as tensões que de-

ASPECTOS MACROJURÍDICOS DO FINANCIAMENTO DA...

correm das reflexões sobre o papel do Direito Econômico na regulação do financiamento da infraestrutura. Em última análise, a política pública de financiamento de longo prazo é expressão das qualidades evidenciadas como virtude por uma ou outra leitura do fenômeno jurídico-econômico: soberania, eficiência, emancipação, integração sistêmica.

Por fim, vale perquirir se os problemas crônicos na formação bruta do capital fixo são resultado de uma arquitetura internacional assimétrica, que repõe o (des)ajuste estrutural do centro com a periferia, ou se resultado das dificuldades de decolagem das economias subdesenvolvidas. Neste sentido, vale transcrever as considerações de Harvey sobre a prescrições de Rostow que ainda animam algumas escolas de direito e desenvolvimento e que na sua teoria dos estágios do desenvolvimento econômico defendia uma forte etapa de formação de capital fixo (principalmente infraestruturas básicas) para criar as condições para o crescimento econômico de um país. A criação das infraestruturas seria uma condição de decolagem das economias nacionais subdesenvolvidas, que deveriam aceitar sacrifícios para garantir uma promessa de futuro:

> "A fase pré-condicional de forte investimento em infraestruturas de capital fixo exige sacrifícios. É necessário restringir o consumo habitual e apertar o cinto para permitir a formação do capital fixo. A ajuda do exterior também é importante (e a principal missão do Banco Mundial era, e em grande medida continua sendo, precisamente financiar e facilitar esses investimentos em infraestrutura). (...) havia algo profundamente errado na teoria 'anticomunista' de desenvolvimento de Rostow, em particular sua ênfase no sacrifício e na austeridade aqui e agora para o bem do desenvolvimento capitalista futuro. O que o programa de Rostow realmente significava era a abertura do mundo para os fluxos de capital excedente gerados pelas potências imperialistas e a legitimação das condições de austeridade que permitiam uma taxa de exploração da força de trabalho como necessária à prosperidade futura. As exportações de capital e os fluxos internacionais de capital não aparecem, portanto, nos dados de Rostow". (HARVEY, David. Op. cit, 2014, pp. 128-129)

E poderíamos dizer: as taxas de exploração da força de trabalho, as exportações de capital, os fluxos internacionais de capital não aparecem

LUÍS FERNANDO MASSONETTO

nos dados de Rostow e nem nas análises otimistas do direito. O Direito Econômico precisa avançar esta fronteira e retomar as discussões sobre os limites da forma jurídica no capitalismo para a construção de um projeto emancipatório.

Informação bibliográfica deste texto, conforme a NBR 6023:2002 da Associação Brasileira de Normas Técnicas (ABNT):

MASSONETTO, Luís Fernando. Aspectos macrojurídicos do financiamento da infraestrutura *In*: BERCOVICI, Gilberto; VALIM, Rafael. (Coord.) *Elementos de Direito da Infraestrutura*. São Paulo: Editora Contracorrente, 2015. p. 27-52. ISBN. 978-8569-220-046

BREVES NOTAS SOBRE O *PROJECT FINANCE* COMO TÉCNICA DE FINANCIAMENTO DA INFRAESTRUTURA

WALFRIDO JORGE WARDE JÚNIOR

DIOGO NÉBIAS

1. UMA BREVE DESCRIÇÃO DO FENÔMENO ESTUDADO

O *project finance* é a expressão em língua inglesa que se refere ao conjunto de técnicas e de estratégias de financiamento de uma dada empresa (à qual ordinariamente, em vista de seu âmbito determinado, a comunidade de negócios se refere como o "projeto"). Essas técnicas prescindem (ao menos modelarmente) de um juízo exclusivo acerca dos riscos de crédito dos "organizadores" do projeto (aos quais a doutrina especializada se refere como *sponsors*).[1]

---

[1] A mais extensa e melhor doutrina sobre a matéria foi produzida em língua inglesa, pelo que se explica o emprego dos muitos termos em inglês ao longo deste trabalho. Para uma visão geral, cf. SLIVKER, Anastasia. "What is Project Finance and How does it Work?" April 2011, pp. 3 a 6; The University of Iowa Center for International

WALFRIDO JORGE WARDE JÚNIOR, DIOGO NÉBIAS

São chamados de organizadores, o mais das vezes, em um sentido reducionista, os sócios da sociedade de propósito específico (caracterizada pelo parágrafo único, do artigo 981 da Lei n. 10.406, de 10 de janeiro de 2002 ["Código Civil"], bem como pelo artigo 9º da Lei n. 11.079, de 30 de dezembro de 2004 ["Lei das Parcerias Público Privadas"], cujo objeto será organizar e operar o projeto, exercendo a empresa que o caracteriza.[2]

Os *sponsors*, via de regra, são sócios de grandes grupos econômicos, com interesses em diversas sociedades, constituídas para explorar inúmeras atividades, em diferentes setores econômicos, para além daquela atividade desenvolvida pela sociedade de propósito específico.

A sociedade de propósito específico, ordinariamente referida por meio do acrônimo "SPE", é constituída com objeto social determinado, restrito a um único projeto ou atividade principal alavancada por um esquema padronizado de financiamento, que pressupõe a capitalização pelos organizadores ou a obtenção de recursos iniciais decorrentes de mútuos feneratícios.[3] Esses empréstimos – que no mercado se chamam de "dívida mezanino" – são contratados pela SPE, e são, de um lado, subordinados, e, de outro lado, privilegiados, na ordem de preferência de pagamento, a empréstimos futuros ("dívida sênior" e "dívida subordinada", respectivamente).

A SPE pode ser submetida a diferentes estruturas de controle, dependendo do tipo de financiamento e do regime jurídico que cada país impõe ao controle.

Os recursos para o pagamento da dívida mezanino são normalmente providos pelo fluxo de caixa, i.e., por direitos creditórios, "recebíveis", de que é ou será titular a SPE, como assegura um dado contrato que contempla obrigações de longo termo. A satisfação desses direitos de

---

Finance and Development; BARAGONA, Katharine. "Project Finance", in: *Transnational* Law, 18, 2004-2005, p. 139; SLATTERY, P. D., "Project Finance – An Overview", in: *Corporate & Business Law Journal*, 6, 1993-1994, p. 61.

[2] Sob um sentido técnico-jurídico estrito, a sociedade é a única organizadora do projeto, pelo que maneja formalmente todas as estratégias e todos os meios de produção dedicados ao projeto, que lhe pertencem exclusivamente.

[3] É igualmente possível um financiamento inicial híbrido, decorrente de capitalização (*equity*) e de suprimento (*debt*).

BREVES NOTAS SOBRE O *PROJECT FINANCE* COMO TÉCNICA DE...

crédito depende da concepção e do desenvolvimento do projeto e, portanto, decorre do exercício da empresa pela SPE, que será, nas operações mais próprias de *project finance*, a única devedora, por quem os organizadores respondem, em alguns casos (no contexto dos quais o modelo mais tradicional de *project finance* se desnatura), prestando garantias reais ou fidejussórias[4] em favor dos mutuantes.

A determinação adequada da viabilidade econômica do projeto é elemento essencial, principalmente numa operação de financiamento *non recourse*, i.e., em que o faturamento da SPE deverá ser capaz de custear as despesas operacionais, os impostos, e, sobretudo, as despesas financeiras, relativas ao principal e aos juros dos empréstimos contratados.

O *project finance*, em sua versão tradicional, não é centrado, portanto, prioritariamente no risco de crédito dos *sponsors* ou no valor dos ativos físicos envolvidos no projeto, mas depende, sobretudo, da confiança do credor no fluxo de caixa projetado e de sua capacidade de pagar o financiamento. E isso exibe, repise-se, o papel fundamental da identificação, da análise, da alocação e da administração de todos os riscos associados ao projeto. Nesses casos, por certo, o empréstimo só pode ser pago a partir do momento em que o projeto se torna operacional.

Um dado importante na análise de riscos é o fato de os ativos do projeto serem altamente especializados, de difícil remoção e de improvável utilidade em outro lugar. Mesmo se forem apreendidos judicialmente, o preço de revenda será muito inferior ao de aquisição, considerando-se a remota possibilidade de utilização em localidade diferente do projeto original.

O custo financeiro dessas operações costuma, nesse contexto peculiar, ser mais alto e as negociações alongadas.

A participação direta dos *sponsors* limite-se, não raro, à organização (*setup*) e à administração do projeto no início das atividades (*start-up*), em

---

[4] O acesso ao patrimônio dos *sponsors* pelos credores numa operação de *project finance* é classificado como (*i*) *full recourse* quando os *sponsors* prestam garantia fidejussória ao financiamento contraído pela SPE; (*ii*) *non recourse* quando os *sponsors* não prestam garantia fidejussória ao financiamento contraído pela SPE; e (*iii*) *limited recourse* quando os sponsors se comprometem a aportar recursos na SPE via aumento de capital social em determinadas hipóteses – *equity support*.

especial para assegurar determinados níveis de financiamento e de desempenho, ainda que, depois disso, a eles se possa recorrer para o fim de prestarem novas entradas, que se mostrem eventualmente indispensáveis ao bom sucesso da empresa.

A estrutura de *project finance* é utilizada para o financiamento de complexos projetos de infraestrutura, como a construção de grandes obras (e.g., hidrelétricas, mineradoras, rodovias, dutos), a exploração de recursos naturais e a prestação de serviços públicos essenciais.

2. O *PROJECT FINANCE* E A INFRAESTRUTURA COMO TÉCNICAS DE ATUAÇÃO DO ESTADO NA ECONOMIA

Foi no século XX que os projetos de infraestrutura se desenvolveram largamente, quando governos conceberam e construíram estruturas essenciais à sua população e aos negócios, com vistas a avançar o crescimento de suas economias e ampliar o bem-estar social.[5]

A palavra infraestrutura se refere a um conjunto de bens indispensáveis ao atendimento de necessidades coletivas e individuais, que se tornaram essenciais no âmbito da civilização capitalista.[6] Um projeto nacional de infraestrutura pressupõe a adoção de esquemas de: (*i*) propriedade; (*ii*) financiamento; (*iii*) planejamento; (*iv*) desenvolvimento; (*v*) gestão; (*vi*) utilização; (*vii*) regulação; e (*viii*) recapacitação (ou renovação) da infraestrutura.

A infraestrutura, nessa acepção sistêmica, contempla invariavelmente projetos de (*i*) eletricidade e gás; (*ii*) petróleo; (*iii*) água, esgoto e lixo; (*iv*) construção pesada; (*v*) transporte terrestre; (*vi*) transporte aquaviário; (*vii*) transporte aéreo; (*viii*) atividades auxiliares de transporte e entrega; e (*ix*) telecomunicações.[7]

---

[5] Cf. SLIVKER, Anastasia. "What is Project Finance and How does it Work?", April 2011, p. 2.

[6] Para um conceito inspirador, cf. FRISCHMANN, Brett M. "An Economic Theory of Infrastructure and Commons Management", in: *Minnesota Law Review*, 89, 2005, p. 923.

[7] Essa classificação se inspirou na que é adotada pelo Sistema BNDES para a apresentação estatística das informações de desembolso.

BREVES NOTAS SOBRE O *PROJECT FINANCE* COMO TÉCNICA DE...

A tendência nas últimas duas décadas foi, contudo, a migração de projetos de infraestrutura do setor público para o setor privado.[8] E isso, ainda que no Brasil, sob intenso financiamento estatal, essa migração seja questionável.

No mundo, o *project finance*, como técnica de financiamento, sobretudo de financiamento de infraestrutura, surgiu por volta de 1970. No Brasil, é recorrentemente aplicado em projetos de infraestrutura e se tornou cada vez mais relevante como instrumento de financiamento a partir da onda privatizações de meados da década de 1990. Aqui, o Estado, criticado por sua ineficiência gerencial, assumiu as funções de principal financiador externo da macroempresa e, no particular, daquelas dedicadas ao desenvolvimento de projetos de infraestrutura.

Para se ter uma ideia do volume de recursos envolvido no *project finance* em todo o mundo, em 2006, no auge de um ciclo de relativa estabilidade econômica global, havia 541 projetos que totalizavam US\$180 bilhões em investimentos. Já em 2010, em meio a uma brutal crise econômica nos principais mercados nacionais, detectaram-se 587 projetos que totalizavam US\$206 bilhões em investimentos. Uma explicação possível para tal crescimento é o fato de que muitos países mantiveram o investimento em infraestrutura em níveis elevados, mesmo durante o período mais intenso da crise financeira, justamente por entenderem-nos necessários à mantença de índices econômicos de crescimento e dos consequentes benefícios sociais. Outra explicação decorre da aceleração do desenvolvimento tecnológico que reduz os custos e diminui o tempo e o risco na implantação de projetos mais complexos. De mesmo modo, ao longo dos anos, as estruturas essenciais do *project finance* foram aperfeiçoadas e se tornaram capazes de mitigar riscos.[9]

O *project finance* afirmou-se, portanto, como um esquema de atuação do Estado na economia, em que pese ter sido inventado para deslocar, do Estado para o particular, o financiamento e o desenvolvimento da infraestrutura. Essa assertiva se mostra especialmente verdadeira

---

[8] Cf. SLIVKER, Anastasia. What is Project Finance..., op. cit., p. 2.

[9] Cf. SLIVKER, Anastasia. What is Project Finance..., op. cit., p. 25.

quanto acessamos os números do financiamento estatal do capitalismo brasileiro, em especial a importância dos desembolsos do sistema BNDES para financiar a infraestrutura desenvolvida por *players* eminentemente privados, no contexto de operações de "project finance".[10]

Os dados do quadro abaixo são, nesse sentido, especialmente elucidativos.

DESEMBOLSO ANUAL DO SISTEMA BNDES

Setor CNAE

R$ milhões

DISCRIMINAÇÃO	2005	2006	2007	2008	2009	2010	2011	2012	2013	2014
AGROPECUÁRIA	**4.058,8**	**3.422,6**	**4.997,8**	**5.594,5**	**6.855,7**	**10.126,3**	**9.759,0**	**11.362,2**	**18.662,2**	**16.775,1**
AGROPECUÁRIA	4.058,8	3.422,6	4.997,8	5.594,5	6.855,7	10.126,3	9.759,0	11.362,2	18.662,2	16.775,1
INDÚSTRIA EXTRATIVA	**337,7**	**1.457,9**	**1.050,5**	**3.310,7**	**3.219,3**	**1.513,6**	**3.579,0**	**1.825,3**	**4.055,7**	**3.027,3**
INDÚSTRIA EXTRATIVA	337,7	1.457,9	1.050,5	3.310,7	3.219,3	1.513,6	3.579,0	1.825,3	4.055,7	3.027,3
INDÚSTRIA DE TRANSFORMAÇÃO	**23.032,6**	**25.663,0**	**25.395,4**	**35.710,3**	**60.302,2**	**77.255,2**	**40.270,4**	**45.861,0**	**53.959,8**	**47.038,2**
PRODUTOS ALIMENTÍCIOS	2.396,4	3.304,4	4.368,8	9.543,9	8.034,0	12.292,7	5.261,6	4.690,0	7.070,2	6.123,8
BEBIDAS	501,6	344,9	404,6	528,8	769,9	1.174,3	1.567,8	1.426,2	800,9	1.150,6
FUMO	5,2	13,5	12,7	0,4	0,1	4,9	12,2	6,1	18,5	1,5
TÊXTIL	256,5	175,7	296,4	954,0	381,4	1.558,1	1.544,7	1.234,7	988,7	608,0
CONFEC., VESTUÁRIO E ACESSÓRIOS	60,5	90,0	106,1	394,2	265,8	592,1	1.011,3	1.478,5	907,9	637,9
COURO, ARTEFATO E CALÇADO	153,9	316,3	170,8	651,5	252,8	714,9	647,2	835,5	602,2	273,0
MADEIRA	210,4	197,7	340,6	512,0	376,0	526,8	543,2	761,5	780,0	454,6
CELULOSE E PAPEL	1.415,1	2.315,0	1.808,5	857,7	3.567,7	1.623,0	1.457,6	4.218,6	3.830,8	4.019,3
GRÁFICA	20,3	25,2	31,5	49,9	68,7	112,0	128,6	179,7	152,5	135,0
COQUE, PETRÓLEO E COMBUSTÍVEL	170,8	1.391,5	1.798,0	3.145,6	23.238,4	28.712,3	4.466,5	6.281,4	7.243,8	5.198,1
QUÍMICA	1.012,9	1.062,0	1.882,8	2.176,1	2.175,0	3.798,2	2.457,9	1.997,7	3.396,0	3.572,3
FARMOQUÍMICO, FARMACÊUTICO	128,9	149,9	594,6	301,9	224,1	1.302,6	225,1	246,1	548,2	482,6
BORRACHA E PLÁSTICO	466,7	472,7	1.124,9	933,1	1.021,5	1.872,3	1.498,8	2.248,8	2.455,5	1.461,4
MINERAL NÃO METÁLICO	227,5	410,6	439,7	590,5	1.245,4	1.657,1	1.971,4	2.203,5	2.637,3	1.698,3
METALURGIA	1.367,8	2.160,8	3.119,8	3.209,2	4.488,0	3.809,0	2.551,1	2.538,4	2.551,1	2.478,0
PRODUTO DE METAL	382,2	337,1	522,4	508,1	810,7	1.118,1	1.204,5	1.327,7	1.517,2	1.588,0
EQUIP INFO, ELETRÔNICO, ÓTICO	637,3	879,7	829,7	871,7	393,3	942,5	298,3	961,5	836,2	625,6
MÁQ, APARELHO ELÉTRICO	658,2	674,0	837,0	889,4	1.210,7	1.155,8	1.399,4	1.228,5	1.690,1	1.044,8
MÁQUINAS E EQUIPAMENTOS	1.964,7	1.694,8	1.716,3	1.664,1	2.616,7	3.248,9	2.781,0	3.418,9	4.216,3	2.908,3
VEÍCULO, REBOQUE E CARROCERIA	4.718,3	5.186,2	3.065,2	4.603,0	5.922,5	5.790,4	4.658,9	4.643,2	6.851,9	5.296,0
OUTROS EQUIP TRANSPORTE	6.043,8	4.222,7	1.699,6	2.942,3	2.899,3	4.410,8	3.543,9	2.350,0	3.452,3	6.249,5
MÓVEIS	137,5	81,6	149,1	288,1	206,1	455,5	670,4	1.028,4	928,6	610,4
PRODUTOS DIVERSOS	90,4	154,2	62,0	65,0	106,8	316,3	294,7	393,7	266,3	261,5
MANUTENÇÃO, REPARAÇÃO, INSTAL.	5,8	2,4	14,2	29,6	27,0	66,2	74,4	162,5	217,6	159,9
COMÉRCIO E SERVIÇOS	**19.551,1**	**20.774,5**	**33.448,0**	**46.262,5**	**65.979,1**	**79.527,7**	**85.265,0**	**96.943,7**	**113.741,3**	**120.996,2**
ELETRICIDADE E GÁS	4.962,7	3.564,3	6.940,3	8.923,3	14.716,5	13.878,5	16.286,1	19.359,4	20.366,7	19.597,8
ÁGUA, ESGOTO E LIXO	329,2	401,5	654,3	794,0	906,4	1.590,1	1.549,8	1.492,2	1.680,1	1.826,6
CONSTRUÇÃO	1.681,7	1.538,7	3.126,2	4.103,1	6.550,4	6.650,2	7.195,2	8.028,7	9.731,2	10.314,7
COMÉRCIO	936,0	1.829,1	2.536,3	3.156,3	5.597,0	10.530,0	11.309,5	13.201,7	16.840,1	17.579,1
TRANSPORTE TERRESTRE	7.310,4	8.423,1	12.588,3	17.531,3	23.737,1	28.473,5	28.623,8	18.844,0	25.537,9	28.117,9
TRANSPORTE AQUAVIÁRIO	421,7	476,9	707,6	661,5	914,8	1.565,3	1.980,9	2.222,8	2.206,4	388,2
TRANSPORTE AÉREO	165,0	93,8	18,8	10,7	469,9	571,1	395,0	545,7	335,3	546,8
ATIV AUX TRANSPORTE E ENTREGA	776,5	542,9	1.013,2	622,6	2.084,7	2.960,7	3.505,4	4.699,0	7.861,9	10.428,2
ALOJAMENTO E ALIMENTAÇÃO	99,0	85,3	115,7	134,7	189,6	382,3	563,2	693,9	908,6	1.112,6
INFORMAÇÃO E COMUNICAÇÃO	135,1	114,7	472,8	584,0	341,0	599,5	586,0	550,9	861,4	1.134,3
TELECOMUNICAÇÕES	1.670,5	2.133,7	3.379,2	6.187,8	3.834,9	2.103,9	3.107,8	4.836,12	2.694,5	5.295,2
ATIV FINANCEIRA E SEGURO	59,0	259,1	257,5	1.279,8	414,0	741,6	1.341,7	2.692,7	4.208,3	4.623,5
ATIV IMOBIL, PROFISSIONAL E ADM	507,0	537,3	870,3	1.425,2	1.326,5	3.415,6	3.718,0	4.726,7	5.254,8	5.225,0
ADMINISTRAÇÃO PÚBLICA	142,8	128,3	147,7	289,5	4.148,7	5.128,9	3.047,6	12.108,4	12.098,7	11.640,8
EDUCAÇÃO	164,8	159,7	141,7	135,5	173,4	183,2	244,6	444,5	488,4	665,3
SAÚDE E SERV SOCIAL	141,5	418,3	399,1	304,1	415,8	497,1	672,9	731,1	1.174,4	1.542,2
ARTES, CULTURA E ESPORTE	15,0	18,8	23,4	37,7	76,5	122,1	961,3	1.567,7	1.309,8	715,3
OUTRAS ATIV SERVIÇOS	36,9	49,2	55,6	81,4	82,1	134,2	176,2	198,2	182,8	242,8
TOTAL	**46.980,2**	**51.318,0**	**64.891,8**	**90.877,9**	**136.356,4**	**168.422,7**	**138.873,4**	**155.992,3**	**190.419,0**	**187.836,9**

---

[10] Cf. COOK, Jacques. "Infrastructure Project Finance in Latin America", in: *International Business Law*, 24, p. 260.

BREVES NOTAS SOBRE O *PROJECT FINANCE* COMO TÉCNICA DE...

3. HISTÓRICO DO *PROJECT FINANCE* NO MUNDO E NO BRASIL

Tem-se notícia da utilização de esquemas de financiamento de projetos, por meio de técnicas assemelhadas àquelas que hoje remetem ao *project finance*. Há mais de 700 anos. A coroa britânica, já em 1299, contraiu empréstimo do banco italiano Frescobaldi, um dos mais importantes da época, para exploração de minas de prata em Devon, na costa sudoeste da Inglaterra. Parte da dívida foi paga com a extração de prata da mina pelos italianos, sem limite de quantidade, pelo período de um ano. A Inglaterra não precisou garantir o pagamento e os italianos assumiram o risco da operação.[11]

Foi, contudo, somente a partir da década de 1960 que o financiamento de projetos para grandes obras de infraestrutura passou a ser utilizado com maior frequência. Um projeto emblemático dessa época foi a construção, entre 1969 e 1977, do projeto *Trans Alaska Pipeline* (TAPS). Foi levado a cabo por meio de uma *joint venture* entre oito gigantes do petróleo, envolvendo um oleoduto com 1.300 quilômetros de extensão, com custo de US$8 bilhões, para transporte de petróleo bruto e gás natural liquefeito do norte do Alasca ao porto de Valdez. O projeto envolveu estudos de rota, de desenho e de geologia, empregando mais de 28 mil pessoas.[12]

Na história do Brasil, reconhece-se a aplicação da estrutura de financiamento de projetos desde a expedição marítima que levou ao descobrimento do Brasil, sendo que é possível supor que a adoção da estrutura de "project finance" no Brasil tenha sido adotada na segunda metade do século XIX, nos projetos iniciais do setor elétrico com a diminuição do domínio do investimento estrangeiro que dominava tal setor até então.[13]

---

[11] Cf. JAMES, Barclay Edward, *Project Finance Contracting, Transaction Costs and Capital Structure*. Urbana, Illinois: University of Illinois at Urbana-Champaign, 2008, p. 13.

[12] Cf. FINNERTY, John D. *Project Finance: Engenharia Financeira baseada em ativos*. Rio de Janeiro: Qualitymark, 1999, p. 21.

[13] Cf. ENEI, José Virgílio Lopes. *Project Finance – Financiamento com Foco em Empreendi-*

Mais recentemente, nas décadas de 1970 e 1980, aparecem técnicas mais próximas do *project finance* em sua configuração moderna, especialmente para a exploração dos campos de petróleo detidos pela União, com a contratação do setor privado para pesquisar e explorar os campos, assumindo o risco dos investimentos e recebendo remuneração da União.

Apenas na década de 1990, contudo, que, no Brasil, o *project finance* passou a ser utilizado recorrentemente, inserto no processo de privatização de grandes empresas estatais brasileiras, principalmente nos setores de telecomunicações e energia elétrica. A estabilidade econômica oferecida pelo Plano Real, implantado em 1994, ofereceu segurança aos financiadores e investidores nacionais e estrangeiros, alavancando o investimento em infraestrutura nacional sob a estrutura de *project finance*.

Anteriormente, o Estado exercia as atividades para o desenvolvimento de infraestrutura por meio de empresas públicas. O Estado financiava, geria e recapacitava os grandes projetos do país, fortemente escorado em empréstimos internacionais. A elevada dívida do Estado, somada a um discurso que clamava pela diminuição da atuação estatal na economia, motivou a retração de domínios e de ações do Estado-Empreendedor, pelo que, substituído pelo desenvolvedor privado de projetos (supostamente mais eficiente), transmudou-se em Estado-Financiador, conectado às estruturas de *project finance* como principal provedor de financiamento externo da macroempresa no Brasil.

Tomem-se os seguintes exemplos de grandes projetos brasileiros financiados a partir da década de 1990:

– 1996 – Ponte Rio-Niterói – financiamento de R$36 milhões do BNDES pelo prazo de 10 anos para investimentos em melhoria: com garantia sobre os créditos decorrentes da cobrança de pedágio.

– 1993 – Serra da Mesa Energia – investimento de US$800 milhões: parceria entre o poder público e o setor privado para aumento da

---

mentos *(Parcerias Público-Privadas, "Leveraged Buy-Outs" e Outras Figuras Afins)*, 2007, Editora Saraiva, São Paulo, p. 96 e ss.

capacidade de geração de energia elétrica nacional, para conclusão do aproveitamento hidrelétrico da Serra da Mesa, com 1.275 MW (elo entre os sistemas Sul/Sudeste/Centro-Oeste e Norte/Nordeste).

– 1997 – Via Lagos S.A. – investimento de US$82 milhões: recuperação de importante malha viária na ligação da região dos lagos fluminenses, contou com financiamento de US$20 milhões do BNDES, US$37 milhões do BID e aporte de US$25 milhões dos patrocinadores.[14]

Ainda na década de 1990, empresas estatais como a Usiminas (primeira estatal privatizada em 1991), a CSN, a Vale do Rio Doce, a Açominas, a Cosipa, a VASP, a Embraer, a Telebrás (reestruturada em 12 empresas), a Eletropaulo, o Banespa, a RFFSA, dentre outras, foram privatizadas e grande parte dos recursos utilizados para suas aquisições foram financiados pelo BNDES. Uma verdadeira privatização de recursos públicos... Entre 1990 e 2002, ao menos 165 empresas estatais passaram, parcial ou totalmente, ao controle privado no Brasil.[15]

Na última década, o Brasil passou a integrar o bloco de países com PIB entre os dez maiores do mundo. Nesse período, os investimentos em infraestrutura triplicaram, alcançando R$200 bilhões em 2012. O país ainda carece, contudo, de volume significativo de obras de infraestrutura, particularmente em vista da elevada demanda.[16]

Segundo estimativas do governo brasileiro, os investimentos em infraestrutura projetados para o Brasil seriam de cerca de R$600 bilhões entre 2015 e 2018[17].

---

[14] Cf. BONOMI, Cláudio Augusto; MALVESSI, Oscar. *Project Finance no Brasil: Fundamentos e Estudo de Casos*, 2ª edição, São Paulo, Atlas, 2004.

[15] Cf. LAZZARINI, Sérgio G. *Capitalismo de laços: Os donos do Brasil e suas conexões.* Rio de Janeiro: Elsevier, 2011, p.10.

[16] "Infraestrutura no Brasil – Projetos, Financiamento e Oportunidades", elaborado pelo Ministério da Fazenda, março de 2013.

[17] Cf. http://www.pac.gov.br/noticia/e4aa81f8. Acesso em 8.6.15.

4. OS ATORES DO *PROJECT FINANCE* NO BRASIL E O PAPEL QUE DESEMPENHAM

No Brasil, os principais financiadores de projetos são bancos públicos como o Banco Nacional de Desenvolvimento Econômico e Social – BNDES, o Banco do Nordeste do Brasil, dentre outros bancos públicos de fomento, bancos públicos comerciais tais como a Caixa Econômica Federal e o Banco do Brasil, assim como bancos privados, a exemplo do Bradesco, do Santander, do Itaú BBA, do BTG Pactual e do Votorantim. Exercem, ainda, algum papel, mesmo que para desembolsar um menor volume de recursos, as organizações multilaterais e as agências de desenvolvimento de exportação, como o Banco Interamericano de Desenvolvimento – BID, o International Finance Corporation – IFC e o Export-Import Bank dos Estados Unidos.[18]

O *project finance* compreende, via de regra, um complexo padronizado de contratos. A SPE contrai um financiamento de curto prazo (empréstimo ponte ou *bridge loan*) para a fase inicial do projeto (i.e., construção) e, posteriormente, um financiamento de longo prazo (i.e., após a conclusão físico-financeira do projeto e a entrada em operação comercial, quando a geração de receita do projeto atende determinado índice de cobertura da dívida e tal fluxo de caixa se torna a principal fonte de pagamento). Os recursos do financiamento de longo prazo são utilizados, no todo ou em parte, para quitar o financiamento de curto prazo – é o chamado *take-out*. O financiador de curto e de longo prazo de um projeto pode ser o mesmo, ou não, a depender de oportunidades de negócios, aprovações em comitês de crédito das instituições financeiras e taxas de juros aplicáveis em vista do retorno do investimento esperado pelos *sponsors*. Na maior parte das operações, o empréstimo ponte tem prazo de até 2 anos e o de longo prazo um mínimo de 5 anos, com taxas de juros inferiores ao de curto prazo.

Um pacote de garantias compõe normalmente o *project finance* à brasileira, o qual inclui:

---

[18] Cf. MATES, Carol M. "Project Finance in Emerging Markets – The Role of the International Finance Corporation", in: *Transnational Law*, 18, 2004-2005, p. 165.

BREVES NOTAS SOBRE O *PROJECT FINANCE* COMO TÉCNICA DE...

(*i*) imóveis, se permitido pela legislação (i.e., há restrições para aquisição de terras por estrangeiros no Brasil)[19];

(*ii*) créditos ou recebíveis do projeto com a adoção de estrutura de contas pelas quais os recebíveis circulam em cascata, preenchendo as contas até determinados valores para que a SPE honre despesas gerais, encargos e o principal da dívida (*waterfall*), criando para o credor um mecanismo de controle sobre a receita e a despesa da SPE. Nesse caso, o administrador das contas pode ser o próprio financiador ou uma de suas divisões, ou ainda uma terceira instituição financeira que preste tal tipo de serviço;

(*iii*) ações de emissão da SPE;

(*iv*) ativos utilizados no projeto, como máquinas e equipamentos; e

(*v*) direitos emergentes de um contrato de concessão ou autorização (e.g., direito à eventual indenização pelos ativos e investimentos realizados pelos *sponsors* no projeto, ainda que não amortizados em caso de caducidade ou encampação da concessão pelo poder concedente).

Também é comum criar garantias cujo objeto sejam os direitos da SPE decorrentes dos contratos mais relevantes do projeto, como o contrato de construção do projeto (e.g., direito à eventual indenização por meio dos direitos da SPE em um *engineering procurement construction* – EPC).

As operações de maior vulto podem envolver também o direito do credor de assumir a administração temporária da devedora, o chamado *step in right*, em caso de inadimplemento da SPE, seja no âmbito dos próprios contratos de desenvolvimento e gestão do projeto seja naqueles dedicados ao seu financiamento[20].

---

[19] Cf. Conforme parecer da Advocacia Geral da União (AGU) de 2010 sobre a interpretação da Lei n. 5.709 de 1971.

[20] O direito de *step in* ou de administração temporária foi melhor regulamentado

Na hipótese de um financiamento envolver alta soma ou riscos elevados, no contexto de sindicato de credores, é comum a celebração de acordo de credores, para fixar direitos e obrigações de cada um e, em especial, para regular a atuação coordenada dos credores frente à devedora. Tal atuação é detalhadamente regulada nas hipóteses de inadimplemento, para estabelecer mecanismos de execução das garantias ofertadas aos credores e a distribuição dos recursos decorrentes da execução forçada do direito de crédito. Em situações de mora ou de insolvência, as garantias outorgadas tendem a serem inferiores ao valor total da dívida atualizada e os credores devem receber recursos proporcionalmente aos valores que desembolsaram. Além disso, o acordo normalmente elege um líder, que representará os demais perante a devedora.

É também recorrente a celebração de um contrato de suprimento ou de capitalização pelos sócios, o "ESA" – *equity support agreement.* O ESA estabelece hipóteses em que os *sponsors* devem aportar recursos na SPE por meio de um aumento de capital ou de mútuos subordinados ao pagamento do financiamento, em caso de falta de recursos para finalizar o projeto, para operá-lo ou mesmo para pagar o financiamento (*full recourse* e *limited recourse*).

A oferta de garantia pessoal dos patrocinadores é comum, uma vez que operações *non recourse* são muito raras no Brasil.

Contudo, quando um ESA é celebrado, garantias pessoais dos *sponsors* são, via de regra, dispensadas. O ESA ostenta vantagens contábeis frente às garantias pessoais, pois não afeta o balanço dos *sponsors* e a sua capacidade de alavancagem, permitindo a assunção de dívidas adicionais e o investimento em outras atividades.

Quando um banco público concede um crédito a uma SPE, o mais comum é o empréstimo ser garantido por uma fiança bancária de um banco privado brasileiro de primeira linha, com renúncia pelo fiador do benefício de ordem estabelecido no Código Civil brasileiro[21]. A fiança

---

recentemente por meio da Lei n. 13.097, de 19 de janeiro de 2015, que incluiu o artigo 27-A na Lei n. 8.897, de 13 de fevereiro de 1995 (Lei de Concessões).

[21] O fiador renuncia frequentemente aos benefícios previstos nos artigos 366 (exoneração

normalmente tem validade desde o início da construção até a conclusão físico-financeira do projeto, quando os riscos de inadimplemento da SPE diminuem drasticamente. O fiador deve ser previamente cadastrado e aprovado pelo banco financiador para que as fianças emitidas sejam aceitas pelo credor e, invariavelmente, o fiador deve ser banco de primeira linha.

Em razão da fiança outorgada por banco privado, a SPE paga comissão de estruturação da operação pelo trabalho de análise econômica e de viabilidade do projeto pelo fiador e aprovação do risco de crédito da SPE, comissão de compromisso incidente sobre o valor total de fiança contratado descontado do valor de fiança já emitida ("reserva de crédito") e comissão de fiança incidente sobre o valor de cada carta de fiança emitida.

Em garantia ao fiador, a SPE costuma outorgar ao fiador, e não ao banco financiador, um pacote de garantias. Isso por que, é o fiador quem efetivamente assume o risco do inadimplemento. Um banco privado de primeira linha dificilmente não cumprirá seu dever de pagar previsto em uma carta de fiança quando demandado pelo financiador público.

Nos casos em que o estágio de desenvolvimento do projeto é mais avançado, o banco financiador pode tomar em garantia tanto a fiança bancária quanto as garantias do projeto. Nesse caso, apesar do fiador não contar com as garantias do projeto, caso venha a honrar a fiança por inadimplemento da SPE, o fiador sub-roga-se nos direitos do financiador.

---

do fiador em caso de novação sem seu consentimento), 827 (benefício de ordem: execução dos bens do devedor antes da execução do fiador) e 838 (desobrigação do fiador em caso de concessão de moratória ao devedor sem consentimento do fiador, impossibilidade de sub-rogação pelo fiador nos direitos do credor por fato do credor e caso o credor aceite objeto diverso do que o devedor era obrigado a lhe dar em pagamento da dívida) da Lei n. 10.406, de 10 de janeiro de 2002 (Código Civil). Há hipótese, ainda, excepcional, em que o beneficiário da fiança permite aos fiadores que atuem em sindicato, eximindo-se da solidariedade da fiança prestada conjuntamente, desde isso se preveja expressamente na carta de fiança – reserva prevista no artigo 829 e parágrafo único do Código Civil (fiança prestada conjuntamente por um só débito de um devedor importa compromisso de solidariedade entre os fiadores se não declaradamente reservarem o benefício da divisão).

Quando a SPE presta serviços públicos, tais como os relacionados à geração, transmissão e distribuição de energia elétrica, telecomunicações, transporte, saneamento, o projeto está sujeito a extensa regulamentação, particularmente posta sobre os serviços prestados e preços (tarifas) praticados, mas também quanto ao nível de endividamento e ao conjunto de garantias que pode ofertar. É comum que se exija a aprovação ou a comunicação prévia ao poder concedente para a contração da dívida e para a outorga de garantias.

A maior parte dos projetos brasileiros são financiados sob uma estrutura de contrato de empréstimo – abertura de crédito ou emissão de cédulas de crédito bancário. A emissão de debêntures pela SPE tem se tornado cada vez mais comum, especialmente em vista da nova legislação, que traz benefícios fiscais ao subscritor de debêntures de infraestrutura, buscando estimular o mercado de dívida[22]. No caso de emissão de debêntures de infraestrutura, cada ministério deve aprovar regulamentação estabelecendo o mecanismo de enquadramento da emissão das debêntures e comprovação da utilização dos recursos da oferta no projeto determinado.

5. CARACTERÍSTICAS DO *PROJECT FINANCE*

As características essenciais do *project finance* podem variar, a depender das particularidades do setor no qual o projeto se insere. Assim, não há modelo único de estrutura para todas as operações. Há, contudo, características comuns a todas as estruturas:

(*i*) financiamento de projeto específico, de uma SPE, cujo único objeto é a implementação e a operação desse projeto;

(*ii*) financiamento de novo projeto (*greenfield*) e não para um projeto já em operação (*bluefield*);

(*iii*) a relação entre o endividamento e o capital investido dos acionistas no projeto (*leverage/gearing* ou nível de endividamento)

---

[22] Lei n. 12.431, de 24 de junho de 2011.

BREVES NOTAS SOBRE O *PROJECT FINANCE* COMO TÉCNICA DE...

tende a ser alta, normalmente com a dívida cobrindo de 60% a 70% dos custos do projeto;

(iv) inexistência ou limitação de garantias dos *sponsors* (*non recourse* ou *limited recourse*);

(v) o fluxo de caixa do projeto é fonte de pagamento da dívida e não no valor dos ativos ofertados em garantia;

(vi) as principais garantias do financiamento são os direitos decorrentes dos contratos do projeto, os direitos emergentes dos contratos de concessão ou autorizações tais como os relativos à utilização de recursos naturais ou de prestação de serviços públicos; isso porque os ativos do projeto (garantias reais) tendem a valer muito menos do que o saldo da dívida num cenário de inadimplemento e vencimento antecipado; e

(vii) o projeto tem prazo de duração.

Os contratos mais frequentemente celebrados pela SPE em operações de "project finance" são os seguintes:

(i) contratos que constituem os recebíveis ou direitos creditórios para a SPE, a exemplo de contratos *off-take* de compra e venda de energia ("PPA" ou CCVE) ou contrato de concessão cujo objeto é a prestação de serviços públicos com o pagamento de tarifas pelos usuários (e.g., pedágios em rodovias, tarifas aeroportuárias e portuárias), sendo que tais contratos são de longo prazo;

(ii) contratos de construção do projeto (EPC), com prazo e preço fixados para conclusão das obras civis, contratos de fornecimento (e.g., de equipamentos, combustíveis) de longo prazo, por quantidades pré-fixadas e preços fixados em fórmulas pré-definidas; e

(iii) contratos de operação e manutenção (O&M), em que um terceiro é responsável por operar o projeto após a sua construção.

Há projetos, contudo, que envolvem contratos distintos dos tipos indicados acima, como no caso de produção de "commodities", operação de sistemas de telefonia e projetos que não utilizam combustível e não dependem de contratos de fornecimento.

A estrutura contratual típica do *project finance* é ilustrada abaixo:

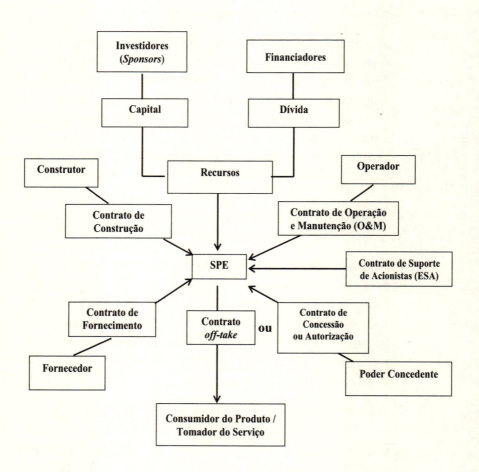

6. A DIFERENÇA ENTRE *PROJECT FINANCE* E FINANCIAMENTO TRADICIONAL

O *project finance* distingue-se do financiamento tradicional (*corporate finance*) na medida em que no *corporate finance* os credores analisam o balanço e as demonstrações financeiras da tomadora do empréstimo e seu histórico de geração de caixa e lucro, supondo que a empresa continuará operando por prazo indefinido e que seus empréstimos poderão ser renovados ou refinanciados de tempos em tempos.

Na estrutura de *corporate finance*, a captação de recursos para o projeto se dá perante (*i*) capitalização pelos sócios, e (*ii*) empréstimo com garantia dos sócios, na medida em que o mutuante considere tais ativos suficientes para quitar a dívida em caso de inadimplemento e execução.

Já no *project finance*, especialmente no contexto de um financiamento *non recourse*, a satisfação do crédito não depende essencialmente dos ativos dos sócios ou da devedora, mas do fluxo de caixa do projeto. Nesse caso, o *sponsor* deve comprovar ao financiador a viabilidade do projeto capaz de gerar o fluxo de caixa para pagamento da dívida. O fluxo de caixa do projeto resta prioritariamente comprometido ao pagamento da dívida e o retorno do investimento dos *sponsors* depende do sucesso do projeto. Por essa razão, o valor real do projeto não está relacionado aos ativos, mas, sim, à geração de caixa.

Quando se decide adotar uma estrutura de *project finance*, e não de *corporate finance*, vários aspectos são analisados, como o montante de capital necessário, os riscos envolvidos (dos quais trataremos adiante), e os potenciais financiadores – e.g. poder público, instituição multilateral ou bilateral, banco local.[23]

No *corporate finance* são, o mais das vezes, os investidores privados que financiam a maior parte do projeto em troca de participação no capital social da devedora e/ou de garantia pessoal dos sócios a empréstimos

---

[23] Cf. SLIVKER, Anastasia. What is Project Finance..., op. cit., p. 3.

contraídos pela sociedade, o que acaba afetando a sua capacidade de contrair novo endividamento e restringindo o investimento em outros projetos[24].

No *project finance*, por outro lado, os riscos do *sponsor* são reduzidos significativamente desde que não seja ofertada garantia pessoal, o que dependerá, por certo, de prova de que a receita do projeto será suficiente para pagar o financiamento (e.g. celebração de contratos *off-take* no início do projeto).

De qualquer forma, mesmo no contexto do *project finance*, os recursos iniciais de um projeto são providos pelo *sponsor*.

O *project finance* é usualmente preferível porque o *sponsor* mantém controle do projeto e tem melhor retorno econômico quando se compara às estruturas de alavancagem do *corporate finance*. Nesse caso, se o sócio não dispuser de recursos próprios para desenvolver o projeto, deverá compartilhar o controle da SPE com novos investidores que tenham recursos e patrimônio necessários para viabilizá-lo.

Além disso, no *project finance*, o prazo do empréstimo é significativamente maior do que o prazo do financiamento tradicional, uma vez que os ativos do projeto têm alto custo de capital e geram retorno apenas no longo prazo.

7. A DIFERENÇA ENTRE *PROJECT FINANCE* E FINANCIAMENTO ESTRUTURADO

A diferença entre financiamento de projeto e financiamento estruturado não é tão clara, sendo que muitos financiadores consideram financiamento de projeto uma modalidade de financiamento estruturado, sempre que a estrutura envolver uma SPE em constituição.[25]

---

[24] Cf. MOAVENZADEH, Fred. "Project Management", Project Finance, Department of Civil and Environmental Engineering, Massachusetts Institute of Technology, Spring 2009.

[25] Cf. MCCORMICK, Roger. "Legal Issues in Project Finance", in: *Journal of Energy & Natural Resoures Law*, 1, 1983, p. 21.

BREVES NOTAS SOBRE O *PROJECT FINANCE* COMO TÉCNICA DE...

A linha que separa o *project finance* das demais modalidades de financiamento que envolvem grandes quantidades de dinheiro também tende a ser muito tênue.

Em muitos casos, a separação entre os tipos de financiamento tem uma função mais prática do que real em que as instituições financeiras separam os produtos financeiros em departamentos para melhor divisão de tarefas e não necessariamente em razão das características de cada produto.

Os principais dísticos do financiamento de projeto são a constituição de uma SPE, tomadora da dívida, e a adoção de estrutura de capital e dívida que se acomode no fluxo de caixa do projeto.

Já dentre as mais tradicionais formas de financiamento estruturado, que, conforme as características descritas abaixo, distinguem-se do "project finance", temos:

(*i*) o financiamento com recebíveis: o empréstimo é concedido com base no fluxo de caixa de negócio já existente e contraído por uma SPE que não é a efetiva credora dos recebíveis para não gravar o balanço da SPE operacional;

(*ii*) a securitização: ocorre quando o financiamento de recebíveis é obtido via oferta em mercado de capitais;

(*iii*) a aquisição alavancada ou aquisição pela administração (*leveraged buy out* ou *management buy out*): financiamento de valor elevado para aquisição de um negócio existente por investidores ou pelos próprios administradores do negócio. O financiamento é concedido com base no fluxo de caixa e valor dos ativos do negócio existente, sem necessidade de outorga de garantias fidejussórias pelos mutuários ou beneficiários indiretos do empréstimo;

(*iv*) financiamento de ativos: baseado no valor dos ativos que devem ostentar um bom índice de liquidez (e.g., imóveis, aeronaves); e

(*v*) arrendamento: o uso do ativo é financiado por sua exploração comercial, que gera os recursos ao pagamento do preço devido ao arrendante.

8. O *PROJECT FINANCE* SOB O PONTO DE VISTA DOS INTERESSES PRIVADOS

O *project finance* afirma-se, portanto, como um aparato de organização e de financiamento da empresa, por meio da segregação de riscos e da limitação de responsabilidade. Isso porque a constituição de SPE, sob forma societária de responsabilidade imanente, determina – em tese[26] – a irresponsabilidade dos *sponsors*, senão limita a sua responsabilidade às hipóteses expressamente contratadas. A ideia é conter os riscos e todos os recursos necessários à "administração dos riscos" no âmbito da SPE, de modo a evitar o "contágio" de bens pessoais e de outras atividades organizadas pelos *sponsors*. Nesse caso, portanto, o risco, a responsabilidade e o financiamento são exógenos em relação aos *sponsors*. Daí falar-se em *project financing*, nesse caso, por oposição a *corporate financing*, para se referir aos casos em que uma nova empresa é organizada e financiada por um empresário, particularmente uma sociedade empresária, por agregação a uma ou mais atividades preexistentes, sem qualquer destacamento jurídico e econômico.

E justamente para evitar esse "contágio" entre o patrimônio e demais atividades dos sócios com o patrimônio e atividade da SPE, que no *project finance* puro (*non recourse*), as garantias do financiamento são restritas às garantias relativas exclusivamente ao projeto financiado.

9. RISCOS DO PROJETO E SUA ALOCAÇÃO

Dada a dimensão e a complexidade das obras de infraestrutura, os riscos envolvidos na sua implantação também são complexos e relevantes.[27] Os principais riscos associados ao projeto são aqueles que afetam o

---

[26] A grande quantidade de casos em que se a lei ou o intérprete-judicante, no Brasil, imputam responsabilidade a sócios de sociedades de responsabilidade imanente frustra, em certa medida, ressalvadas peculiaridades de cada forma societária e estratégias de contenção, finalidades precípuas do *project finance*.

[27] Cf. MALLOY, Michael P. "International Project Finance: Risk Analysis and Regulatory Concerns", in: *Transnational Law*, 18, 2004-2005, p. 89.

BREVES NOTAS SOBRE O *PROJECT FINANCE* COMO TÉCNICA DE...

seu desempenho financeiro, tais como (*i*) sobrecustos (*cost overrun*) ou orçamento original insuficiente; (*ii*) não conclusão ou conclusão após prazo originalmente estipulado; (*iii*) operação aquém da capacidade total; (*iv*) geração de receita insuficiente para pagar o serviço da dívida; ou (*v*) término da operação antes do previsto.

Tais riscos podem ser mensurados e mitigados antes do início da construção do projeto, por meio da condução de diversos estudos de impacto ambiental, de estudos econômicos, jurídico-regulatórios, de mercado, de operação, dentre outros, e da criação de mecanismos de gerenciamento.

O desprezo a esses detalhes aumenta os encargos da dívida a ser contraída para o projeto e, no limite, o projeto não é financiado e não recebe recursos de terceiros.

9.1 IDENTIFICAÇÃO DE RISCO E ANÁLISE

Tudo começa com um estudo de viabilidade sobre a construção e operação do projeto. Os financiadores ou analisam ou contratam um terceiro especialista independente para complementar tal análise. Essa análise considera os custos do projeto, a projeção de fluxo de caixa e a capacidade de pagamento da dívida, o que se estabelece por meio de modelos financeiros com variáveis ajustáveis como inflação, juros, taxa de câmbio e preços de fornecimento e venda do projeto.

9.2 ALOCAÇÃO DE RISCO

Feita a identificação e a análise dos riscos, a sua correta alocação pressupõe a adoção de estrutura contratual correta, que contemple as peculiaridades do projeto: financeiras, de garantia, de risco operacional etc. Normalmente, os riscos devem ser alocados à parte melhor posicionada à sua gestão, tanto administrativa quanto financeiramente.

A alocação de riscos entre as partes é essencial para que projetos de infraestrutura sejam desenvolvidos.

Em grandes projetos, os financiadores tendem a dispersar os riscos por entre um sem número de partícipes, sob critérios de suficiência (ou seja, entre aqueles que são capazes de assumi-lo, sem que a sua materialização importe em sua ruína) e de mitigação (i.e, os que têm poderes para evitar a sua materialização ou remediar os danos).

Importante notar que o risco pode ser classificado, para os fins de sua alocação e administração, em razão: (*i*) do objeto, a exemplo dos riscos geológicos, ambientais e técnicos, da eficiência de mão de obra e do equipamento, da operação e da manutenção, bem como demanda de mercado ou da ocorrência de eventos que caracterizem força maior ordinária e extraordinária; (*ii*) do valor, da dívida ou dos custos de capital, os preços contratuais ou orçamento operacional; e (*iii*) da duração, seja da fase de implantação, da fase de testes, seja do tempo de operação ou, ainda, nos casos em que certas datas, marcos de operação ou índices financeiros devam ser atingidos no tempo.

9.3 ADMINISTRAÇÃO DE RISCO

Os riscos devem ser administrados para diminuir as chances de que se materializem e as consequências de sua ocorrência.

Para assumir mais riscos, por exemplo, com a concessão de empréstimo em volume significativamente maior do que o capital aportado pelos *sponsors*, um financiador necessita de informações completas e mesmo de uma dose cada vez maior de controle (externo) sobre o projeto. Deve receber em garantia grande parte dos bens e direitos relacionados ao projeto, assim como obter garantias pessoais dos *sponsors*, como frequentemente ocorre no *project finance* à brasileira. Não raro, um financiador sujeito a elevada exposição ao risco, irá engendrar mecanismos para suceder a SPE nos principais contratos do projeto (por meio de cessões condicionais de sua posição contratual), de modo a remediar uma grave crise de solvabilidade da SPE e/ou dos *sponsors*.

Esses *step in rights* são normalmente temporários, vigorando pelo tempo necessário ao restabelecimento da solvência, com o que a SPE, por vezes sob o controle de novos *sponsors*, volta à administração integral do projeto e de seus contratos. No Brasil, os *step in rights* são raramente exigidos, o que se explica, em parte, pelos riscos de sucessão eventualmente assumidos pelo financiador que assume a administração de um projeto em meio a uma grave e sistêmica crise de solvabilidade.

O mais frequente, entre nós, é que ao financiador seja dado um direito amplo de supervisão, impondo-se à SPE e aos *sponsors* o dever de prover relatórios periódicos, toda a documentação sobre o projeto, provas de cumprimento da regulação e de posturas públicas, bem como a sujeição a auditorias de diversas naturezas.

Assim, quanto maior o financiamento por meio de empréstimos, menor o efetivo controle dos *sponsors*, que se sujeitam a vigilância e a uma ingerência que, no extremo, determinará uma rendição completa de poderes, com o *step in*.

9.4 MODALIDADES DE RISCO

Cada projeto tem suas peculiaridades. Não é, portanto, possível estabelecer uma lista taxativa de riscos. É possível, todavia, categorizá-los em razão das diferentes fases do projeto: são riscos (*i*) de estudo, de projeto e de construção; (*ii*) de operação; e (*iii*) mistos.

9.5 FASE DE CONSTRUÇÃO

O maior risco é o de não conclusão do projeto. Em verdade, os riscos são de (*i*) decurso do prazo pré-estabelecido à conclusão; (*ii*) o desbordo dos limites do orçamento ou, na pior hipótese, (*iii*) simplesmente a não conclusão.

Quaisquer percalços podem dificultar o desembolso do fluxo de recursos financiados. Nesse caso, os problemas se acumulam, assim como os juros do empréstimo, o que é capaz de causar inadimplemento e até a rescisão de que dependem a conclusão do projeto e a sua futura operação.

Na fase de construção, via de regra, tanto o principal quanto os juros são computados, mas não são pagos. A carência cessa quando o projeto entra em operação e gera receita capaz de cobrir os tributos incidentes, o pagamento da outorga fixa e variável ao poder concedente e as demais despesas operacionais. O saldo da receita, então, é empregado no pagamento do financiamento. O decurso do prazo à conclusão ou a quebra de orçamento determinam a cumulação de juros e multa que podem inviabilizar essa dinâmica, desestabilizando o equilíbrio de contas do projeto.

Algumas técnicas são ordinariamente empregadas para diminuir esses riscos inerentes à fase pré-operacional, quais sejam: (*i*) a obtenção de garantias de conclusão que obrigam os *sponsors* a pagar toda a dívida, para além dos danos em caso de decurso de prazo; (*ii*) assegurar que os *sponsors* tenham significativo interesse no sucesso do projeto e aportem uma boa dose de recursos próprios; (*iii*) a consulta prévia a especialistas independentes em projetos e construções, que devem expressar as viabilidades construtivas, operacionais e financeiras do projeto; (*iv*) estabelecer os limites de variação positiva e negativa (sobretudo) de preços dos serviços e dos insumos necessários à construção; (*v*) a celebração de contratos de construção com prazos determinados para entrega da obra completa e operante (modalidade *turn-key*), com contratados com sólida reputação profissional e financeira, submetidos a pesadas penas em caso de decurso do prazo à conclusão e a bônus se as obras terminarem antes do prazo contratual.

Outro problema recorrente, que o mais das vezes tem causa na fase de construção, é a incapacidade do projeto de alcançar determinados padrões de eficiência de operação (*output*, *input* e emissões de poluentes).

O construtor, nesse caso, deve ser instado a indenizar os lucros cessantes determinados pela tal ineficiência. O mais comum é que esse dever de ressarcir seja quantificado *ex ante*, entre 10% a 15% do valor global do contrato de construção. Essa limitação de responsabilidade serve para evitar que os custos de construção se tornem excessivamente altos, em vista da alocação desse risco integralmente ao construtor.

BREVES NOTAS SOBRE O *PROJECT FINANCE* COMO TÉCNICA DE...

Não é incomum que essa indenização seja cedida pela SPE ao financiador.

A indenização devida pelo construtor deve ressarcir não apenas os lucros cessantes, mas os custos de serviço da dívida, os juros adicionais e custos fixos da SPE. É recomendável e por vezes exigido, que o construtor contrate o seguro garantia (*performance bond*).

É muito frequente que se contrate também o seguro contra risco de construção e de engenharia, inclusive de transporte, do tipo *all risks*, com cobertura que se estende a problemas causados pelos subcontratados, fornecedores de materiais, equipamentos e serviços. O pacote de seguros inclui o seguro de responsabilidade civil geral e cruzada para cobrir danos à propriedade, inclusive de terceiros e à integridade física, seguro contra risco de incêndio, danos ambientais e poluição, queda de raios, alagamentos etc.

A demora costumeira no pagamento de indenizações leva a parte dos pagamentos mensais devidos ao construtor (de 5% a 10%) ser depositada em uma conta de garantia para pagamento do financiador, no caso de demora do construtor ou seguradora no pagamento de indenizações devidas.

Durante a fase de conclusão e logo após o término dos trabalhos podem ocorrer falhas de equipamentos que afetem a operação. Esse risco é minimizado com a contratação de garantia de equipamentos por um determinado período após a conclusão das obras.

O risco de conclusão também pode ser administrado por meio de desembolsos parcelados, liberados conforme determinadas condições relacionadas ao desenvolvimento da obra sejam atendidas e comprovadas ao financiador com, por exemplo, a emissão de certificados por especialista independente.

Para mitigar os riscos de sobrecusto (desbordo orçamentário), parte do orçamento, algo entre 5% e 15% do valor total das obras, é dedicado a enfrentar o aumento inesperado de custos. Esse valor pode ser distribuído, normalmente *pro rata* entre *equity* e *debt* – a exemplo da hipótese em que o capital responde pelos sobrecustos iniciais até 5%, depois disso se dá uma alocação *pro rata* entre capital e dívida para arcar sobrecustos acima de 5%. Adicionalmente, podem ser abertas linhas de crédito subordinadas, obtidas cartas de crédito ou garantias pessoais dos *sponsors* para cobrir os desbordos orçamentários.[28]

9.6 FASE DE OPERAÇÃO

Em um projeto de mineração, ferrovia, geração de energia ou rodovia, pode haver reserva de minério, fonte de geração de energia elétrica ou demanda de veículos, passageiros ou carga (*input*) abaixo do esperado. Isso impactará a geração de caixa e, portanto, a capacidade do projeto de pagar a dívida e de gerar lucros aos *sponsors*.

Tal risco é normalmente minimizado por meio (*i*) de estudos sobre os riscos de *input*, a exemplo de relatórios de engenharia classificando e quantificando as reservas minerais, detalhando volume de água de uma represa, prevendo estimativa de tráfego de veículos, número de passageiros ou volume de carga a serem transportados; (*ii*) da celebração de contratos de fornecimento de longo prazo, para impedir que o aumento do preço de insumos necessários à operação impactem o projeto, a exemplo da contrato de fornecimento de combustível para uma termelétrica; (*iii*) da contratação de níveis mínimos de *input* que garantam a viabilidade econômica da operação a despeito de oscilações imprevistas; e (*iv*) da celebração de contratos com cláusulas *take or pay* e *off-take*, pelas quais o comprador será obrigado a pagamentos mínimos mesmo que o produto ou o serviço não seja efetivamente adquirido ou tomado (*output*). Os pagamentos no bojo da cláusula de *take or pay* podem ser engendrados para cobrir, no todo ou em parte, os custos fixos do projeto, a exemplo dos custos de operação e manutenção (O&M), tributos e serviço da dívida. Se a cláusula *take or pay* não cobrir o total dos custos

---

[28] Cf. RUSTER, Jeff. "Mitigating Commercial Risks in Project Finance", Public Policy for the Private Sector – The World Bank, Note No. 69, February 1996, pp. 1 a 4; BERTOLETTI, M. E.; FERRAZ P. CUNHA, R. "Project Finance. Brief Analysis of Political and Collateral Risk Mitigation", in: *International Business Law*, 32, 2004, p. 59.

BREVES NOTAS SOBRE O *PROJECT FINANCE* COMO TÉCNICA DE...

do projeto, as sobras (a oferta ociosa) poderão, se houver demanda, ser comercializadas no mercado *spot* ou em contratos *off-take* de longo prazo, para garantir o retorno adequado do capital investido.

Outra cláusula que busca minimizar os riscos de *input* é a de *put-or-pay*. Os fornecedores são obrigados a entregar uma determinada quantidade de insumo ao projeto, sob pena de indenizar a SPE por custos que venham a ser incorridos com a contratação de fornecimento de terceiros ou impossibilidade de contratação de fornecimento de outra fonte e perda de receita com incapacidade de cumprir contratos *off-take*.

9.7 RISCOS DE OPERAÇÃO

Há outros riscos de operação, a exemplo da falta de experiência do operador, da ineficiência ou da falta de mão de obra qualificada.

É por isso que do operador se exige: (*i*) uma sólida reputação profissional e financeira; (*ii*) a contratação de seguros; (*iii*) a apresentação periódica de detalhados relatórios de operação e controles de fluxo de caixa; (*iv*) o depósito dos recebíveis em uma estrutura detalhada de contas com movimentação e destinação dos recursos restrita, em ordem e com base em montantes pré-estabelecidos.

É comum que se adote uma conta reserva para cobrir riscos operacionais, onde são alocados, no todo ou em parte, entradas de capital e percentuais do fluxo de caixa do projeto, descontados despesas operacionais e o serviço da dívida, antes da distribuição de dividendos.[29]

Há ainda um mecanismo de captura de fluxo de caixa em conta de garantia (*cash trap*), cuja finalidade é assegurar o pagamento da dívida no contexto de complicações operacionais, especialmente quando a geração de receita do projeto não alcança o nível esperado pelo financiador. Nesse caso, se a capacidade do faturamento gerado pelo projeto não atingir um determinado ICSD ("Índice de Cobertura do Serviço da Dívida"), além da captura de recursos em conta, haverá restrição para

---

[29] Cf. RUSTER, Jeff. "Mitigating Commercial Risks...", op. cit., pp. 1 a 4.

distribuição de dividendos. O ICSD é normalmente determinado por uma fórmula baseada no faturamento do projeto, do qual de deduzem as despesas operacionais, e o resultado é dividido por juros e amortização de principal.[30]

Nesse caso, parcela do fluxo de caixa do projeto é capturada em conta que não pode ser movimentada pela SPE, utilizada apenas para pagar antecipadamente, no todo ou em parte, a dívida em ordem inversa de vencimento (*clawback*). Assim que o projeto atinge um determinado ICSD, os dividendos são distribuídos. Caso o ICSD não seja atingido em determinado prazo, caracteriza-se o inadimplemento, total ou parcial, e, então recursos depositados em conta são utilizados para pré-pagar a dívida.[31]

Uma situação recorrente é a seguinte: se o ICSD pactuado for de 2:1, mas durante a operação estiver situado entre 1:75 e 1:90, o excedente de fuxo de caixa será retido em conta até que o ICSD seja alcançado em dois trimestres seguidos, hipótese em que dividendos poderão ser distribuídos novamente; um excedente de fluxo de caixa da ordem de 50% será retido quando o ICSD ficar entre 1:35 e 1:74 e da ordem de 100% quando ficar entre 1:20 e 1:34. O inadimplemento se caracteriza quando o ICSD ficar abaixo de 1:20 por mais de dois trimestres.[32]

Note-se que a conta reserva e o *cash trap* são utilizados em cenários distintos. A conta reserva protege contra eventos catastróficos, a exemplo da quebra de uma turbina que implique em perda de receita do projeto no longo prazo. Já o *cash trap* serve para casos em que o projeto está operando perfeitamente, paga a dívida pontualmente, mas não gera a margem de receita esperada pelo financiador como, por exemplo, quando preços no mercado *spot* ou de curto prazo estão abaixo do projetado ou quando os custos de operação e manutenção estão acima do esperado.[33]

---

[30] Cf. RUSTER, Jeff. "Mitigating Commercial Risks...", op. cit. pp. 1 a 4.

[31] Cf. RUSTER, Jeff. "Mitigating Commercial Risks...", op. cit. pp. 1 a 4.

[32] Cf. RUSTER, Jeff. "Mitigating Commercial Risks...", op. cit. pp. 1 a 4.

[33] Cf. RUSTER, Jeff. "Mitigating Commercial Risks...", op. cit. pp. 1 a 4.

9.8 RISCOS DE MERCADO

O risco de mercado se resume pela imprevisão das variáveis econômicas capaz de impedir que o fluxo de caixa pague o financiamento. Um dos principais mecanismos para evitar tal risco é a celebração de contrato de venda ou de prestação de serviço com comprador ou tomador de comprovada capacidade financeira.

Outra técnica contratual adotada para minimizar riscos de mercado é chamada de *pass-through*. Conexiona os preços de contratos *offtake* com os preços de contratos de *input*. Assim, num projeto de geração de energia termelétrica, por exemplo, quando o preço de combustível utilizado na usina for indexado, os contratos de compra e venda de energia (*Power Purchase Agreement*) deverão prever ajuste do preço de venda de energia com base na variação do preço do combustível.

Essa estrutura não elimina, contudo, o risco de diminuição da receita mínima quando houver ineficiência da usina na utilização do combustível – e.g., consumo de combustível acima da quantidade originalmente projetada para gerar a mesma quantidade de energia.[34]

Outro mecanismo *pass-through*, não restrito a preços, replica disposições mitigadoras de riscos contidas nos contratos de fornecimento, nos contratos de venda. Essas disposições podem tratar de eventos de força maior e períodos de cura para eventos de inadimplemento. Assim, se um contratado do projeto prevê limitação de responsabilidade em caso de força maior, a SPE também estará dispensada de cumprir suas obrigações em contratos de venda na hipótese de ocorrer o mesmo evento de força maior.[35]

Os riscos de mercado contemplam também os riscos de moeda, ou seja, de (*i*) depreciação da moeda do financiamento, o que aumenta os custos de construção quando parte significativa dos insumos é importada; ou (*ii*) depreciação da moeda da receita do projeto, quando o

---

[34] Cf. RUSTER, Jeff. "Mitigating Commercial Risks..., op. cit. pp. 1 a 4.

[35] Cf. RUSTER, Jeff. "Mitigating Commercial Risks..., op. cit. pp. 1 a 4.

financiamento é indexado em moeda estrangeira, impactando a capacidade de pagamento durante a fase operacional.

Os mecanismos para reduzir tais riscos são: (*i*) o "casamento" da moeda de receita com a moeda do financiamento e dos contratos de fornecimento; (*ii*) utilização de moedas "fortes"; e (*iii*) a celebração de contratos de *hedge* cambial adequados ao risco do projeto.

9.9 RISCOS REGULATÓRIOS

Esses riscos são relacionados à (*i*) não obtenção, obtenção com atraso ou sob condição, de autorizações e licenças governamentais necessárias para construção ou operação do projeto; ou (*ii*) edição subsequente de normas públicas que possam tornar o projeto demasiado oneroso.

Um cuidado importante, observado pelo diligente desenvolvedor de projetos, é a obtenção de pareceres acerca da conformação do projeto com normas públicas e exigência da obtenção de autorizações e licenças como condições para o desembolso do financiamento. Outro cuidado é a esquematização de estratégias e de condutas para a obtenção dessas autorizações e licenças, que pressupõem a identificação das autoridades competentes à sua expedição, os documentos que instruem os processos administrativos que levam à expedição e os atos adequados ao movimento de tais processos.

9.10 RISCOS POLÍTICOS

Tais riscos caracterizam pelo fortuito ordinário e extraordinário. A mitigação efetiva do fortuito extraordinário, i.e., do fato do príncipe é improvável senão impossível.

Instabilidade financeira, revoltas, greves, controles cambiais, expropriação de ativos e nacionalização são os principais riscos políticos, para além da invocação da soberania para descumprir obrigações contratuais.

Alguns meios utilizados para reduzir tais riscos são (*i*) zelar para que o país onde se situa o projeto proveja garantias de não intervenção;

BREVES NOTAS SOBRE O *PROJECT FINANCE* COMO TÉCNICA DE...

(*ii*) obter pareceres jurídicos sobre as leis aplicáveis e a força vinculante dos contratos celebrados com o poder público; (*iii*) exigir seguro de risco político, alguns países aceitam contratar[36]; (*iv*) contar com financiamento de credores de diferentes países, financiadores de exportação, bancos multilaterais e de desenvolvimento; e (*v*) manter contas em países estáveis para depósito dos recebíveis do projeto.

9.11 FORÇA MAIOR

Os eventos que caracterizam a força maior impõem riscos tanto na fase de construção quanto na de operação, capazes de impedir o desenvolvimento do projeto. Podem ser temporários, como um pequeno alagamento, ou permanentes, como a destruição por incêndio causado por um raio.

Alguns mecanismos para reduzir esse risco são: (*i*) realização de auditoria dos riscos; (*ii*) alocação desses riscos entre outras partes, a exemplo do construtor; e (*iii*) contratação de seguro tendo o credor como beneficiário do pagamento da indenização em caso de sinistro.

9.12 NÍVEL DE ENDIVIDAMENTO

Há também o risco relacionado ao nível de endividamento do projeto. Quanto maior for o nível de endividamento, maior o risco de inadimplemento. Assim, quando maior o montante de capital dos acionistas aplicado num projeto e menor o montante da dívida, menos provável o inadimplemento, uma vez que só há dividendos se o projeto gerar lucros, depois do pagamento dos credores.

A tabela abaixo traz o exemplo de dois projetos com níveis diferentes de endividamento[37]. Um com baixo nível de endividamento e outro com alto nível de endividamento.

---

[36] Cf. JOHNSTON, Bruce. "Project Finance", in: *International Business Law*, 25, p. 375.

[37] Cf. MOAVENZADEH, Fred. "Project Management"..., op. cit.

	Baixo Nível de Endividamento	Alto Nível de Endividamento
Custo do Projeto	1.000	1.000
(a) Dívida	300	800
(b) Capital (*equity*)	700	200
(c) Receita do projeto	100	100
(d) Taxa de Juros	5%	7%
(e) Juros a serem pagos [(a)x(d)]	15	56
(f) Lucro [(c) – (e)]	85	44
Retorno de capital [(f)/(b)]	12%	22%

Para reduzir o risco de inadimplemento de um projeto com alto endividamento ou alta alavancagem, o credor estipula taxa de juros mais alta e, invariavelmente, um pacote de garantias mais robusto do que num projeto com menor alavancagem. Do ponto de vista do *sponsor*, a contrapartida por pagar juros mais elevados e conceder um pacote de garantias mais robusto, está na menor mobilização de capital próprio no projeto que lhe permite investir seu capital em outros negócios que propiciem retorno capaz de compensar o pagamento de juros elevados no projeto alavancado.

Levando em conta que uma SPE é constituída para implantar um novo projeto e não ostenta histórico de negócios que instrua a análise de riscos de crédito, então, para que um projeto alcance um alto nível de endividamento, o financiador deve se assegurar de que o projeto será finalizado em tempo, dentro do orçamento, de acordo com as especificações técnicas pré-estabelecidas e que será capaz de gerar fluxo de caixa suficiente para o pagamento da dívida.

BREVES NOTAS SOBRE O *PROJECT FINANCE* COMO TÉCNICA DE...

Para tanto, o financiador contrata consultores independentes para analisar o projeto e se envolve direta e indiretamente na negociação e formulação da estrutura contratual do projeto, além de participar ativamente no controle e monitoramento das atividades do projeto, assegurando que os riscos assumidos não sejam indeterminados.[38]

10. INVESTIMENTOS NECESSÁRIOS PARA O DESENVOLVIMENTO DO BRASIL

Havia, até que se iniciasse no Brasil uma crise econômica e política de proporções bíblicas, a expectativa de investimentos em logística de aproximadamente US$65 bilhões até 2017. Os bancos Itaú BBA e Santander afirmam que são necessários, em verdade, US$346 bilhões para implantar projetos indispensáveis ao desenvolvimento do país e à eliminação de gargalos logísticos até 2018.

Atualmente, o Brasil investe entre 2,2% e 2,5% do PIB em infraestrutura. O índice de investimento ideal é de 4%. As concessões públicas são responsáveis pela maior parte dos investimentos, mesmo que o setor privado insista que o retorno do investimento em concessões ainda não é atrativo o suficiente.

Hoje, contudo, repise-se, a grande maioria das linhas de financiamento à infraestrutura é provida por bancos públicos de desenvolvimento, principalmente o BNDES. O governo busca, contudo, reduzir a participação de tais bancos em vista de restrições orçamentárias.

O mercado de dívida tende a ser a saída mais viável para permitir a continuidade do investimento em infraestrutura nos próximos anos no Brasil. Hoje, o mercado de dívida desponta como a mais importante alternativa de financiamento de infraestrutura, especialmente se comparado com os empréstimos de bancos públicos. Desde a criação das debêntures de infraestrutura em 2010, estimados US$5 bilhões em debêntures foram colocadas no mercado brasileiro, especialmente para o financiamento de projetos de energia e de rodovias.

---

[38] Cf. FLETCHER, Philip. "Rules for negotiating Project finance deals", in: *International Finance Law Review*, 24, 2005, p. 37.

Segundo a Associação Brasileira das Entidades dos Mercados Financeiro e de Capitais – ANBIMA, em 2013, projetos de infraestrutura no Brasil angariaram US$1,7 bilhões de recursos de longo prazo para 51 projetos. O setor de energia teve a maior participação com 74,5% seguido por transporte e logística com 19,6%. A emissão de debêntures de infraestrutura, por sua vez, cresceu quatro vezes em participação na captação de recursos para tais projetos em 2013, especialmente quando comparada com 2012, representando 8,2% do total do valor de projetos financiados.

11. RECENTES DESAFIOS PARA O *PROJECT FINANCE* NO BRASIL

No contexto de dificuldades macroeconômicas correntes, que prenunciam uma crise de grandes proporções, o governo se diz forçado a reduzir despesas do orçamento anual. Tudo isso em meio à profunda crise de fiabilidade pela qual passam os grandes grupos econômicos dedicados à infraestrutura. O financiamento público de obras de infraestrutura deve ser reduzido drasticamente nos próximos anos. E não é difícil antever o fracasso de muitos projetos, que, no futuro próximo, serão objeto de restruturação ou simplesmente deixarão de existir.[39]

Some-se a tudo isso, a provável redução de investimento em renda variável dos maiores investidores institucionais do país – os fundos de previdência complementar –, que detém papel estratégico relevante na aquisição de participações societárias e investimento em diversos grandes projetos de infraestrutura do país. Essa redução tem causa nas recentes e drásticas perdas de patrimônio que tais instituições sofreram em razão de projetos malsucedidos.

Nesse contexto, bancos e fundos de investimento estrangeiros podem ganhar espaço no mercado de infraestrutura do Brasil quer para

---

[39] Cf. COLE, Margaret. "Restructuring of Project Finance Debt in Emerging Markets", in: *International Business Law,* 28, 2000, p. 415.

BREVES NOTAS SOBRE O *PROJECT FINANCE* COMO TÉCNICA DE...

prover financiamento quer para adquirir ativos – participações e instrumentos de dívida que podem oferecer taxas de retorno atrativas em setores estratégicos do Brasil.

Informação bibliográfica deste texto, conforme a NBR 6023:2002 da Associação Brasileira de Normas Técnicas (ABNT):

NÉBIAS, Diogo; WARDE JR., Walfrido Jorge. Breves notas sobre o *project finance* como técnica de financiamento da infraestrutura. *In*: BERCOVICI, Gilberto; VALIM, Rafael. (Coord.) *Elementos de Direito da Infraestrutura*. São Paulo: Editora Contracorrente, 2015. p. 53-87. ISBN. 978-8569-220-046

ASPECTOS GERAIS DE CONCESSÕES DE SERVIÇOS PÚBLICOS E PARCERIAS PÚBLICO-PRIVADAS: CONTRATAÇÃO PÚBLICA E INFRAESTRUTURA

IRENE PATRÍCIA NOHARA

1. CONSIDERAÇÕES INTRODUTÓRIAS

O objetivo do presente artigo é refletir acerca dos aspectos gerais das concessões de serviços públicos em relação às parcerias público-privadas como contribuição para o conjunto de análises provenientes das atividades viabilizadas pelo curso de *Direito Econômico e Infraestrutura*, organizado pelo jurista Gilberto Bercovici, professor titular do Departamento de Direito Econômico, Financeiro e Tributário da Faculdade de Direito da USP.

Primeiramente, será feita uma contextualização geral do surgimento do atual modelo de concessões na década de noventa, expondo suas principais características, para na sequência contrastá-lo com as concessões patrocinada e administrativa, subjacentes à proposta das chamadas parcerias público-privadas.

Haverá também a abordagem dos pressupostos de criação do modelo de parceria público-privada e a exposição das vantagens e das "pseudo-vantagens" de sua adoção no cenário nacional. Será procedida uma desmistificação de algumas diferenças que são comumente identificadas entre a concessão comum e os novos modelos de concessão, para que eles sejam compreendidos adequadamente.

Pretende-se alertar para alguns efeitos que a adoção indiscriminada da modalidade concessão administrativa pode provocar, assunto ainda pouco trabalhado em âmbito doutrinário.

De outra feita, não se ignora que algumas atividades, mormente as que se relacionam com a construção de infraestrutura (que é necessariamente associada à prestação do serviço no modelo das parcerias público-privadas), são indissociáveis da *expertise* do setor privado, que pode também gerenciar atividades-meio na prestação de serviços de forma mais eficiente, a depender do contexto em que é utilizada.

2. INFRAESTRUTURA E DESENVOLVIMENTO

É uma premissa comum a alegação de que a disposição de infraestrutura adequada é um fator que contribui para o desenvolvimento de um País. Por infraestrutura objetiva-se designar, *grosso modo*, o conjunto de equipamentos e serviços necessários à realização das atividades produtivas.

Infraestrutura é fundamental não apenas para escoar a produção, mas também para a utilidade pública no geral. O funcionamento, por exemplo, de escolas e hospitais públicos depende de uma infraestrutura adequada. Surte efeitos no desenvolvimento das atividades produtivas de um país que exista um sistema de transportes aéreo, terrestre ou mesmo uma malha de metrô suficiente para suprir as necessidades da população. As pessoas necessitam cotidianamente de equipamentos urbanos.

Ademais, não se pode deixar de refletir que, do ponto de vista mais profundo, a definição contemporânea de desenvolvimento leva em consideração outros fatores, para além dos exclusivamente econômicos.[1]

---

[1] HACHEM, Daniel Wunder. A maximização dos direitos fundamentais econômicos e

ASPECTOS GERAIS DE CONCESSÕES DE SERVIÇOS PÚBLICOS E...

Logo, quando se fala em processo de desenvolvimento, há muitos outros fatores a serem considerados além do acúmulo de riqueza e do crescimento do Produto Interno Bruto.

Segundo expõe Gilberto Bercovici, além do aumento quantitativo do produto nacional, o desenvolvimento reclama transformações estruturais socioeconômicas que importem em melhoria qualitativa dos padrões de vida dos cidadãos, proporcionando elevação do bem--estar social.[2]

Por conseguinte, a premissa da presente análise é que a modernização dos equipamentos deve ser acompanhada por um projeto de desenvolvimento, o que requer dos gestores públicos mais atenção no momento de elaboração do edital da concorrência.

Se efetivamente se deseja um processo de desenvolvimento equilibrado e que promova, portanto, o bem–estar social, não adianta construir editais de licitação para contratação da construção e do fornecimento de serviços como os ofertados num verdadeiro "aeroporto de Dubai", caso o custo excessivo dessa atualidade na infraestrutura provocar externalidades que alijem significativa parcela dos futuros beneficiários.

Trata-se da ideia difundida por Bercovici de que apesar de se pressupor que a modernização deva acompanhar o desenvolvimento, "quando não ocorre nenhuma transformação, seja social, seja no sistema produtivo, não se está diante de um processo de desenvolvimento, mas da simples modernização".[3]

A ressalva é importante, pois eventualmente a atualidade e a modernidade do serviço podem provocar entusiasmo por parte daqueles que realizam, por exemplo, um *Procedimento de Manifestação de Interesse* para obter a colaboração técnica da iniciativa privada, mas os gestores

---

sociais pela via administrativa e a promoção do desenvolvimento. *Revista de Direitos Fundamentais e Democracia*, Curitiba, v. 13, nº 13, p. 382, jan./jun. 2013.

[2] BERCOVICI, Gilberto. *Constituição econômica e desenvolvimento*: uma leitura a partir da Constituição de 1988. São Paulo: Malheiros, 2005. p. 53.

[3] Idem. Ibidem.

públicos devem estar sempre atentos aos princípios gerais da concessão, como a modicidade das tarifas e a generalidade ou igualdade dos usuários, que, no mais das vezes, funcionam com uma "dinâmica reversa" da encontrada no mercado, pois enquanto neste alguns serviços são disponíveis apenas para os que tenham poder aquisitivo suficiente para a contratação em padrões elevados, os serviços públicos se voltam, por outro lado, a beneficiar o maior número possível de indivíduos, não podendo gerar custos que discriminem ou privilegiem de maneira infundada os usuários, vistos de uma perspectiva isonômica.

Em suma, crescimento sem desenvolvimento é mera modernização, que pode não contribuir para a melhoria das condições de vida da maioria da população em geral, uma vez que o progresso técnico pode ser limitado ao estilo de vida e ao padrão de consumo tão somente de uma minoria privilegiada.

Para que os projetos de infraestrutura efetivamente contribuam aos objetivos presentes na Constituição, relacionados com a garantia do desenvolvimento nacional numa proposta de sociedade livre, justa e solidária, com a redução das desigualdades e a promoção do bem de todos (conforme incisos do art. 3º da Lei Maior), faz-se necessário que as metas econômicas sejam cotejadas simultaneamente com aspectos sociais (e ambientais também).

Para exemplificar a complexidade da discussão, basta que se reflita acerca do sistema prisional: que representa um dos segmentos de atividades em que a utilização do modelo de parceria público-privada é bastante polêmica. A privatização em sentido lato, que, para parcela da doutrina[4], envolve também as concessões, já desperta desconfianças também no Brasil tendo em vista algumas repercussões negativas que ocorreram principalmente nos Estados Unidos, um dos países que se destacam pelo pioneirismo da privatização de presídios.

A privatização dos presídios foi acompanhada nos Estados Unidos pelo aumento da população carcerária, sendo que, segundo a análise de

---

[4] DI PIETRO, Maria Sylvia Zanella. *Parcerias na Administração Pública*. São Paulo: Atlas, 2011. p. 5.

ASPECTOS GERAIS DE CONCESSÕES DE SERVIÇOS PÚBLICOS E...

Minhoto,[5] tanto na Inglaterra como nos Estados Unidos, os indicadores apontam para manutenção em unidades privadas dos mesmos problemas, como: fugas, mortes por negligência, denúncia de maus-tratos e rebeliões; também se observa a atuação dos lobbies no Congresso em favor de um direito penal máximo; a corrupção, isto é, a tentativa de segmentos empresariais interessados de oferecer vantagens aos juízes norte-americanos para aumentar o número de condenações, são exemplos de fatores que afastam um ideário de política criminal vista como "progressista", sobretudo quando a garantia, ofertada pelo Estado, do número de presos passa a ser um elemento constante dos contratos de parceria público-privada, o que provoca um conflito entre o interesse público focado na ressocialização (bem como na diminuição da população carcerária), de um lado, e o interesse econômico lucrativo do setor privado que será preenchido com o incremento ou manutenção do número de pessoas encarceradas.

É, portanto, legítima a preocupação de pesquisadores empíricos e de sociólogos acerca dos impactos que esse modelo tem no sentido de desarticular as políticas de redução da criminalidade por meio de penas alternativas ou de um direito penal exclusivamente preocupado em punir com a privação da liberdade os crimes que envolvam lesão aos bem jurídicos mais relevantes em termos sociais.[6]

---

[5] MINHOTO, Laurindo Dias. *Privatização de presídios e criminalidade*. São Paulo: Max Limonad, 2000. Passim. Segundo expõe, "o experimento concreto norte-americano e britânico tem demonstrado que as prisões privadas não vêm prestando serviços necessariamente mais baratos nem tampouco mais eficientes, reproduzindo os problemas estruturais que atravessam o sistema penitenciário público tradicional". In. MINHOTO, Laurindo Dias. As prisões do mercado. *Lua Nova*: Revista de Cultura e Política, São Paulo, v. 55-56, p. 40.

[6] Segundo a acirrada crítica de Loïc Wacquant a hegemonia da ideologia do mercado marca a retração das políticas de assistência social aos pobres, sendo a expansão do encarceramento em massa um componente associado ao neoliberalismo e às reformas da década de noventa. Assim, segundo Wacquant, o Sistema de Justiça criminal nos Estados Unidos contribui para disciplinar a população dita "subordinada" à lógica do mercado, afastando-a simbólica e socialmente de uma minoria privilegiada, que consegue participar da economia globalizada. Também a marginalização é retirada do prisma de questão social, sendo alçada à perspectiva de "pretensa" escolha individual. WACQUANT, Loïc. *Punishing the poor*: the neoliberal government of social insecurity. Durban, NC: Duke University Press, 2009. p. xviii.

Acrescente-se a isso que o fator trabalho, sem proteção da CLT, passa a ser visto até como uma forma não apenas da remição de pena, mas também de viabilizar em alguns casos os projetos complementares, que buscam receitas alternativas, admitidas, em geral, na sistemática da concessão. No sistema atual existe a seleção dos presos que vão para o presídio gerido por parceria público-privada, sendo afastados alguns que cometeram crimes mais violentos.

Em suma, daí a política de ressocialização criminal tem o potencial de transformar-se em um "grande negócio", o que é problemático, pois a mercantilização da atividade de punição não deixa de ser uma postura de afronta à dignidade humana.

A vantagem do novo modelo é comparativa em relação à situação precária de muitos dos presídios públicos; por outro lado, ao se fomentar indiretamente um direito penal máximo e o consequente incremento do contingente de presos, que passa a ser de interesse dos investidores, quantias significativas de recursos públicos serão direcionadas ao progressivo encarceramento de pessoas em detrimento do investimento em políticas sociais que promoveriam de fato melhores condições de redução da criminalidade.

Portanto, a parceria público-privada não pode ser um modelo abordado de um viés essencialmente econômico, pois há fatores sociais a serem cotejados. Ainda, no caso dos presídios, existem dificuldades técnicas, do ponto de vista do Direito Administrativo, na diferenciação entre atividades-meio de atividade-fim, relacionada com a privação da liberdade, pois os atos extroversos de poder de polícia[7] não admitem delegação.

São consideradas atividades-meio, por exemplo, hotelaria, alimentação e limpeza,[8] já vigilância localiza-se numa zona indeterminada, uma

---

[7] Conforme historicamente reconhecido pelo Supremo Tribunal Federal, com base no precedente (*leading case*) ADI 1717, Pleno, Min. Sydney Sanches, j. 7.11.2002, *DJ* 28.03.2003. p. 61.

[8] A propósito, ver: MAGULLO, Marcela Querino. As parcerias público-privadas na atividade penitenciária. In. DAL POZZO, Augusto Neves; VALIM, Rafael; AURÉLIO,

ASPECTOS GERAIS DE CONCESSÕES DE SERVIÇOS PÚBLICOS E...

vez que o uso da força para conter uma rebelião não é algo que seja delegável ao particular, nem mesmo as consequências das atividades realizadas no presídio para a remição da pena, assunto afeto não apenas à Administração Pública, mas principalmente ao Poder Judiciário.

3. DESDOBRAMENTO DO MODELO DE CONCESSÕES

As concessões são tidas como descentralizações. Tecnicamente, contemplam descentralizações por colaboração. A utilização das concessões no mundo variou no tempo. Conforme enfatiza Trajano de Miranda Valverde,[9] o modelo de associação entre capital do Estado e dos particulares foi efetivada desde o século XVI e começo do XVII, para fins de colonização (no capitalismo mercantilista).

Com o capitalismo industrial, no entanto, houve a utilização mais intensiva do modelo da sociedade de economia mista, sobretudo na Alemanha, que teve seu auge em meados do século XIX até início do século XX.[10]

As concessões também se proliferaram no cenário europeu do começo do século XX. Contudo, posteriormente, com a retomada da utilização da cláusula *rebus sic stantibus*[11] e da restauração do equilíbrio econômico-financeiro, o modelo foi sendo substituído progressivamente pelas sociedades de economia mista, que passaram a oferecer ao Estado

---

Bruno; FREIRE, André Luiz (Coord). *Parcerias Público-Privadas*: Teoria geral e aplicação nos setores de infraestrutura. Belo Horizonte: Fórum, 2014. p. 410.

[9] VALVERDE, Trajano de Miranda. Sociedades anônimas ou companhias de economia mista. *Revista de Direito Administrativo*: Seleção Histórica. Rio de Janeiro: Renovar, 1991. p. 30.

[10] BILAC PINTO. *Revista de Direito Administrativo*: Seleção Histórica. Rio de Janeiro: Renovar, 1991. p. 257-270.

[11] Cujo *leading case* pode ser considerado o de 1916, sendo conhecido como caso de *gás de Bordeaux*, submetido ao Conselho de Estado, em que a Companhia de Iluminação de Bordeaux (Companhie Général d'Éclairage de Bordeaux), solicitou revisão de tarifas diante do aumento excessivo do carvão com a Primeira Guerra Mundial. Cf. NOHARA, Irene Patrícia. *Direito Administrativo*. 4. ed. São Paulo: Atlas, 2014. p. 435.

condições mais lucrativas, uma vez que, de acordo com Caio Tácito,[12] as cláusulas de garantia de juros e a extensão dada à teoria da imprevisão foram forçando o Poder Público a participar progressivamente das perdas na exploração do serviço concedido.

Depois, expõe Bilac Pinto, as empresas públicas foram modelos que demonstraram afastar a disparidade de interesses entre o capital público e os investidores privados, tendo vigorado por um tempo como modelagem ideal.

No Brasil, o processo de proliferação de empresas estatais ocorreu nas décadas de 60 e 70, tendo sido refreado intensivamente na década de 90, com a privatização em larga escala. Nesta época, a concessão de serviços públicos foi retomada a partir da alegação da necessidade de cumprimento das metas de ajustes fiscais impostas pelos organismos financeiros internacionais.

Logo, conforme aborda Caio Tácito[13], a utilização maior ou menor das concessões de serviços públicos foi alternada por tendências, em que, tal qual um movimento pendular, em um momento histórico a concessão passa a ser instrumento utilizado com expressão pelo Estado, depois diminui a intensidade de uso, sendo retomada num momento posterior.

Tácito situa a retomada do pêndulo para a exploração privada de atividades produtivas, ainda que sob a vigilância do poder de polícia administrativa, no *Programa Nacional de Desestatização* de Fernando Collor.[14] Pode-se considerar, todavia, que o auge do movimento de privatização ocorreu nos governos de Fernando Henrique Cardoso. Curiosamente, a atual Lei de Concessões de Serviços Públicos (Lei n. 8.987/95) foi iniciativa do então Senador Fernando Henrique Cardoso, tendo sido sancionada em 13 de fevereiro de 1995, pouco mais de um mês após sua posse como Presidente da República.

---

[12] TÁCITO, Caio. O retorno do pêndulo: serviço público e empresa privada. *Temas de Direito Público*. Rio de Janeiro: Renovar, 1997. p. 721-733.

[13] Idem. Ibidem.

[14] Op. cit. p. 729.

ASPECTOS GERAIS DE CONCESSÕES DE SERVIÇOS PÚBLICOS E...

Conforme definição contida no art. 2º, II, da Lei n. 8.987/95, concessão de serviço público é a "delegação de sua prestação, feita pelo poder concedente, mediante licitação, na modalidade de concorrência, à pessoa jurídica ou consórcio de empresas que demonstre capacidade para seu desempenho, por sua conta e risco e por prazo determinado".

Delegação indica a transferência contratual do exercício do serviço público, pois a titularidade é estatal, conforme determina o art. 175 da Constituição. Tal dispositivo determina que incumbe ao Poder Público, na forma da lei, diretamente ou sob regime de concessão ou permissão, sempre através de licitação, a prestação de serviços públicos.

Uma consequência de o serviço público ser de titularidade do Estado é a possibilidade de sua encampação, que indica a retomada do serviço pelo poder concedente durante o prazo da concessão, por motivo de interesse público, mediante lei autorizativa específica e após prévio pagamento de indenização.

A concessão terá prazo determinado. Se houver encampação, o prazo determinado indica que o concessionário será indenizado em função do tempo de execução do contrato que lhe foi suprimido. Celso Antônio Bandeira de Mello[15] e Marçal Justen Filho[16] entendem que a indenização deve abranger, neste caso, tanto danos emergentes como lucros cessantes.

O prazo da concessão deve ser estabelecido no edital de licitação e no contrato, no entanto, não há previsão legal de um prazo máximo, sendo tal questão aferida, entre outros fatores, em função do tempo necessário para a amortização do investimento pela concessionária. A fixação do prazo depende, portanto, da universalização de um serviço adequado e acessível por meio de tarifas módicas, mas que permitam simultaneamente à concessionária auferir lucro da atividade prestada.

---

[15] BANDEIRA DE MELLO, Celso Antônio. *Curso de Direito Administrativo*. São Paulo: Malheiros, 2014. p. 773.

[16] JUSTEN FILHO, Marçal. *Curso de Direito Administrativo*. São Paulo: Saraiva, 2005. p. 529.

"Por conta e risco" é expressão que indica que o concessionário, em tese, assume sozinho os ganhos e também as perdas que vier a sofrer com a exploração do serviço público delegado, sendo cada vez menos comum, no entanto, que o concessionário arque com "todos" os riscos que porventura possam ocorrer.

Ressalte-se que a Administração não irá assumir os riscos extraordinários decorrentes do contrato administrativo; mas quando o risco é imprevisível, quanto à ocorrência ou à consequência, anormal, alheio à vontade das partes e que onere excessivamente o contrato, é possível aplicar a cláusula *rebus sic stantibus*, que também tem o condão de desonerar o contratado a partir tanto da revisão das cláusulas contratuais, quanto da extinção do contrato.

Além das receitas alternativas, complementares, acessórias ou derivadas de projetos associados à concessão, é comum, ainda, que haja *subsídios* por parte do Poder Público. Segundo expõe André Luiz Freire,[17] um Município pode, por exemplo, no âmbito de uma política social, custear totalmente o valor das tarifas de transporte urbano de passageiros, sem que se desnature a relação jurídica entre os usuários e o concessionário.

Portanto, conforme será visto, não é o "por conta e risco" que diferencia inerentemente a concessão comum das modalidades de concessão da Lei de Parcerias Público-Privada; por outro lado, há efetivamente um maior protagonismo da concessionária comum, uma vez que o art. 31, VIII, da Lei de Concessões determina que incumbe apenas à concessionária "captar, aplicar e gerir os recursos financeiros necessários à prestação do serviço", sendo tal incumbência compartilhada no modelo de parceria público-privada.

Extinta a concessão, retornam ao poder concedente, que deve assumir imediatamente o serviço, todos os bens reversíveis, os direitos e privilégios transferidos ao concessionário, conforme previsão no edital e no contrato.

---

[17] FREIRE, André Luiz; DAL POZZO, Augusto Neves; VALIM, Rafael; AURÉLIO, Bruno. *Parcerias Público-Privadas*: Teoria geral e aplicação nos setores de infraestrutura. Belo Horizonte: Fórum, 2014. p. 35.

ASPECTOS GERAIS DE CONCESSÕES DE SERVIÇOS PÚBLICOS E...

A indicação dos bens reversíveis deve constar do edital de licitação, conforme preceitua o art. 18, X, da Lei n. 8.987/95. Os bens reversíveis podem ser móveis, como materiais, máquinas, equipamentos e mobiliários, ou imóveis, a exemplo das estações subterrâneas do metrô, instalações de distribuição de energia elétrica ou redes de comunicação; públicos (recebidos da Administração) ou de propriedade do concessionário, que sejam entregues na extinção da concessão.

Fundamental, ainda, que a concessionária mantenha atualizado o inventário e o registro de bens vinculados à concessão, para que sejam acompanhados os investimentos feitos para a manutenção dos bens, o que inclui a compra de novas peças ou equipamentos, condição relevante para que o contratado obtenha indenização ao final da concessão (se não houver amortização dos investimentos feitos).

O fundamento genérico da indenização é extraído do art. 36 da Lei n. 8.987/95, que determina que a reversão no advento do termo contratual far-se-á com a indenização das parcelas dos investimentos vinculados a bens reversíveis, ainda não amortizados ou depreciados, que tenham sido realizados com o objetivo de garantir a continuidade e a atualidade do serviço.

4. SURGIMENTO DO MODELO DE PARCERIAS PÚBLICO-PRIVADAS E ASPECTOS GERAIS

As parcerias público-privadas surgiram no cenário nacional a partir das medidas privatizantes "sugeridas" pelos organismos de financiamento internacionais, tendo sido inspiradas no modelo inglês. Foram introduzidas em âmbito internacional na década de 80, pelo governo de Margaret Thatcher, tendo sido retomadas em 1992 pelos conservadores da Inglaterra por meio da fórmula denominada de Programa de Financiamento Privado (*Private Finance Initiatives* – PFI).

Em 1997, os PFIs foram transformados nas *Public-Private Partnerships*. Objetivou-se expandir investimentos públicos sem o comprometimento do orçamento e da dívida do governo, a partir de um sistema em que os recursos necessários à consecução dos serviços públicos provêm inicialmente do setor privado.[18]

Em suma, as parcerias público-privadas representam alterações no regime de concessões de serviços públicos, tendo sido engendradas para atrair investimentos em infraestrutura, como, por exemplo, a construção de estradas, hidrelétricas, ferrovias, estádios, hospitais, instalações portuárias, num cenário de comprometimento do orçamento estatal.

Optou-se por alterar o regime de concessões existente, com vistas a tentar criar um mecanismo mais atraente aos investidores privados. No entanto, o regime jurídico das parcerias público-privadas não é exatamente de "parceria", como é, por exemplo, um convênio. Compreende modalidades específicas de contratos de concessão, às quais se aplica o regime da Lei n. 11.079/2004.

Há duas modalidades básicas de parcerias público-privadas: a concessão patrocinada e a concessão administrativa. A concessão patrocinada, de acordo com a definição contida no art. 2º, § 2º, da Lei n. 11.079/2004, é a concessão de serviços públicos ou de obras públicas de que trata a Lei n. 8.987/95, quando envolver, adicionalmente à tarifa cobrada dos usuários, contraprestação pecuniária do parceiro público ao parceiro privado.

Enquanto a concessão é, em tese, remunerada somente por tarifas, regra que sofre as mencionadas mitigações práticas, pois além das receitas alternativas, admite-se, conforme art. 17 da Lei n. 8.987/95, que a concessão comum seja subsidiada; na concessão patrocinada, além das tarifas cobradas dos usuários, o Poder Público arca também com uma contraprestação pecuniária paga ao parceiro privado.

A remuneração do Poder Público não pode corresponder como regra geral a mais de 70% da remuneração paga, exceto se houver autorização legislativa específica. Esta última regra é aplicada somente

---

[18] BRITO, Barbara Moreira Barbosa de; SILVEIRA, Antonio Henrique Pinheiro. Parceria público-privada: compreendendo o modelo brasileiro. *Revista do Serviço Público*, Brasília, n. 56, p. 8, jan./mar. 2005. Ressalte-se, porém, que há sim o comprometimento do orçamento no médio e no longo prazo, mas o sistema de PPP prorroga, como regra geral, o desembolso de caixa do Poder Público.

ASPECTOS GERAIS DE CONCESSÕES DE SERVIÇOS PÚBLICOS E...

para as concessões patrocinadas, pois nas concessões administrativas 100% da remuneração é paga pelo Poder Público.

Concessão administrativa é, por sua vez, o contrato de prestação de serviços de que a Administração seja usuária direta ou indireta, ainda que envolva execução de obra ou fornecimento ou instalação de bens.

A Lei n. 11.079/2004 prevê três vedações à celebração de parceria público-privada: (1) quanto ao *valor*, pois não admite que seja menor do que 20 milhões de reais; (2) quanto ao *prazo*, que não poderá ser inferior a cinco anos, sendo o limite máximo de duração 35 anos, incluindo eventual prorrogação; (3) quanto à *matéria*, porque não poderá ter objeto único o fornecimento de mão de obra, o fornecimento e instalação de equipamentos ou a execução de obra pública.

Trata-se de característica própria da parceria público-privada que, antes da celebração do contrato, haja a constituição de uma sociedade de propósito específico incumbida especificamente de implantar e gerir o objeto da parceria. Tal sociedade pode assumir a forma de companhia aberta. É vedado à Administração Pública ser titular da maioria do capital votante da sociedade de propósito específico.

Os contratos de parceria público-privada admitem contraprestação por ordem bancária; cessão de créditos não tributários; outorga de direitos em face da Administração Pública; outorga de direitos sobre bens públicos dominicais e outros meios admitidos em lei.

Há também a possibilidade, disciplinada no art. 6º da Lei n. 11.079/04, de previsão de pagamento ao parceiro privado de remuneração variável vinculada ao seu desempenho, conforme metas e padrões de qualidade e disponibilidade definidos no contrato. Ressalte-se que tal sistemática representa um risco ao setor privado, sobretudo diante de Poderes Concedentes cujas atuações sejam potencialmente arbitrárias.

Outro aspecto de duvidosa efetivação,[19] ainda em fase de experimentação, é a cláusula de atualização automática – essa sim bastante

---

[19] Também Juarez Freitas é cético com relação à operatividade prática da atualização automática, uma vez que não seria efetivável pela mera subsunção legal. Segundo alega,

vantajosa ao particular, segundo a qual haverá atualização automática de valores baseada em índices e fórmulas matemáticas que serão aplicadas sem necessidade de homologação pela Administração Pública, exceto, conforme prevê o art. 5º, § 1º, da Lei n. 11.079/2004, se esta publicar, na imprensa oficial, onde houver, até o prazo de 15 dias após apresentação da fatura, razões fundamentadas na lei ou no contrato para rejeição da atualização.

Como a experiência com as concessões comuns demonstra que a pretensão de transferência dos riscos da esfera pública para a privada não passa de quimera que funciona, no Brasil, de uma forma bastante distanciada do idealizado, pois não raro o Poder Concedente, para manejar a política tarifária, acaba operando todo um sistema de subsídios,[20] inclusive tributários, para não reajustar, mesmo diante de índices inflacionários específicos, o Poder Público, que detém a titularidade de planejamento da política tarifária que recai sobre os serviços públicos, nem sempre promove o reajuste tal qual delimitado no contrato, arcando com medidas compensatórias para a garantia da modicidade da tarifa, o que não desonera o empresariado de ter de negociar a continuidade de seus contratos.

5. PROBLEMÁTICAS TÉCNICAS DAS PARCERIAS PÚBLICO-PRIVADAS NO QUADRO DO REGIME DAS CONCESSÕES

Muito provavelmente o maior benefício prático do sistema de parcerias para o parceiro privado se dê no sistema de garantias previsto na Lei de Parcerias Público-Privadas, que contemplam também garantias

---

"somente uma ambiência institucional ostenta o condão de afugentar os crônicos (nem sempre inocentes) desequilíbrios econômico-financeiros dos contratos públicos, assim como os calotes impunes e a ausência de efetiva partilha dos ganhos de eficiência". Cf. FREITAS, Juarez. Parcerias público-privadas e segurança regulatória. In. DAL POZZO, Augusto Neves; VALIM, Rafael; AURÉLIO, Bruno; FREIRE, André Luiz. *Parcerias Público-Privadas*. Belo Horizonte: Fórum, 2014. p. 324.

[20] Para uma visão mais aprofundada da relação subvencional e sua relação com o subsídio, ver: VALIM, Rafael Ramires Araujo. *A subvenção no Direito Administrativo brasileiro*. 2015. Tese (Doutorado), PUC, São Paulo.

ASPECTOS GERAIS DE CONCESSÕES DE SERVIÇOS PÚBLICOS E...

voltadas para que a Administração Pública assegure o cumprimento das obrigações pecuniárias assumidas.

São garantias facultativas previstas exemplificativamente no art. 8º da Lei n. 11.079/04: a vinculação de receitas, observada a vedação de vinculação de receitas de impostos; a instituição ou utilização de fundos especiais previstos em lei;[21] a contratação de seguro-garantia com companhias seguradoras não controladas pelo Poder Público; a garantia prestada por organismos internacionais ou instituições financeiras que não sejam controladas pelo Poder Público e as garantias prestadas por fundo garantidor ou empresa estatal criada para essa finalidade.

São previsões que procuram assegurar medidas compensatórias para os riscos assumidos. No entanto, conforme exposto, existem alguns mecanismos que representam tão somente pseudo-vantagens, isto é, vantagens que, no fundo, não são tão transformadoras assim em relação ao modelo de concessões comuns que, aliás, se aplica subsidiariamente ao regime disciplinado especificamente na Lei de PPPs.

Do ponto de vista do investidor privado, a repartição objetiva dos riscos é um fator que, via de regra, não supre toda insegurança ofertada por contratos que durarão de 5 a 35 anos. Trata-se de mecanismo que advém de práticas contratuais anglo-saxãs que possuem uma dinâmica diferente daquela tradicionalmente encontrada no Brasil, em que o contrato pode ser revisto tanto pelo Judiciário, como pela Administração Pública, desde que se preserve o equilíbrio econômico. Mesmo o uso da arbitragem não garante uma maior segurança de respeito aos contratos, sendo ainda limitada a possibilidade de previsão de sinistros em uma situação de permanente iminência de crise.

Outra pseudo-vantagem do ponto de vista da Administração Pública é a economia de recursos, mote de incorporação da modelagem de parceria público-privada no Brasil, pois o modelo inglês previa desembolso de recursos públicos após a disposição do serviço.

---

[21] Tanto a vinculação de receitas como a utilização de fundos especiais são consideradas inconstitucionais por Celso Antônio Bandeira de Mello. Op. cit. p. 803-804.

Também no Brasil, o modelo inicial contemplou a previsão de que, em parcerias que envolvessem construção de infraestrutura e posteriormente prestação de serviços, a contraprestação da Administração Pública seria obrigatoriamente precedida da disponibilização do serviço objeto do contrato de parceria público-privada.

Ocorre que a Medida Provisória n. 575/2012 alterou a sistemática legal, possibilitando com que o Poder Público aporte[22] recursos no projeto antes da disponibilidade dos serviços. Objetivou-se com tal medida desonerar tributariamente o aporte público para construção e aquisição de bens reversíveis, ainda durante a fase de investimentos do parceiro privado.

Tanto os gastos são expressivos e ameaçam comprometer o orçamento público, que há limites legais para celebração de parcerias público-privadas, que, ressalte-se, são, todavia, periodicamente expandidos. Assim, jogar para os governos subsequentes não implica que não haja gastos significativos.

No caso da concessão patrocinada, há a conjunção entre a remuneração do Poder Público e as tarifas pagas pelos usuários dos serviços, mas na concessão administrativa 100% da remuneração é de responsabilidade da Administração Pública, podendo, portanto, a concessão administrativa representar uma das grandes fugas do direito público.

Assim, a maior crítica que se pode fazer, do ponto de vista público, sobre o sistema de parcerias público-privadas se dá nos rumos de utilização da modalidade concessão administrativa, que representa, conforme visto, contrato de prestação de serviços de que a Administração seja a usuária direta ou indireta, ainda que envolva execução de obra ou fornecimento e instalação de bens.

---

[22] Diz-se que o art. 12 da Lei n. 4.320 já possibilitava o aporte, mas não se pode negar que o aporte é em adiantamento de recurso público, que, na sistemática das parcerias público-privadas, seriam vertidos somente posteriormente.

ASPECTOS GERAIS DE CONCESSÕES DE SERVIÇOS PÚBLICOS E...

Quando surgiram as concessões administrativas, era difícil delimitar na prática sua aplicação, diante da obscuridade da definição encontrada na Lei das PPPs. Segundo Maria Sylvia Zanella Di Pietro,[23] à primeira vista dava impressão de que enquanto a concessão patrocinada seria utilizada para delegação de serviços públicos, a concessão administrativa seria modalidade voltada à atividade material prestada ao Poder Público, que não teria características de serviço público, mas de um mero serviço.

Também se extrai da leitura da obra de Celso Antônio Bandeira de Mello tal percepção, à medida que dada definição legal, acrescida ao fato de que na concessão administrativa não está prevista tarifa, a Administração como usuária pagaria uma remuneração contratual como outra qualquer, o que, no fundo, descaracterizaria, na leitura do juspublicista, a parceria como uma concessão.[24]

Acrescenta, no entanto, Maria Sylvia Zanella Di Pietro que quando a lei menciona a Administração como *usuária indireta*, daí se descortina também uma hipótese em que os usuários diretos sejam terceiros, aos quais a Administração presta serviços públicos.

A concessão administrativa tem potencial de recair sobre *atividades-meio*, para que a Administração seja a usuária direta de um serviço contratual, ou sobre serviços sociais[25] não privativos do Estado, pois estes são

---

[23] DI PIETRO, Maria Sylvia Zanella. *Parcerias na Administração Pública*. 8. ed. São Paulo: Atlas, 2011. p. 151.

[24] Op. cit. p. 795.

[25] Há, neste ponto, a possível restauração da conhecida controvérsia acerca da natureza jurídica dos serviços prestados pela iniciativa privada no tocante ao ensino e à saúde. Para Carlos Ari Sundfeld, educação e saúde são serviços públicos só quando o Estado o prestar, sendo ao mesmo tempo atividade estatal e atividade dos particulares. In. *Fundamentos de direito público*. 4. ed. São Paulo: Malheiros, 2003. p. 84. Já Eros Grau e Celso Antônio Bandeira de Mello têm resistências a enquadrar saúde e educação no rol de mercadorias e serviços como outros quaisquer, posicionamento que acompanhamos. Cf. NOHARA, Irene Patrícia. *Direito administrativo*. São Paulo: Atlas, 2014. p. 453. Peculiar é a leitura de Fernando Herren Aguillar, que entende que saúde e educação são funções públicas, irrenunciáveis (o que não se confunde com exclusivas) pelo Estado, haja vista a impossibilidade de delegação a particulares mediante concessão. AGUILLAR, Fernando Herren. *Controle social dos serviços públicos*. São Paulo: Max Limonad, 1999. p. 150-154.

considerados gratuitos, ou seja, prescindem de tarifa se ofertados pelo Poder Público.

Abrangeria também algo "não privativo do Estado", em simultâneo desenvolvimento com a atividade privada, mas que será prestado *indiretamente* pelo Estado, sem a cobrança de tarifa, isto é, com contraprestação integral do Poder Público para assegurar sua gratuidade (que adviria, paradoxalmente, da prestação "direta" do Estado).

Em suma, muito embora se trate de um sistema de delegação, o que afasta o conceito de privatização em sentido restrito,[26] não se pode deixar de considerá-lo, do ponto de vista amplo, uma forma reflexa de privatização, inimaginável sob o sistema tradicional das concessões.

Nesta perspectiva, esta modalidade representa, em potencial, um instrumento que torna indistintas as fronteiras entre o público e o privado, provocando problemas de complexo equacionamento, ainda mais porque retrata uma situação em que quem fará a *gestão do serviço* para o Poder Público será a iniciativa privada.

Um exemplo de concessão administrativa, premiada em Washington,[27] foi o Hospital do Subúrbio, em Salvador. Trata-se da

---

Esta última análise (se for mantida após a alteração toda processada na legislação nos últimos tempos) é anterior à criação da Lei de Parcerias Público-Privadas, não sendo compatível, então, com a possibilidade de delegação via concessão administrativa de tais funções.

[26] Expõe Di Pietro que a palavra privatização possui diversos sentidos. Num conceito mais amplo, também estaria compreendido o movimento de diminuição do tamanho do Estado por meio da concessão de serviços públicos. DI PIETRO, Maria Sylvia Zanella. *Parcerias na Administração Pública*. São Paulo: Atlas, 2011. p. 6.

[27] Não é o fato de ter sido premiada no exterior, que significa necessariamente algo adequado ao nosso contexto social e jurídico. Neste sentido, acompanhamos as críticas de Celso Antônio Bandeira de Mello sobre o neocolonialismo e o servilismo que não raro se encontram em âmbito nacional, em que: "o certo, o errado, o belo ou o feio, o progressista ou retrógrado, o útil ou inútil não são aferidos por pautas geradas *desde dentro*, isto é, internamente, ao lume de sua própria realidade, de suas características, de suas necessidades ou interesses, mas em vista do olhar, da apreciação que dele façam os países cêntricos. Estes, pelo contrário, justamente por não viverem a situação de dependência, mas de dominação e de supremacia, exercem tal avaliação em função de si próprios; logo, em função de sua própria realidade, características, necessidades e interesses". Op. cit. p. 1086.

ASPECTOS GERAIS DE CONCESSÕES DE SERVIÇOS PÚBLICOS E...

primeira parceria público-privada do Brasil no setor de saúde, tendo sido eleita, em meados de 2012, uma das cem iniciativas "mais inovadoras" do mundo pela KPMG, empresa internacional de consultoria e auditoria.

É hospital público, construído pelo governo da Bahia, administrado, operado e equipado pela iniciativa privada desde setembro de 2010. A empresa Prodal Saúde venceu a licitação para a concessão, cujo contrato prevê duração de dez anos em leilão realizado na BM&F Bovespa. Os serviços prestados são gratuitos, sendo a contraprestação anual máxima paga pelo Poder Concedente à concessionária, caso esta logre atingir os indicadores quantitativos e de desempenho previstos no contrato.

Para Maria Sylvia Zanella Di Pietro,[28] a concessão administrativa pode ser vista como uma terceirização da gestão do serviço, podendo ou não envolver obra, fornecimento e instalação de bens. Na prática, é forma de delegação que mais se aproxima do que ocorre com as organizações sociais, só que com um regime jurídico diverso, pois enquanto a organização social é associação ou fundação sem fins lucrativos, a concessionária atua com objetivo lucrativo.

O ponto de inflexão mais delicado dessa modalidade de parceria será diferenciar a atividade-fim não terceirizável. Segundo expõe Tarso Cabral Violin, muitos entes da Administração Pública vêm firmando parcerias com o terceiro setor para fugir dos limites de gastos de pessoal fixados na Lei de Responsabilidade Fiscal, no entanto, assevera que: "qualquer terceirização a ser realizada pela Administração Pública, independentemente do instrumento a ser utilizado, apenas será lícita se o objeto for a execução de alguma atividade-meio do órgão ou entidade estatal".[29]

Logo, já dá para intuir que, num futuro não muito distante, muitas das concessões administrativas, festejadas atualmente como "inovadoras", povoarão as causas submetidas ao Poder Judiciário.

---

[28] DI PIETRO, Maria Sylvia Zanella. *Parcerias na Administração Pública*. 8. ed. São Paulo: Atlas, 2011. p. 154.

[29] VIOLIN, Tarso Cabral. Estado, Ordem Social e Privatização: as terceirizações ilícitas da Administração Pública por meio das organizações sociais, OSCIPs e demais entidades do terceiro setor. *Raízes Jurídicas*, v. 4, p. 379, 2008.

Um fato que merece reflexão é que como o Estado perde parcela de ingerência na gestão da atividade que, simultânea e paradoxalmente, presta "direta e indiretamente", há a possibilidade do conhecido uso da extensão jurisprudencial[30] do regime de responsabilidade diante da culpa *in vigilando*, o que pode provocar "no fim das contas" o conhecido "duplo pagamento" dos trabalhadores pelo Poder Público, caso ele não fiscalize adequadamente a gestão da iniciativa privada.

Ademais, o Estado acaba se despindo aos poucos de algumas atividades, provocando um impacto na sustentabilidade da gestão pública futura, pois será mais complicado, principalmente ao término da gestão, retomar o serviço com a mesma eficiência das atividades por anos ali desenvolvidas pela iniciativa privada, haja vista a necessidade de ampla adaptação do regime jurídico, o que o tornará sem dúvida mais dependente da iniciativa privada.

É evidente que em algumas áreas, conforme dito, a iniciativa privada possui maior *know how* para executar os serviços, mas na parte exclusiva da gestão de serviços em atividades-fim do Estado é equivocado tomar-se por pressuposto que a iniciativa privada seja sempre mais eficiente.[31]

Um regime integralmente privado não contempla freios à demissão de funcionários, não há necessidade de concurso público e os trabalhadores são celetistas, o que não lhes assegura estabilidade, sendo a contratação realizada sem licitação. Certamente representará uma forma

---

[30] Como se encontra na atual redação da Súmula n. 331 do Tribunal Superior do Trabalho.

[31] Segundo Maria Paula Dallari Bucci, "a qualidade da prestação de serviços no Brasil, em geral, é muito baixa, mesmo no âmbito privado". BUCCI, Maria Paula Dallari. *Direito administrativo e políticas públicas*. São Paulo: Saraiva, 2002. p. 187. Ademais, há nichos de excelência na Administração Pública, que seguem a risca o regime jurídico-administrativo, mas que nem por isso são ineficientes, a exemplo da Controladoria Geral da União, do Banco Central e da Polícia Federal, conforme demonstra pesquisa apresentada em Washington por Sérgio Praça e outros dois autores norte-americanos, no paper *State Capacity and Bureaucratic Autonomy within National States*: mapping the archipelago of excellence in Brazil.

ASPECTOS GERAIS DE CONCESSÕES DE SERVIÇOS PÚBLICOS E...

privilegiada de apadrinhamento para os "associados" da empresa vencedora da licitação, que tem os gastos absorvidos pela contraprestação do Poder Público, mas que não terá de licitar para contratar, no caso do hospital público, por exemplo, medicamentos, instrumentos cirúrgicos e demais insumos.

Indaga-se: seria possível subverter a noção de serviço público prestado por hospital *público* como se fosse mera atividade privada?

Pelo exposto pode-se constatar que a concessão administrativa tem o potencial de se tornar uma das maiores oficializações de um regime paralelo ao direito público. Ela veio de forma discreta e silenciosa (como aquelas revoluções de que fala Paulo Bonavides),[32] mas não pode deixar de ser apreciada do ponto de vista crítico pela doutrina do Direito Administrativo preocupada com a sustentabilidade do desenvolvimento nacional.

Para corroborar com o fenômeno da fuga do regime jurídico administrativo, é cada vez mais criativa a mente do gestor público. Como na frase de Stendhal, extraída da obra *La Chartreuse de Parme*:

> O amante sonha com mais frequência encontrar sua amada que o marido em vigiar sua mulher, o prisioneiro sonha com mais frequência se libertar do que o carcereiro em fechar sua porta, por isso quaisquer que sejam os obstáculos, o amante e o prisioneiro são sempre mais bem sucedidos.[33]

Zelmo Denari utiliza-se deste raciocínio para explicar o fenômeno da evasão fiscal, tida como uma prática ilícita utilizada para se esquivar do cumprimento de uma obrigação tributária, afirmando que é natural que,

---

[32] Que em verdade configuram verdadeiros golpes institucionais desfechados contra a sistemática constitucional. Cf. *Do país constitucional ao país neocolonial*: a derrubada da Constituição e a recolonização pelo golpe de Estado institucional. São Paulo: Malheiros, 2004. p. 5.

[33] Traduzida livremente por: SANTOS, Sandro Roberto dos. Como fica o planejamento tributários diante da denominada norma geral antielisão? *Revista Fórum de Direito Tributário*, Belo Horizonte, a. 5, n. 30, p. 145, nov./dez. 2007.

dando asas a uma imaginação criativa e fértil, haja muitos que logrem escapar do alcance de diversas imposições tributárias. Nesta ótica, também a utilização da concessão administrativa é um instrumento inequivocamente "inovador" para se burlar, dentro dos quadros da parceria público-privada, toda uma sistemática de regime jurídico público. Se será tida por "terceirização" lícita ou ilícita, somente o Poder Judiciário poderá dar a última palavra, caso reconheça o cenário que já é intuído pela doutrina mais atenta do Direito Administrativo brasileiro.

Resta saber se a "inovação" irá se espalhar e, em caso positivo, em qual velocidade, o que representa, a nosso ver, algo que precisa ser acompanhado com um olhar crítico por parte daqueles que se preocupam com os impactos futuros da colonização dos espaços públicos pelas práticas de gestão privadas, que também possuem as suas vicissitudes.

6. CONCLUSÃO

Investimento em infraestrutura é considerado um fator que propicia o desenvolvimento das atividades econômicas de um país. Contudo, o projeto de desenvolvimento nacional deve se abster de analisar exclusivamente fatores econômicos de eficiência de cada modelo adotado, sendo imprescindível cotejá-los com aspectos sociais, o que torna, por exemplo, o sistema de parceria público-privada na construção dos presídios um assunto bastante controvertido.

No caso dos presídios, além das dificuldades técnicas na diferenciação entre atividades-fim e atividades-meio passíveis de transferência à iniciativa privada, existe um conflito latente entre o interesse público em um direito penal mínimo, que contemple mais penas alternativas e simultaneamente a redução dos encarceramentos, e de outro lado, o interesse econômico dos grupos empresariais do setor que se pautam em contratos que preveem que a Administração será responsável pelo 'fornecimento' de um número mínimo de presos, o que provoca, conforme visto, nos Estados Unidos, externalidades não desejáveis, além da questão ética da mercantilização da sanção estatal.

ASPECTOS GERAIS DE CONCESSÕES DE SERVIÇOS PÚBLICOS E...

As parcerias público-privadas são espécies de concessão, que podem ser patrocinadas ou administrativas, sendo a Lei Geral de Concessões (Lei n. 8.987/95) direcionada às concessões atualmente denominadas comuns. Para diferenciá-las, poder-se-ia alegar que enquanto as concessões correm "por conta e risco" do concessionário, que amortizará investimentos feitos exclusivamente por meio das tarifas, sem que o Poder Público verta recursos públicos aos projetos, as parcerias público-privadas contemplam contraprestação por parte do Poder Público.

Conforme visto, tal sistemática frequentemente funciona de forma diferente na prática, pois as concessões comuns admitem subsídios que são geralmente estabelecidos para manter os objetivos extracontratuais da política tarifária adotada pelo Poder Público.

Portanto, as diferenças entre os dois modelos são encontradas principalmente nas características peculiares do regime de parceria público-privada, que contempla limitações em valores, sendo de no mínimo 20 milhões de reais, de objeto e de duração, que varia de 5 a 35 anos, sendo exigida a criação de uma sociedade de propósito específico para implantar e gerir o objeto da parceria.

Após um período inicial de discussão e de críticas acirradas ao modelo de parceria público-privada, diversas Administrações Públicas passaram a utilizar-se dele de forma mais intensiva. As perspectivas de utilização do modelo para as grandes obras de infraestrutura são grandes, pelo *know how* da iniciativa privada, o que se revela uma tendência nas economias mundiais, sejam elas abertas ou mais fechadas.

Todavia, algumas inovações merecem ser refletidas do ponto de vista crítico também, pois apesar de a Lei n. 11.079/04 formalmente proibir a celebração de parcerias público-privadas em contratos que tenham como objeto exclusivo o fornecimento de mão-de-obra, algumas propostas de concessão administrativa não deixam de ter, no fundo, acentuadas nuances de terceirização, representando uma fuga do direito público sem precedentes, conforme visto.

Em suma, a adoção do modelo das parcerias público-privadas requer cuidados, mas os governos sinalizam que desejam utilizá-lo mais intensivamente. Conclui-se, pois, que a utilização da parceria público-privada em vez da concessão é algo que deve ser averiguado em cada caso concreto, sendo que tal modelo está longe de ser considerado uma panaceia para resolver os problemas financeiros dos Estados, até porque os compromissos assumidos não deixam de ser custosos e, a nosso ver, o modelo acaba, ainda, não protegendo os parceiros privados dos riscos que as contratações de longo prazo com o Poder Público em geral oferecem, mesmo em face de um leque maior de garantias ofertadas pela Lei n. 11.079/04.

7. REFERÊNCIAS

AGUILLAR, Fernando Herren. *Controle social dos serviços públicos*. São Paulo: Max Limonad, 1999.

BANDEIRA DE MELLO, Celso Antônio. *Curso de Direito Administrativo*. São Paulo: Malheiros, 2014.

BERCOVICI, Gilberto. *Constituição econômica e desenvolvimento*: uma leitura a partir da Constituição de 1988. São Paulo: Malheiros, 2005.

BILAC PINTO. *Revista de Direito Administrativo*: Seleção Histórica. Rio de Janeiro: Renovar, 1991.

BONAVIDES, Paulo. *Do país constitucional ao país neocolonial*: a derrubada da Constituição e a recolonização pelo golpe de Estado institucional. São Paulo: Malheiros, 2004.

BRITO, Barbara Moreira Barbosa de; SILVEIRA, Antonio Henrique Pinheiro. Parceria público-privada: compreendendo o modelo brasileiro. *Revista do Serviço Público*, Brasília, n. 56, jan./mar. 2005.

BUCCI, Maria Paula Dallari. *Direito administrativo e políticas públicas*. São Paulo: Saraiva, 2002.

DAL POZZO, Augusto Neves; VALIM, Rafael; AURÉLIO, Bruno; FREIRE, André Luiz. *Parcerias Público-Privadas*. Belo Horizonte: Fórum, 2014.

ASPECTOS GERAIS DE CONCESSÕES DE SERVIÇOS PÚBLICOS E...

DI PIETRO, Maria Sylvia Zanella. *Parcerias na Administração Pública*. São Paulo: Atlas, 2011.

HACHEM, Daniel Wunder. A maximização dos direitos fundamentais econômicos e sociais pela via administrativa e a promoção do desenvolvimento. *Revista de Direitos Fundamentais e Democracia*, Curitiba, v. 13, n. 13, p. 382, jan./jun. 2013.

JUSTEN FILHO, Marçal. *Curso de Direito Administrativo*. São Paulo: Saraiva, 2005.

MINHOTO, Laurindo Dias. As prisões do mercado. *Lua Nova*: Revista de Cultura e Política, São Paulo, v. 55-56, p. 40.

_____. *Privatização de presídios e criminalidade*. São Paulo: Max Limonad, 2000.

NOHARA, Irene Patrícia. *Direito Administrativo*. 4. ed. São Paulo: Atlas, 2014.

SANTOS, Sandro Roberto dos. Como fica o planejamento tributários diante da denominada norma geral antielisão? *Revista Fórum de Direito Tributário*, Belo Horizonte, a. 5, n. 30, p. 145, nov./dez. 2007.

SUNDFELD, Carlos Ari. *Fundamentos de direito público*. 4. ed. São Paulo: Malheiros, 2003.

TÁCITO, Caio. O retorno do pêndulo: serviço público e empresa privada. *Temas de Direito Público*. Rio de Janeiro: Renovar, 1997.

VALIM, Rafael Ramires Araujo. *A subvenção no Direito Administrativo brasileiro*. 2015. Tese (Doutorado), PUC, São Paulo.

VALVERDE, Trajano de Miranda. Sociedades anônimas ou companhias de economia mista. *Revista de Direito Administrativo*: Seleção Histórica. Rio de Janeiro: Renovar, 1991.

VIOLIN, Tarso Cabral. Estado, Ordem Social e Privatização: as terceirizações ilícitas da Administração Pública por meio das organizações sociais, OSCIPs e demais entidades do terceiro setor. *Raízes Jurídicas*, v. 4, p. 379, 2008.

IRENE PATRÍCIA NOHARA

WACQUANT, Loïc. *Punishing the poor*: the neoliberal government of social insecurity. Durban, NC: Duke University Press, 2009.

Informação bibliográfica deste texto, conforme a NBR 6023:2002 da Associação Brasileira de Normas Técnicas (ABNT):

NOHARA, Irene Patrícia. Aspectos gerais de concessões de serviços públicos e parcerias público-privadas: contratação pública e infraestrutura. *In*: BERCOVICI, Gilberto; VALIM, Rafael. (Coord.) *Elementos de Direito da Infraestrutura*. São Paulo: Editora Contracorrente, 2015. p. 89-114. ISBN. 978-8569-220-046

CONCESSÕES DE SERVIÇOS PÚBLICOS E PPPS:
Aspectos financeiros e tributários

HELENO TAVEIRA TORRES
SUZANA SOARES MELO

1. CONSIDERAÇÕES INICIAIS

A Constituição alberga um núcleo essencial de direitos, garantias e liberdades, assegurando, nessa medida, os anseios de um Estado Democrático de Direito. Trata-se de uma Carta não meramente formal, com a aplicabilidade direta das normas constitucionais garantidoras dos direitos fundamentais.[1] A garantia ao desenvolvimento nacional é, nessa linha, erigida como um dos objetivos fundamentais da República.

---

[1] Nesse sentido: TORRES, Heleno Taveira. *Direito constitucional tributário e segurança jurídica*: metódica da segurança jurídica do sistema constitucional tributário. São Paulo: Revista dos Tribunais, 2011. p. 164. Na doutrina internacional: CANOTILHO, J. J. Gomes. O direito constitucional como ciência de direcção: o núcleo essencial de prestações sociais ou a localização incerta da socialidade: contributo para a reabilitação da força normativa da "Constituição Social". In: CANOTILHO, J. J. Gomes; CORREIA, Marcus Orione Gonçalves; CORREIA, Érica Paula Barcha (Coord.). *Direitos fundamentais sociais*. São Paulo: Saraiva, 2010. p. 11-31. p. 29-30.

A função constitucional da distribuição, redistribuição ou intervenção do Estado ampliou-se com a recente crise econômica e a imanente necessidade de atuação do Estado para sua superação no mundo dos mercados nacionais.

A economia de mercado demanda contínua segurança jurídica para os seus agentes econômicos, para conferir previsibilidade, calculabilidade e confiança ao futuro das relações jurídicas, porquanto suas decisões econômicas dependem das informações do Estado e suas ações. Esta é uma das principais funções da Constituição Econômica, bem como da própria Constituição Financeira.

A Constituição Econômica, ao conferir essa dupla instrumentalidade, de que fala Norbert Reich, define os meios ou instrumentos para realizar a intervenção do Estado na atividade econômica, ao mesmo tempo que controla os limites dessa intervenção, no interesse dos sujeitos que participam no mercado, os particulares e o próprio Estado, como no caso do art. 173 da nossa Constituição. E nada impede que empresas do próprio ente estatal sejam afetadas por medidas interventivas.

Como preleciona Amartya Kumar Sen, o desenvolvimento pressupõe um processo de expansão das liberdades reais, eliminando-se privações que limitam as escolhas e oportunidades dos indivíduos.[2] O chamado "Direito da Infraestrutura"[3] exerce, nesse contexto, um papel de suma importância na promoção do desenvolvimento, ao revelar o arsenal jurídico relativo à concepção, construção e funcionamento dos projetos que são, via de regra, contidos, conectados ou referenciados a uma rede e servem à consecução de um interesse público.[4]

---

[2] SEN, Amartya Kumar. *Desenvolvimento como liberdade*. Trad. Laura Teixeira Motta. São Paulo: Companhia das Letras, 2000. p. 95.

[3] Por todos, no Brasil: WALD, Arnoldo; SAMPAIO, Eduardo. O direito da infraestrutura. *Valor Econômico*, São Paulo, 28 fev. 2013. Disponível em: <http://www.valor.com.br/brasil/3026076/o-direito-da-infraestrutura>. Acesso em: 10 fev. 2015. Na doutrina estrangeira, entre outros: ARIÑO & ALMOGUERA ABOGADOS. *Nuevo derecho de las infraestructuras*. Madrid: Editorial Montecorvo, 2001; SADDY, A.; MARTÍNEZ, Aurilivi Linares (Coord.). *Direito das infraestruturas*: um estudo dos distintos mercados regulados. São Paulo: Lumen Juris, 2011.

[4] MELO, Suzana Soares. *Tributação nos serviços de infraestrutura*: uma análise estrutural-

CONCESSÕES DE SERVIÇOS PÚBLICOS E PPPS: ASPECTOS...

Diante da grave crise financeira enfrentada pelo Estado, com a redução de sua capacidade autônoma de investimentos[5], a Lei de Concessões (Lei n. 8.987/1995) e a Lei das Parcerias Público-Privadas (Lei n. 11.079/2004) surgem como alternativas para a provisão de serviços inicialmente confiados unicamente à gestão estatal, proporcionando investimentos, pelo setor privado, em setores que visam à satisfação de um interesse público.

As políticas públicas são ações ou gestões governamentais, aprovadas por lei e que visam a atingir os fins e valores do Estado dirigidos a determinado segmento da sociedade ou setor da economia. Fundam-se nas finalidades constitucionais do Estado na ordem econômica, na efetividade de direitos fundamentais ou na solidariedade social.

Toda política pública requer planejamento e objetivos transparentes a serem atendidos, por isso, deve ser entendida como meio de ação político-administrativa de governo, dirigido à concretização de determinados fins preordenados. É um modo eficiente de dirigir recursos, segundo planos de metas e resultados previamente traçados, para segmentos específicos, sob controles internos e externos, a evitar a captura pela burocracia, que gera letargia, procedimentos morosos e ineficiências.

A hermenêutica do Direito da Infraestrutura reclama compatibilidade com a Constituição Financeira, que convive com a noção de justiça distributiva, segundo a realização dos fins do Estado.[6] Faz-se necessária,

---

-funcionalista da utilização de mecanismos tributários como instrumentos para o desenvolvimento. 2014. Tese (Doutorado) – Faculdade de Direito, Universidade de São Paulo, São Paulo. p. 77.

[5] Referido quadro foi bem observado, já no início da década de 90, por Henrique Fingermann e Maria Rita Loureiro, ao apontarem a necessidade de se redefinir as funções governamentais diante da grave crise financeira do Estado. (Mudanças na relação público-privado e a problemática do controle social: algumas reflexões sobre a situação brasileira. In: LODOVICI, E. Samek; BERNAREGGI, G. M. (Org.). *Parceria público-privado*: cooperação financeira e organizacional entre o setor privado e administrações públicas locais. v. I. [trad. Nilson Moulin Louzada]. São Paulo: Summus, 1992. p. 27-28).

[6] TORRES, Heleno Taveira. *Direito constitucional financeiro:* teoria da Constituição financeira. São Paulo: RT, 2014. p. 199.

para tanto, uma contrapartida aos gastos públicos[7], representada, em grande medida, por mecanismos tributários. A tributação, assim, tem como uma de suas facetas a de servir como um mecanismo redistributivo, proporcionando um aprimoramento na distribuição de recursos na sociedade.

Em verdade, o dever constitucional de pagar tributos tem por seu principal fundamento a solidariedade social, que é um dos objetivos fundamentais da República Federativa do Brasil (artigo 3º, inciso I, da Constituição da República). Como bem resumiu Sacha Calmon Navarro Coêlho, "constitucionalmente, pois, um tributo não pode ter outro escopo que o de instrumentar o Estado a alcançar o bem comum."[8]

Ao lado das necessidades financeiras do Estado, o tributo também pode exercer outras importantes funções econômicas, políticas e sociais[9], o que tem levado a doutrina a reconhecer a "ambivalência funcional" dos elementos constitutivos dos instrumentos tributários.[10] Assim, ainda que o propósito do legislador pareça, à primeira vista, ser meramente arrecadatório, cumpre o tributo, em maior ou menor grau, uma função

---

[7] "… to do all this, governments need first to collect money through taxation and then to channel it intelligently and responsibly. Rights enforcement of the sort presupposed by well-functioning markets always involves 'taxing and spending'." (HOLMES, Stephen; SUSTEIN, Cass R. *The cost of rights*: why liberty depends on taxes. New York, London: W. W. Norton & Company, 1999. p. 75-76).

[8] COÊLHO, Sacha Calmon Navarro. O direito tributário que está na Constituição. In: ALMEIDA, Daniel Freire e; GOMES, Fabio Luiz; CATARINO, João Ricardo (Org.). *Garantias dos contribuintes no sistema tributário*: homenagem a Diogo Leite de Campos. São Paulo: Saraiva, 2013. p. 573-646. p. 578.

[9] Sobre o assunto: BRIGGS, Charles W. Taxation is not for fiscal purposes only. *American Bar Association Journal*, New York, v. 52, p. 45-49, jan. 1966. p. 45. A propósito, como afirma Eros Roberto Grau, "no direito, caminhamos da estrutura à função", sendo certo que os tributos não são meros instrumentos de produção de receita pública (GRAU, Eros Roberto. A interpretação do direito e a interpretação do direito tributário. In: CARVALHO, Maria A. M. (Coord.). *Estudos de direito tributário em homenagem à memória de Gilberto de Ulhôa Canto*. Rio de Janeiro: Forense, 1998. p. 123-131. p. 128-129).

[10] Cf. DÍAZ, Vicente Oscar. El carácter extrafiscal de la tributación y la imposición medioambiental. In: DÍAZ, Vicente O. (Dir.). *Tratado de tributación*: política y economía tributaria. Buenos Aires: Astrea, 2004. t. II, v. 2. p. 594-623. p. 597.

CONCESSÕES DE SERVIÇOS PÚBLICOS E PPPS: ASPECTOS...

extrafiscal[11], servindo como instrumento promocional de condutas em prol da realização dos desígnios constitucionais.[12]

Partindo-se dessa premissa, serão analisados, no presente artigo, aspectos financeiros e tributários dos serviços de infraestrutura prestados por meio de concessões e parcerias público-privadas, que têm por fim último a promoção do desenvolvimento.

2. CONCESSÕES E PARCERIAS PÚBLICO-PRIVADAS: BREVES DELINEAMENTOS

O termo parceria é amplo em significados[13] e, em sua acepção genérica, pode designar todas as espécies de contratação que visam à colaboração entre as partes para a consecução de um determinado fim.[14]

---

[11] "A finalidade dos impostos é propiciar receita suficiente para custear e garantir o pleno funcionamento do Estado, a prestação dos serviços públicos definidos na Constituição e assegurar os direitos fundamentais e sociais. Com a *extrafiscalidade*, o tributo não perde essa função fiscal, mas incorpora uma função adicional, para efetivar fins e valores constitucionais diversos, da competência à qual se agrega (ambiental, cultural etc.), na interconstitucionalidade imanente. Por conseguinte, a extrafiscalidade deve ser controlada pela finalidade, segundo os fins definidos pela materialidade da competência, como é o caso da Constituição Econômica." (TORRES, Heleno Taveira. *Direito constitucional financeiro*: teoria da Constituição financeira. São Paulo: Revista dos Tribunais, 2014. p. 204).

[12] Cf. BOBBIO, Norberto. *Da estrutura à função*: novos estudos de teoria do Direito. Barueri: Manole, 2007.

[13] Mauro Rodrigues Penteado propõe a sistematização das parcerias em três campos: *(i)* parcerias de direito público, aí englobadas as parcerias ajustadas entre dois ou mais países e os consórcios administrativos, entre entes de direito público interno; *(ii)* parcerias de direito privado, compreendendo as parcerias entre empresas de capital nacional, entre empresas de capital estrangeiro e entre empresas nacionais e estrangeiras; e *(iii)* parcerias mistas, formadas entre o setor estatal e a iniciativa privada. (Privatizações e parcerias: considerações de ordem constitucional, legal e de política econômica. *Revista de Direito Mercantil, Industrial, Econômico e Financeiro,* n. 119, a. XXXIX, p. 19, jul.-set. 2000). As parcerias público-privadas, como se verifica segundo esse critério, enquadrar-se-iam nas chamadas "parcerias mistas".

[14] As parcerias em sentido amplo são definidas por Maria Sylvia Zanella Di Pietro como "as várias modalidades de ajustes entre os setores público e privado para a consecução

Da experiência dos países anglo-saxões surgiu a combinação de negócios para contratos de infraestrutura, mediante elaboração de projetos, financiamento, construção, operação e transferência, em unidades bem definidas por meio de contratos coligados, segundo os tipos de negócios selecionados e em conformidade com as necessidades do interessado. Disso resulta a formação de contratos do tipo "BOT" (*build, operate e transfer*), "DBFO" (*design, build, finance e operate*) e outros, segundo a composição de atuação do contratado e das finalidades. Como esses modelos são geralmente relativos a obras ou serviços públicos, tiveram maior evidência no âmbito dos Project Finance ou das parcerias público-privado (PPP), ainda que não se limitem a esse universo de contratos administrativos. Na prática, transfere-se para o segmento privado o esquema de decisão baseado no *make-or-buy decision*, do qual são possíveis combinações que reduzem os impactos, riscos e custos de "fazer", "comprar" ou de "tercerizar" a atividade, para opções que permitem, em longo prazo, não só obter o serviço com a vantagem de rapidez e qualidade, mas a transferibilidade da utilidade instalada. Vende-se, pois, o serviço e, ao final do período contratado, transfere-se a obra necessária para implementação e continuidade do aproveitamento da utilidade, que passa à condição de autosserviço, afastado o detentor originário da instalação.

Estas modalidades de contratos, portanto, são unitários quanto ao fim pretendido (causa jurídica ou propósito negocial) e autorizam retirar do adquirente a necessidade de construção imediata da instalação, para daí obter a utilidade desejada, por conta própria. Nisto não haveria qualquer prestação de serviço. O que se faz é antecipar a construção, mediante

---

de objetivos comuns". (*Parcerias na administração pública*: concessão, permissão, franquia, terceirização, parceria público-privada e outras formas. 5. ed. São Paulo: Atlas, 2005. p. 21). Também para Carlos Ari Sundfeld as parcerias, em sua acepção ampla, podem ser entendidas como "os múltiplos vínculos negociais de trato continuado estabelecidos entre a Administração Pública e particulares para viabilizar o desenvolvimento, sob a responsabilidade destes, de atividades com algum coeficiente de interesse geral (concessões comuns, patrocinadas e administrativas; concessões e ajustes setoriais; contratos de gestão com OSs; termos de parcerias com OSCIPs; etc.)." (Guia jurídico das parcerias público-privadas. In: _____. (Coord.). *Parcerias público-privadas*. São Paulo: Malheiros, 2005. p. 22).

CONCESSÕES DE SERVIÇOS PÚBLICOS E PPPS: ASPECTOS...

prestações de serviços ao longo de determinado período de tempo. E como se verifica a construção dos meios, exclui-se a condição de "terceirização", pela garantia de transferência integral da obra após o referido período.

Entre as modalidades de parcerias com a Administração Pública, na acepção ampla do termo, pode-se destacar a concessão de serviços públicos ou obras públicas, reguladas em especial pela Lei n. 8.987, de 13 de fevereiro de 1995, e as concessões administrativas e patrocinadas, decorrentes da formação de uma parceria público-privada, reguladas pela Lei n. 11.079, de 30 de dezembro de 2004.[15]

Embora tanto nas concessões comuns quanto nas parcerias público-privadas haja a prestação indireta de serviços, nas concessões comuns a remuneração do concessionário advém, em regra, exclusivamente do pagamento das tarifas feito pelos usuários e de eventuais receitas alternativas.

Já nas parcerias público-privadas, que envolvem a prestação de serviços ou de serviços e obras públicas que não são autossustentáveis[16], seja na espécie de concessão administrativa, seja na de concessão patrocinada, há a remuneração pelo Poder Público: no caso da concessão patrocinada a remuneração é mera complementação ao pagamento das

---

[15] Entre as modalidades de parcerias com a Administração Pública, Maria Sylvia Zanella Di Pietro enumera, ao lado das concessões e parcerias público-privadas, a permissão, autorização, contratos de empreitada de obras e de serviços públicos, contratos de gestão com organizações sociais, termos de parceria com as organizações da sociedade civil de interesse público, convênios e consórcios (*Parcerias na administração pública:* concessão, permissão, franquia, terceirização, parceria público-privada e outras formas, cit., p. 54).

[16] A não autossustentabilidade do empreendimento é bem observada por PEREIRA, César A. Guimarães: "a PPP é inspirada pela existência de um retorno social positivo e um retorno privado negativo em determinados empreendimentos." Prossegue o autor para afirmar que essa modalidade de contratação "é a alternativa adequada para as situações em que a exploração do negócio em si, sem a modificação de risco representada pela participação pública, não é suficiente para torná-lo economicamente viável. O risco do negócio é reduzido pela inclusão da participação do 'parceiro público'." (O processo licitatório das parcerias público-privadas (PPP) na Lei 11.079/2004. In: TALAMINI, Eduardo; JUSTEN, Monica Spezia (Coord.). *Parcerias público-privadas:* um enfoque multidisciplinar. São Paulo: Revista dos Tribunais, 2005. p. 201 e 205).

tarifas pelos usuários; no caso da concessão administrativa a remuneração é integralmente realizada pelo parceiro público.

Na concessão patrocinada, assim, há a formação de um contrato entre o parceiro público e o parceiro privado para a execução, por esse último, de um serviço, acompanhado ou não de obra pública, mediante o pagamento de tarifas pelos usuários, complementada por uma contraprestação, pecuniária ou não, do ente público. Nessa espécie de parceria, os destinatários do serviço são os administrados, compondo-se uma relação jurídica tripartite, formada entre o parceiro privado, o parceiro público e o usuário. A utilização e remuneração do serviço pelos destinatários, no entanto, não é suficiente para produzir um retorno dos investimentos da parte privada, o que enseja sua complementação pelo Poder Público, ao lado também de possíveis receitas alternativas.

Na concessão administrativa, o contrato firmado entre ente público e a iniciativa privada, também para a execução de serviço acompanhado ou não de obra pública, prevê a retribuição pecuniária somente pelo ente público, consoante o desempenho do parceiro privado e repartição de riscos, não havendo o pagamento de tarifas pelos usuários.[17] Nesses contratos, o destinatário do serviço é a própria Administração, seja diretamente, mediante a prestação de utilidades e serviços ao próprio ente público, seja indiretamente, mediante a prestação de serviços em caráter universal aos administrados sem qualquer custo direto para esses.

3. A CONSTITUIÇÃO FINANCEIRA E AS RECEITAS TRIBUTÁRIAS: CONCRETIZAÇÃO DE GARANTIAS E PRINCÍPIOS CONSTITUCIONAIS

Nas funções de dirigismo ou intervencionismo, o Estado tem ao seu dispor a atividade financeira para condicionar, modificar, fomentar

---

[17] Para Celso Antônio Bandeira de Mello, a concessão administrativa sequer poderia ser considerada propriamente uma concessão. Isso porque, segundo o autor, o que caracteriza uma concessão é o pagamento de tarifas pelos usuários, o que não ocorre nessa modalidade de parceria. (*Curso de direito administrativo.* 18. ed., rev. e atual. São Paulo: Malheiros, 2005, p. 721).

CONCESSÕES DE SERVIÇOS PÚBLICOS E PPPS: ASPECTOS...

ou desestimular as ações dos particulares. O intervencionismo não pode pretender dominar ou extinguir o mercado, mas acomodá-lo aos valores constitucionais, dentro dos seus limites e bases normativas.

As normas reguladoras do mercado, mediante a intervenção estatal normativa ou de atuação direta, são informadas pelos modelos do novo Estado Democrático de Direito, aptas a coibir os abusos do poder econômico e mitigar as desigualdades sociais ou regionais.

A Constituição Financeira é voltada aos fins do Estado. As receitas públicas obtidas pelo ente político devem fazer frente à concretização de princípios e garantias constitucionais preestabelecidos. Entre as receitas públicas derivadas, provenientes de patrimônio alheio e não de bens ou recursos próprios, merecem destaque as receitas tributárias.

Uma das funções do tributo, já o dizia Stephen Holmes e Cass R. Sustein, é prover os recursos necessários à implementação de direitos do ser humano.[18] Trata-se do "dever fundamental de pagar impostos", na expressão adotada por José Casalta Nabais, para quem o tributo não pode ser considerado como um mero poder para o Estado, tampouco um mero sacrifício dos cidadãos, "mas antes como o contributo indispensável a uma vida em comum e próspera de todos os membros da comunidade organizada em Estado".[19]

Os tributos, assim, contribuem para a realização dos fins constitucionais, inclusive como meio de intervenção estatal, respeitados os

---

[18] HOLMES, Stephen; SUSTEIN, Cass R. *The cost of rights...*, cit., p. 75-76. A propósito das atribuições do Estado e a necessidade de obtenção de receitas públicas, Flávio de Azambuja Berti reconhece que "ao Estado foram alçadas diversas atribuições sob a forma de deveres, seja para prestar serviços públicos, seja para municiar a sociedade de uma infraestrutura minimamente funcional (hospital, escolas, vias de tráfego, repartições públicas etc.), o que demanda a obtenção de receitas públicas, cujo escopo constitui-se no financiamento dos gastos decorrentes destes encargos." (BERTI, Flávio de Azambuja. *Direito tributário participativo e princípio federativo*. São Paulo: Quartier Latin, 2007, p. 118).

[19] NABAIS, Casalta. *O dever fundamental de pagar impostos*. Coimbra: Almedina, 1998, p. 185. Também do autor, sobre o assunto: NABAIS, Casalta. Reflexões sobre quem paga a conta do Estado Social. In: CLÈVE, Clémerson Merlin; BARROSO, Luís Roberto. *Direito constitucional*: Constituição financeira, econômica e social. São Paulo: Revista dos Tribunais, 2011. (Coleção doutrinas essenciais; v. 6). p. 1033-1066.

princípios do bem-estar social, dignidade da pessoa humana, solidariedade, bem como os valores das ordens social e econômica.[20]

Para tanto, o sistema tributário deve ser observado em três níveis: o da delimitação das competências tributárias, o da tributação propriamente dita e o da concessão de medidas de desoneração fiscal.

Em um primeiro momento, devem ser definidos os contornos constitucionais da tributação, com a rígida repartição de competências tributárias, as quais vêm delimitadas também pelas imunidades. Por outro lado, deve ser examinada a tributação, como mecanismo por excelência de obtenção de receitas para a consecução dos fins do Estado. Alinhados ao fim do Estado de promoção de desenvolvimento, os serviços de infraestrutura prestados por meio de concessão ou parcerias público-privadas também devem ser observados sob o ângulo das medidas desonerativas, tais como incentivos fiscais, tendentes à realização da função promocional do Direito.

4. AS IMUNIDADES E A PRESTAÇÃO DESCENTRALIZADA DE SERVIÇOS PÚBLICOS

As imunidades podem ser outorgadas em função de determinados fatos, bens ou situações, bem como em razão da condição de determinadas pessoas ou, ainda, em vista de ambos. Trata-se, na classificação já apresentada pela doutrina, das imunidades objetivas, subjetivas e mistas.[21]

---

[20] TORRES, Heleno Taveira. *Direito constitucional financeiro:* teoria da Constituição financeira. São Paulo: Revista dos Tribunais, 2014. p. 239.

[21] Sobre o assunto, entre outros: COSTA, Regina Helena. *Imunidades tributárias:* teoria e análise da jurisprudência do STF. 2. ed. São Paulo: Malheiros, 2006. p. 126. Ao declarar a utilidade de tal distinção, Roque Antonio Carrazza bem adverte que, "em termos rigorosamente técnicos, *a imunidade é sempre subjetiva*, já que invariavelmente beneficia pessoas, quer por sua natureza jurídica, quer pela relação que guardam com determinados fatos, bens ou situações." (CARRAZZA, Roque Antonio. *Curso de direito constitucional tributário.* 16ª ed., rev., ampl. e atual. até a Emenda Constitucional n. 31/2000. São Paulo: Malheiros, 2001. p. 593).

CONCESSÕES DE SERVIÇOS PÚBLICOS E PPPS: ASPECTOS...

Entre as imunidades classificadas como mistas, merece destaque a chamada imunidade recíproca, prevista no artigo 150, VI, "a", da Constituição da República, o qual veda "à União, aos Estados, ao Distrito Federal e aos Municípios [...] instituir impostos sobre [...] patrimônio, renda ou serviços, uns dos outros".

A imunidade abrange os entes da Administração Direta, composta pela União, Estados, Distrito Federal e Municípios, bem como os órgãos da Administração Indireta, a saber, as autarquias e fundações públicas, restringindo-se, nesse caso, às hipóteses vinculadas às suas finalidades essenciais, nos termos do artigo 150, §2º, do Texto Constitucional.

O artigo 150, §3º, da Constituição, por sua vez, afasta a imunidade quando se estiver a tratar de patrimônio, renda e serviços relacionados à exploração de atividade econômica regida pelas normas aplicáveis a empreendimentos privados ou em que haja contraprestação ou pagamento de preços e tarifas pelos usuários.

Mas há, ainda, inúmeras controvérsias que permeiam as imunidades recíprocas, em especial acerca da sua dimensão subjetiva, concernente à extensão da imunidade às sociedades de economia mista e às empresas públicas que exercem atividades consideradas serviços de interesse público. Deve-se perquirir, para tanto, qual o bem jurídico protegido pela imunidade recíproca, qual a finalidade perseguida pela norma.

A imunidade entre os entes políticos tem por causas imediatas a preservação do pacto federativo, com a observância da capacidade contributiva do ente político, bem como a proteção da liberdade individual[22], com a observância da livre iniciativa e da livre concorrência. E a imunidade instrumentaliza, ainda, o objetivo fundamental da República de promoção do desenvolvimento. Trata-se de verdadeira norma de garantia da federação e dos direitos fundamentais[23] e, como tal, deve ser analisada

---

[22] Nesse sentido: TORRES, Ricardo Lobo. Direitos fundamentais do contribuinte no Supremo Tribunal Federal. In: SARMENTO, Daniel; SARLET, Ingo Wolfgang. *Direitos fundamentais no Supremo Tribunal Federal*: balanço e crítica. Rio de Janeiro: Lumen Iuris, 2011. p. 741-768. p. 754.

[23] TORRES, Heleno Taveira. *Direito constitucional tributário e segurança jurídica...*, cit., p. 611.

de modo a conferir a máxima efetividade à Constituição, para a efetiva realização dos valores nela internalizados por via dos princípios.

Ainda no que atine ao âmbito subjetivo da imunidade, extrai-se, do Texto Constitucional, que a imunidade recíproca não aproveita aos particulares. Diante do princípio da igualdade, não se permite a concessão de privilégios. Considerando, no entanto, que as empresas públicas e as sociedades de economia mista podem prestar serviços considerados de interesse público[24], resta saber se tais entidades podem ser abrangidas pela imunidade recíproca.

A matéria é controvertida, ensejando embates já à luz de Constituições anteriores. Aliomar Baleeiro, sob a égide da Constituição de 1946, que previa expressamente, em seu artigo 31, inciso V, alínea "a", a imunidade recíproca apenas em relação à União, Estados, Distrito Federal e Municípios[25], defendeu, em parecer sobre o tema, a imunidade do então chamado "Banco da Borracha", sociedade de economia mista sem fins lucrativos, que prestava serviços de natureza pública.[26] Para o autor, a

---

[24] Cf. MESCHINI, P. *Sulla natura giuridica degli enti pubblici economici*, 1958. Apud BALEEIRO, Aliomar. Isenção de impostos estaduais por lei federal: imunidade recíproca: sociedades de economia mista: poderes implícitos: companhia siderúrgica nacional. *Revista Forense*, Rio de Janeiro, a. 57, v. 685-686, jul./ago. 1960, p. 49-70. p. 55.

[25] "Art. 31. À União, aos Estados, ao Distrito Federal e aos Municípios é vedado: [...] V – lançar impôsto sôbre: a) bens, rendas e serviços uns dos outros, sem prejuízo da tributação dos serviços públicos concedidos, observado o disposto no parágrafo único dêste artigo; [...]. Parágrafo único. Os serviços públicos concedidos não gozam de isenção tributária, salvo quando estabelecida pelo poder competente ou quando a União a instituir, em lei especial, relativamente aos próprios serviços, tendo em vista o interêsse comum." (Constituição da República dos Estados Unidos do Brasil, de 18 de setembro de 1946. Cf. PELUSO, Antonio Cezar (Org.). *As Constituições do Brasil*: 1824. 1891, 1934, 1937, 1946, 1967, 1988 e suas emendas. Barueri, SP: Manole, 2011. p. 252).

[26] "O Banco da Borracha funciona sob monopólio da competência federal, a fim de que a borracha, liberta dos lucros particulares, assegure aos produtores preço capaz de estimulá-los, já que por ser extrativa não suporta a competição da borracha cultivada do Oriente. Tôda a ação do Banco da Borracha é de serviço público, sustentado por fundos públicos, e não exerce atividade comercial lucrativa." (BALEEIRO, Aliomar. Serviços públicos: intervenção na ordem econômica: sociedade de economia mista: imunidade fiscal: Banco da Amazônia. *Revista Forense*, Rio de Janeiro, a. 51, v. 152, mar./abr. 1954, p. 57-69. p. 68).

CONCESSÕES DE SERVIÇOS PÚBLICOS E PPPS: ASPECTOS...

sociedade de economia mista, dedicada a interesse público ou com este conexo, é considerada prestadora de serviços públicos e, como tal, sujeita à imunidade.[27]

Também nesse sentido a opinião de Gilberto de Ulhôa Canto, o qual afirma que pouco importa que os serviços sejam prestados por sociedades de economia mista. Caso se trate de serviços delegados pela União, Estados ou Municípios, serão eles abrangidos pela imunidade.[28]

Há que se fazer, pois, o contraponto entre os parâmetros da adequação e flexibilidade a que aludem os portugueses ao tratarem da organização dos serviços públicos municipais, pelos quais a estrutura e funcionamento dos serviços devem ser *adequados* aos objetivos de caráter permanente do ente público e, ao mesmo tempo, *flexíveis* aos objetivos postos pelo desenvolvimento.[29]

A primeira questão que se coloca é: por que a prestação de tais serviços por meio de uma empresa pública? E a resposta, aqui, não dife-

---

[27] BALEEIRO, Aliomar. Serviços públicos..., cit., p. 68. Em sentido contrário, partindo de uma intepretação literal do texto constitucional então vigente, Wilson Melo da Silva, ao analisar se a imunidade abrangia os bens de autarquia, conclui que tal imunidade recíproca é "apenas aplicável estritamente aos bens da Fazenda Pública, com os quais não se confundem os bens, embora também públicos, das autarquias." (SILVA, Wilson Melo. Da não isenção e da não imunidade fiscal dos bens das autarquias. *Revista de Direito da Procuradoria Geral*, Rio de Janeiro, n. 2, p. 126-148, 1955. p. 148). Também na mesma linha: BRAGA, Leopoldo. O problema da imunidade fiscal das autarquias em face do direito positivo: as autarquias não gozam de imunidade. *Revista de Direito da Procuradoria Geral*, Rio de Janeiro, n. 7, p. 136-238, 1957.

[28] CANTO, Gilberto de Ulhôa. Algumas considerações sôbre a imunidade tributária dos entes públicos. *Revista Forense*, Rio de Janeiro, a. 55, v. 661-662, p. 28-32, jul./ago. 1958. p. 31.

[29] Como registra António Cândido de Oliveira, o Decreto-Lei português n. 116/1984, ao estabelecer os princípios a que deve obedecer a organização dos serviços municipais, prevê o chamado *"princípio da adequação* da estrutura e funcionamento dos serviços aos objetivos de carácter permanente do município", bem assim o *"princípio da flexibilidade* dessa mesma estrutura e funcionamento aos 'objectivos de missão postos pelo desenvolvimento municipal e intermunicipal' (art. 2º)." (OLIVEIRA, António Cândido de. Empresas municipais e intermunicipais: entre o público e o privado. In: BOLETIM DA FACULDADE DE DIREITO DA UNIVERSIDADE DE COIMBRA. *Os caminhos da privatização da Administração Pública* [VI Colóquio Luso-Espanhol de Direito Administrativo]. Coimbra: Coimbra Editora, 2001. p. 131-146. p. 133).

re daquela já ofertada pela doutrina em Portugal, ao se afirmar que "se através destas estruturas organizatórias do tipo empresarial se consegue uma melhor gestão, um menor gasto de dinheiros públicos e melhores resultados", então podem ser utilizadas.[30]

Deste modo, se a estrutura é adequada ao cumprimento do interesse público e, ao mesmo tempo, mostra-se mais eficiente ao cumprimento dos desígnios constitucionais voltados ao desenvolvimento, não se deve apresentar óbice ao seu funcionamento, ainda que flexibilizada a sua estrutura em relação aos órgãos da Administração direta.

Por outro lado, não se pode olvidar que a imunidade recíproca deve se coadunar com o princípio da livre concorrência, nos termos do artigo 170, inciso IV, da Constituição, também realizado, nessa linha, pela expressa proibição de concessão de privilégios fiscais não extensivos ao setor privado às empresas públicas e sociedades de economia mista (artigo 173, §2º, da Constituição). De igual forma, os princípios da generalidade e da universalidade da tributação, consoante artigo 150, §2º e inciso I, da Constituição, não podem ser descurados.

Devem ser identificados, assim, os critérios aptos à caracterização da imunidade recíproca das empresas públicas e sociedades de economia mista, para que, a um só tempo, seja preservada a eficaz prestação do serviço de interesse público, com a observância da capacidade contributiva do agente e, de outro lado, seja protegida a livre concorrência, não se possibilitando a instituição de privilégios.

De início, pode-se observar que a imunidade recíproca exerce uma função de fomento das atividades de interesse público. Já aqui se extrai a necessidade de se tratar de serviço de interesse público para o fim de proteção pela imunidade. Serviços relacionados à exploração de atividade econômica em sentido estrito, aliás, encontram-se expressamente excluídos do escopo da imunidade recíproca, nos termos do já mencionado artigo 150, §3º, da Constituição.[31]

---

[30] Cf. OLIVEIRA, António Cândido de. Empresas municipais e intermunicipais..., cit., p. 142.

[31] Como já decidiu o Supremo Tribunal Federal, "as empresas públicas, as sociedades de economia mista e outras entidades que explorem atividade econômica em sentido estrito,

CONCESSÕES DE SERVIÇOS PÚBLICOS E PPPS: ASPECTOS...

A partir daí, deve-se perquirir acerca dos critérios que permitem a compatibilização dos valores igualdade e liberdade, expressos, de um lado, pela medida da capacidade contributiva da empresa prestadora de serviço relacionado a uma finalidade pública e, de outro, pela asse-curação da livre concorrência, com o fim último de promoção do desenvolvimento.

Diante de situações limítrofes, ganham ênfase a interpretação e a fundamentação das decisões, cabendo ao aplicador do Direito identificar, à luz dos critérios da adequação e necessidade, o direito aplicável, per-quirindo-se, ademais, se da sua aplicação não resulta um prejuízo maior que aquele que se pretende evitar. E a jurisprudência, a esse respeito, tem apresentado contínua evolução.

No julgamento do Recurso Extraordinário n. 407.099, a Se-gunda Turma do Supremo Tribunal Federal, após distinguir *(i)* as empresas públicas como instrumento de participação do Estado na atividade econômica *(ii)* daquelas que prestam serviços públicos, de prestação obrigatória e exclusiva do Estado, reconheceu que as últimas são abrangidas pela imunidade recíproca.[32] Trata-se de precedente no qual se entendeu pela aplicabilidade da imunidade à Empresa Brasi-leira de Correios e Telégrafos – ECT, muito embora não se trate de uma autarquia ou fundação, mas sim de uma empresa pública, a qual

---

sem monopólio, estão sujeitas ao regime próprio das empresas privadas, inclusive quanto às obrigações trabalhistas e tributárias. C.F., art. 173, § 1º [...]." (BRASIL. Supremo Tribunal Federal. *Medida Cautelar na Ação Direta de Inconstitucionalidade n. 1.*552, Tribunal Pleno. Relator: Ministro Carlos Velloso. Julgado em 17 abr. 1997. DJ de 17 abr. 1998, p. 2).

[32] "CONSTITUCIONAL. TRIBUTÁRIO. EMPRESA BRASILEIRA DE CORREIOS E TELÉGRAFOS: IMUNIDADE TRIBUTÁRIA RECÍPROCA: C.F., art. 150, VI, a. EMPRESA PÚBLICA QUE EXERCE ATIVIDADE ECONÔMICA E EMPRESA PÚBLICA PRESTADORA DE SERVIÇO PÚBLICO: DISTINÇÃO. I. – As empresas públicas prestadoras de serviço público distinguem-se das que exercem atividade econômica. A Empresa Brasileira de Correios e Telégrafos é prestadora de serviço público de prestação obrigatória e exclusiva do Estado, motivo por que está abrangida pela imunidade tributária recíproca: C.F., art. 150, VI, a. II. – R.E. conhecido em parte e, nessa parte, provido." (BRASIL. Supremo Tribunal Federal. *Recurso Extraordinário n. 407.099*, Segunda Turma. Relator: Ministro Carlos Velloso. Julgado em 22 jun. 2004. DJU de 6 ago. 2004, p. 62).

cobra tarifas dos seus usuários para a prestação de serviço de titularidade do Estado.

Também no julgamento do Agravo Regimental no Recurso Extraordinário n. 399.307, reconheceram os julgadores que a imunidade recíproca pode ser aplicada a autarquias e empresas públicas, cujo alcance é definido *(i)* como a medida necessária à proteção do pacto federativo, para evitar pressões políticas entre os entes federados ou para desonerar atividades desprovidas de presunção de riqueza. Para tanto, faz-se necessária *(ii)* a inequívoca prestação de serviço público, não se desempenhando atividade econômica, sob pena de prejuízo à livre iniciativa e concorrência; *(iii)* a inexistência de intuito de lucro e a ausência de distribuição de lucros e resultados.[33-34]

---

[33] "CONSTITUCIONAL. TRIBUTÁRIO. IMUNIDADE RECÍPROCA. AUTARQUIA. SERVIÇO PÚBLICO DE ÁGUA E ESGOTAMENTO. ATIVIDADE REMUNERADA POR CONTRAPRESTAÇÃO. APLICABILIDADE. ART, 150, §3º DA CONSTITUIÇÃO. PROCESSUAL CIVIL. AGRAVO REGIMENTAL. 1. Definem o alcance da imunidade tributária recíproca sua vocação para servir como salvaguarda do pacto federativo, para evitar pressões políticas entre entes federados ou para desonerar atividades desprovidas de presunção de riqueza. 2. É aplicável a imunidade tributária recíproca às autarquias e empresas públicas que prestem inequívoco serviço público, desde que, entre outros requisitos constitucionais e legais não distribuam lucros ou resultados direta ou indiretamente a particulares, ou tenham por objetivo principal conceder acréscimo patrimonial ao poder público (ausência de capacidade contributiva) e não desempenhem atividade econômica, de modo a conferir vantagem não extensível às empresas privadas (livre iniciativa e concorrência). 3. O Serviço Autônomo de Água e Esgoto é imune à tributação por impostos (art. 150, VI, a e §§ 2º e 3º da Constituição). A cobrança de tarifas, isoladamente considerada, não altera a conclusão. Agravo regimental conhecido, mas ao qual se nega provimento." (BRASIL. Supremo Tribunal Federal. *Agravo Regimental em Agravo de Instrumento n. 399.307*, Segunda Turma. Relator: Ministro Joaquim Barbosa. Julgado em 16 mar. 2010. DJe-076, divulgado em 29 abr. 2010, publicado em 30 abr. 2010).

[34] Em comentários ao referido precedente, relativo ao julgamento do Recurso Extraordinário n. 399.307, que reconheceu que a autarquia Serviço Autônomo de Água e Esgoto é imune à tributação por impostos, nos termos do artigo 150, VI, "a", §§2º e 3º, da Constituição, Heleno Taveira Torres defende que "a *captação, produção, tratamento* e *distribuição de água potável e industrial*, para os fins de saneamento básico ou fornecimento de água potável, em nenhuma hipótese, pode sofrer tributação, sobre qualquer operação realizada, não apenas pela ausência de previsão expressa que o autorize, quanto à tributação dos serviços, mas especialmente pela imunidade tributária decorrente da

CONCESSÕES DE SERVIÇOS PÚBLICOS E PPPS: ASPECTOS...

O Supremo Tribunal Federal reconheceu a repercussão geral da matéria afeta à aplicabilidade da imunidade recíproca a sociedade de economia mista, sendo seu elemento determinante o exame da relação entre os serviços públicos prestados e o objetivo de distribuição de lucros a investidores públicos e privados.[35]

Mais recentemente, a matéria relativa à aplicabilidade da imunidade recíproca a empresa pública, no caso a ECT, foi apreciada sob a sistemática da repercussão geral. Trata-se do julgamento do Recurso Extraordinário n. 601.392, consignando o Tribunal Pleno que o exercício simultâneo de atividades em regime de exclusividade e em concorrência com a iniciativa privada é irrelevante para o deslinde da matéria, devendo ser analisadas as peculiaridades do serviço postal, atividade a qual, nos termos do inciso X do artigo 21 da Constituição da República, tem a União a obrigação de manter[36], configurando-se como uma *longa manus* das suas atividades.

---

equiparação a serviço público" (TORRES, Heleno Taveira. Medidas tributárias no sistema de exploração, uso e infraestrutura de águas. In: GONZÁLEZ, Luis Manuel Alonso; TORRES, Heleno Taveira. *Tributos, aguas e infraestructuras*. Barcelona: Atelier, 2012. p. 273-296. p. 284). Também sobre o assunto: ORTOLAN, Marcelo Augusto Biehl. A imunidade tributária recíproca sobre os serviços públicos vista pela jurisprudência do Supremo Tribunal Federal. In: GONÇALVES, Guilherme de Salles; GABARDO, Emerson (Coord.). *Direito da infraestrutura*: temas da organização do Estado, serviços públicos e intervenção administrativa. Belo Horizonte: Fórum, 2012. p. 201-221. p. 219.

[35] "TRIBUTÁRIO. IMUNIDADE TRIBUTÁRIA RECÍPROCA. SOCIEDADE DE ECONOMIA MISTA. PARTICIPAÇÃO ACIONÁRIA DISPERSA E NEGOCIADA EM BOLSA DE VALORES. EXAME DA RELAÇÃO ENTRE OS SERVIÇOS PÚBLICOS PRESTADOS E O OBJETIVO DE DISTRIBUIÇÃO DE LUCROS A INVESTIDORES PÚBLICOS E PRIVADOS COMO ELEMENTO DETERMINANTE PARA APLICAÇÃO DA SALVAGUARDA CONSTITUCIONAL. ART. 150, VI, A DA CONSTITUIÇÃO. Tem repercussão geral a questão consistente em saber se a imunidade tributária recíproca se aplica a entidade cuja composição acionária, objeto de negociação em Bolsas de Valores, revela inequívoco objetivo de distribuição de lucros a investidores públicos e privados. (BRASIL. Supremo Tribunal Federal. *Recurso Extraordinário n. 600.867*. Relator: Ministro Joaquim Barbosa. Julgado em 6 dez. 2011. DJe-029, divulgado em 9 fev. 2012, publicado em 10 fev. 2012).

[36] Eis a ementa de referido acórdão: "Recurso extraordinário com repercussão geral. 2. Imunidade recíproca. Empresa Brasileira de Correios e Telégrafos. 3. Distinção, para fins de tratamento normativo, entre empresas públicas prestadoras de serviço público

O julgamento do Recurso Extraordinário n. 253.472 é também esclarecedor em relação à teleologia da imunidade recíproca, ao consignarem os Ministros Julgadores que o exame da sua aplicabilidade, ademais do atendimento de outras normas constitucionais e legais, deve passar por três estágios: *(i)* "a imunidade tributária recíproca se aplica à propriedade, bens e serviços utilizados na satisfação dos objetivos institucionais imanentes do ente federado, cuja tributação poderia colocar em risco a respectiva autonomia política."; *(ii)* as "atividades de exploração econômica, destinadas primordialmente a aumentar o patrimônio do Estado ou de particulares, devem ser submetidas à tributação, por apresentarem-se como manifestações de riqueza e deixarem a salvo a autonomia política" e, por fim, *(iii)* "a desoneração não deve ter como efeito colateral relevante a quebra dos princípios da livre-concorrência e do exercício de atividade profissional ou econômica lícita."[37]

Dos citados precedentes, possível extrair alguns pontos comuns à extensão da imunidade recíproca às empresas públicas e sociedades de economia mista: ao lado da *(i)* prestação de serviço público propriamente dito; outro elo condutor em relação à imunidade recíproca diz respeito à *(ii)* obrigatoriedade da prestação de tal serviço pelo Estado, consubstanciando aqueles entes meras "instrumentalidades estatais".[38]

Tal interpretação é consentânea, inclusive, com o disposto no artigo 173, §2º, da Constituição, ao estabelecer que "as empresas públicas e as sociedades de economia mista não poderão gozar de privilégios

---

e empresas públicas exploradoras de atividade. Precedentes. 4. Exercício simultâneo de atividades em regime de exclusividade e em concorrência com a iniciativa privada. Irrelevância. Existência de peculiaridades no serviço postal. Incidência da imunidade prevista no art. 150, VI, "a", da Constituição Federal. 5. Recurso extraordinário conhecido e provido." (BRASIL. Supremo Tribunal Federal. *Recurso Extraordinário n. 601.392*, Tribunal Pleno. Relator: Ministro Joaquim Barbosa. Relator para acórdão: Ministro Gilmar Mendes. Julgado em 28 fev. 2013. DJe-105, divulgado em 4 jun. 2013, publicado em 5 jun. 2013).

[37] BRASIL. Supremo Tribunal Federal. *Recurso Extraordinário n. 253.472*, Tribunal Pleno. Relator: Ministro Marco Aurélio. Relator para acórdão: Ministro Joaquim Barbosa. Julgado em 25 ago. 2010. DJe-020, divulgado em 31 jan. 2011, publicado em 1º fev. 2011.

[38] MELO, Suzana Soares. *Tributação nos serviços de infraestrutura...*, cit., p. 188.

CONCESSÕES DE SERVIÇOS PÚBLICOS E PPPS: ASPECTOS...

fiscais não extensivos às do setor privado". Como reconhece Eros Roberto Grau, a vedação trazida por citado dispositivo refere-se apenas àquelas entidades que explorem atividades econômicas em sentido estrito[39], não se aplicando, portanto, no desempenho de funções públicas como "longa manus" do Estado.

Nessa última hipótese, tratar-se-á da delegação do serviço público a uma empresa pública e sociedade de economia mista, que deverá ocorrer mediante lei específica: "assim, a empresa estatal é delegada e (na forma da lei) exerce serviço público próprio da entidade política cuja lei a criou."[40]

Identificados os critérios pelos quais as sociedades de economia mista e empresas públicas gozam de imunidade, não é demasiada a advertência de Aliomar Baleeiro: "imunidade e isenção instituem-se pela necessidade política e jurídica de preservação do convício federativo e não pelas conveniências e interesses de grupos de particulares."[41] Do contrário, estar-se-ia a tratar de um privilégio odioso[42], não comportado pelo sistema jurídico vigente.

---

[39] "O que resta definitivamente evidente, neste passo, é que tanto o preceito inscrito no §1º, quanto o veiculado no §2º do art. 173 da Constituição de 1988, apenas alcançam empresas públicas, sociedades de economia mista e outras entidades (estatais) que explorem *atividade econômica em sentido estrito*. Não se aplicam, pois, àquelas, entre essas, que prestam *serviço público*, não assujeitadas às obrigações tributárias às quais se sujeitam as empresas privadas. Estas, empresas públicas, sociedade de economia mista e outras entidades (estatais) que prestem serviço público, podem gozar de privilégios fiscais, ainda que não extensivos a empresas privadas prestadoras de serviço público em regime de concessão ou permissão (art. 175 da Constituição de 1988)." (GRAU, Eros Roberto. *A ordem econômica na Constituição de 1988*. 2. ed. São Paulo: Revista dos Tribunais, 1991. p. 142).

[40] ATALIBA, Geraldo. Empresas estatais e regime administrativo: serviço público: inexistência de concessão: delegação: proteção ao interesse público. *Revista Trimestral de Direito Público*, São Paulo, n. 4, p. 55-70, 1993. p. 67).

[41] BALEEIRO, Aliomar. Isenção de impostos estaduais por lei federal: imunidade recíproca..., cit., p. 58.

[42] "Privilégio odioso é a autolimitação do poder fiscal, por meio da Constituição ou da lei formal, consistente na permissão, destituída de razoabilidade, para que alguém deixe de pagar tributos que incidem genericamente sobre todos os contribuintes ou receba, com alguns poucos, benefícios inextensíveis aos demais." (TORRES, Ricardo Lobo. *Tratado de direito constitucional financeiro e tributário*: os direitos humanos e a tributação: imunidades e isonomia. v. III. São Paulo: Renovar, 2005. p. 367).

Por fim, no que concerne às empresas concessionárias do serviço público que, como se sabe, visam ao lucro, são elas expressamente excluídas do regime da imunidade recíproca, a teor do que prescreve o §3º do artigo 150 da Constituição, que proíbe a aplicação da imunidade recíproca ao patrimônio, renda e serviços relacionados com a "exploração de atividades econômicas regidas pelas normas aplicáveis a empreendimentos privados, ou em que haja contraprestação ou pagamento de preços ou tarifas pelo usuário, nem exonera o promitente comprador da obrigação de pagar imposto relativamente ao bem imóvel."

A propósito, como bem consignou a Corte Constitucional no julgamento da Ação Direta de Inconstitucionalidade n. 3.089, a qual objetivava o reconhecimento da inconstitucionalidade dos itens 21 e 21.01 da lista de serviços anexa à Lei Complementar n. 116, de 31 de julho 2003, os quais estabeleciam a incidência do Imposto sobre Serviços de registros públicos, cartorários e notariais, "a imunidade recíproca é uma garantia ou prerrogativa imediata de entidades políticas federativas, e não de particulares que executem, com inequívoco intuito lucrativo, serviços públicos mediante concessão ou delegação, devidamente remunerados."[43]

---

[43] "AÇÃO DIRETA DE INCONSTITUCIONALIDADE. CONSTITUCIONAL. TRIBUTÁRIO. ITENS 21 E 21.1. DA LISTA ANEXA À LEI COMPLEMENTAR 116/2003. INCIDÊNCIA DO IMPOSTO SOBRE SERVIÇOS DE QUALQUER NATUREZA – ISSQN SOBRE SERVIÇOS DE REGISTROS PÚBLICOS, CARTORÁRIOS E NOTARIAIS. CONSTITUCIONALIDADE. Ação Direta de Inconstitucionalidade ajuizada contra os itens 21 e 21.1 da Lista Anexa à Lei Complementar 116/2003, que permitem a tributação dos serviços de registros públicos, cartorários e notariais pelo Imposto sobre Serviços de Qualquer Natureza – ISSQN. Alegada violação dos arts. 145, II, 156, III, e 236, caput, da Constituição, porquanto a matriz constitucional do Imposto sobre Serviços de Qualquer Natureza permitiria a incidência do tributo tão-somente sobre a prestação de serviços de índole privada. Ademais, a tributação da prestação dos serviços notariais também ofenderia o art. 150, VI, a e §§ 2º e 3º da Constituição, na medida em que tais serviços públicos são imunes à tributação recíproca pelos entes federados. As pessoas que exercem atividade notarial não são imunes à tributação, porquanto a circunstância de desenvolverem os respectivos serviços com intuito lucrativo invoca a exceção prevista no art. 150, § 3º da Constituição. O recebimento de remuneração pela prestação dos serviços confirma, ainda, capacidade contributiva. A imunidade recíproca é uma garantia ou prerrogativa imediata de entidades políticas federativas, e não de particulares que executem, com inequívoco intuito lucrativo, serviços públicos mediante concessão ou delegação, devidamente

CONCESSÕES DE SERVIÇOS PÚBLICOS E PPPS: ASPECTOS...

Por outro lado, há que se perquirir se, em uma concessão de serviço público ou em uma parceria público-privada, os bens públicos disponibilizados para a prestação dos serviços estariam ou não abrangidos pela imunidade aplicada ao patrimônio dos entes políticos. Voltar-se-á ao assunto no item 5.3 a seguir.

5. TRIBUTAÇÃO NAS CONCESSÕES DE SERVIÇOS PÚBLICOS E NAS PARCERIAS PÚBLICO-PRIVADAS

As empresas ligadas à infraestrutura podem ser identificadas como aquelas relacionadas ao desenvolvimento de projetos, empresas construtoras de obras de infraestrutura, empresas concessionárias ou permissionárias provedoras dos serviços de infraestrutura ou, ainda, empresas prestadoras de serviços necessários à consecução dos serviços de infraestrutura, mediante um contrato firmado entre as partes. Como registra Juan José Taccone, "las experiencias analizadas a nivel mundial muestran que la modalidad más empleada para promover la participación del sector privado en la gestión de infraestructuras de interés público es la concesión en sus diferentes tipos."[44]

Depara-se, aqui, com uma multiplicidade de regimes jurídicos, o que leva Domingo Carbajo Vasco, inclusive, a advertir para as dificuldades no enfrentamento dos temas ligados à tributação das concessões. Se já não é fácil identificar as fronteiras entre as concessões e demais figuras de Direito Administrativo, com a nova imbricação do setor privado na construção e gestão de infraestruturas públicas, assim como a substituição

---

remunerados. Não há diferenciação que justifique a tributação dos serviços públicos concedidos e a não-tributação das atividades delegadas. Ação Direta de Inconstitucionalidade conhecida, mas julgada improcedente." (BRASIL. Supremo Tribunal Federal. *Ação Direta de Inconstitucionalidade n. 3.089*, Tribunal Pleno. Relator: Ministro Carlos Britto. Relator para acórdão: Ministro Joaquim Barbosa. Julgado em 13 fev. 2008. DJe-142, divulgado em 31 jul. 2008, publicado em 1º ago. 2008).

[44] TACCONE, Juan José. Inversion privada en infraestructura en el Mercosur. In: PIAGGI, Ana Isabel; ESTOUP, Luis Alejandro (Coord.). *Derecho mercantil contemporáneo*: comercio electrónico, arbitraje comercial internacional, garantías independientes, concurrencia: la hora del balance. Buenos Aires: La Ley, 2001. p. 143-152. p. 147.

da ideia dos serviços públicos pelos conceitos de serviços de interesse geral ou serviço universal, tais dificuldades se incrementam em relação ao exame da tributação sobre eles incidentes.[45]

5.1 O PAGAMENTO PELOS USUÁRIOS DOS SERVIÇOS PÚBLICOS: TAXA OU TARIFA?

Identificar se a remuneração paga pelos usuários dos serviços de infraestrutura se trata de taxa ou tarifa não é uma questão meramente retórica, dela dependendo o regime jurídico aplicável.[46] A configuração jurídica das taxas, aliás, tem gerado inúmeras controvérsias a respeito[47], e sua distinção em relação às tarifas, costumam apontar os doutrinadores, "permanece não resolvida de modo satisfatório"[48].

As taxas, sabe-se, são tributos cobrados em razão do exercício do poder de polícia ou, de outro modo, em razão da utilização, efetiva ou potencial, de um serviço público específico ou divisível, prestado ao contribuinte ou posto à sua disposição. É o que dispõe o artigo 145, inciso II, da Constituição.

A discussão acerca da configuração das taxas e das tarifas é comumente pautada pelo critério da compulsoriedade, seja (i) em relação

---

[45] VASCO, Domingo Carbajo. La fiscalidad de las concesiones administrativas: situación actual y perspectivas. In: BLANCO, Cristina García-Herrera; RUIZ, María Amparo Grau (Coord.). *Análisis jurídico de los mecanismos de financiación de las infraestructuras públicas.* Madrid: Instituto de Estudios Fiscales, 2008. p. 23-72. p. 36.

[46] Como se sabe, a taxa submete-se a toda a principiologia própria aos tributos, a exemplo dos princípios da legalidade estrita e anterioridade. As tarifas, por sua vez, embora devam obedecer aos parâmetros da lei, não se submetem ao princípio da estrita legalidade e anterioridade.

[47] "La tasa es el tributo que más discusiones dentro de la doctrina ha causado en referencia a su definición y características." (DIEZ, Gustavo E. Tasas y contribuciones especiales. In: DÍAZ, Vicente O. (Dir.). *Tratado de tributación*: política y economía tributaria. Buenos Aires: Astrea, 2004. t. II, v. 2. p. 1-39. p. 2).

[48] PEREIRA, Cesar A. Guimarães. *Usuários de serviços públicos*: usuários, consumidores e os aspectos econômicos dos serviços públicos. 2. ed., rev. e atual. São Paulo: Saraiva, 2008. p. 359.

CONCESSÕES DE SERVIÇOS PÚBLICOS E PPPS: ASPECTOS...

ao pagamento da prestação pecuniária, seja (*ii*) em relação à utilização do serviço.

A corrente que aplica o critério da compulsoriedade quanto ao pagamento da prestação parte dos elementos caracterizadores do tributo constantes no artigo 3º do Código Tributário Nacional, entre os quais se destaca aquele que estabelece ser o tributo uma prestação compulsória. A jurisprudência majoritária do Supremo Tribunal Federal caminha nesse sentido, partindo da compulsoriedade da prestação para divisar a aplicação das taxas das tarifas.[49] É nesse mesmo sentido o teor da Súmula n. 545 daquela Corte Constitucional, editada ainda sob a égide da Constituição anterior: "Preços de serviços públicos e taxas não se confundem, porque estas, diferentemente daqueles, são compulsórias e têm sua cobrança condicionada à prévia autorização orçamentária, em relação à lei que as instituiu."[50]

A utilização de tal critério, contudo, parece não refletir a essência da questão jurídica envolvida, eis que, ao se executar um serviço por concessionária "é estabelecida uma relação sinalagmática entre o parceiro privado e o usuário, surgindo, assim, o seu direito à percepção de tarifa."[51] Em outras palavras, ao lado da compulsoriedade em relação ao pagamento do tributo, também há obrigatoriedade de pagamento da tarifa, porém já se tratando de operação não regulada pelo Direito Tributário, mas sim pelo Direito Administrativo propriamente dito.

---

[49] Como se extrai de precedente do seu Tribunal Pleno, em acórdão da lavra da Ministra Cármen Lúcia, entenderam os Ministros Julgadores que "taxa e preço público diferem quanto à compulsoriedade de seu pagamento. A taxa é cobrada em razão de uma obrigação legal enquanto o preço público é de pagamento facultativo por quem pretende se beneficiar de um serviço prestado." (BRASIL. Supremo Tribunal Federal. *Recurso Extraordinário n. 556.854*, Tribunal Pleno. Relatora: Ministra Cármen Lúcia. Julgado em 30 jun. 2011. DJe-195, divulgado em 10 out. 2011, publicado em 10 out. 2011).

[50] BRASIL. Supremo Tribunal Federal. *Súmula n. 545*, Sessão Plenária. Publicada em 10 dez. 1969.

[51] MELO, Suzana Soares. As parcerias público-privadas e a tributação da remuneração do parceiro privado. Dissertação (Mestrado) – Faculdade de Direito, Pontifícia Universidade Católica de São Paulo, São Paulo, 2008. p. 107. p. 107.

A segunda corrente credita à compulsoriedade em relação à utilização do serviço em si o critério divisor da aplicabilidade das taxas e tarifas. É dizer, os serviços de utilização compulsória devem ser remunerados mediante taxa; já os serviços que não o são devem ser remunerados por tarifa. Em defesa desse entendimento, Hugo de Brito Machado afirma que "o serviço público de uso compulsório não pode ensejar a cobrança de preço ou tarifa, e sim de taxa [...]."[52] Tal corrente parte do liame no qual se insere o serviço público prestado, que, ao contrário do que ocorreria com as tarifas, independe da manifestação de vontade do particular.[53] Contudo, a necessária previsão em lei da compulsoriedade da utilização do serviço de interesse público não tem o condão de transmudar o regime jurídico a que está submetida a sua remuneração, se por meio de taxas ou por meio de tarifas.

Isto porque, em uma prestação de serviço de infraestrutura por meio de concessão ou parceria, forma-se uma relação contratual[54] sinalagmática

---

[52] MACHADO, Hugo de Brito. Serviços públicos e tributação. In: TORRES, Heleno Taveira (Coord.). *Serviços públicos e direito tributário*. São Paulo: Quartier Latin, 2005. p. 265-297. p. 286. Também nesse sentido, do autor: MACHADO, Hugo de Brito. Serviços públicos e tributação. *Interesse Público*, Belo Horizonte, a. VI, n. 25, p. 81-100, 2005. p. 279. Roque Antonio Carrazza também assume esse posicionamento. Para o citado autor, independentemente de quem seja designado como seu prestador, "serviço público específico e divisível e ato de polícia endereçado a alguém só podem ser remunerados por meio de taxa." A *política tarifária*, à qual alude o art. 175, parágrafo único, III, do Diploma Fundamental, deve ser realizada *não* pelo utente do serviço público, *mas* pela pessoa política que o concedeu ou permitiu. Melhor dizendo, o *destinatário imediato* dessa norma não é o fruidor do serviço público concedido ou permitido, mas o Poder Público concedente ou permitente." (CARRAZZA, Roque Antonio. *Curso de direito constitucional tributário*, cit., p. 460).

[53] "O Poder Público realiza o serviço ou o coloca à disposição do administrado sem necessidade de sua anuência, nascendo, em razão dessa atuação estatal compulsória, a obrigação de remunerar o respectivo ente político." (CARVALHO, Paulo de Barros. Concessão de serviço público e tarifa municipal de esgoto. In: _____. *Derivação e positivação no Direito Tributário*. São Paulo: Noeses, 2011. v. I. p. 241-263. p. 251).

[54] A partir das ideias de Giannini, José Juan Ferreiro Lapatza bem salienta que, "juridicamente, taxa e preço público são duas instituições distintas, dois modelos de relações sociais perfeitamente diferenciadas: uma incorpora uma obrigação *ex lege* de Direito público; outra, uma obrigação *ex contractu*, seja classificado este como de Direito público ou privado". (LAPATZA, José Juan Ferreiro. *Direito tributário*: teoria geral do tributo. Barueri, SP; Madrid, ES: Manole; Marcial Pons, 2007. p. 179).

CONCESSÕES DE SERVIÇOS PÚBLICOS E PPPS: ASPECTOS...

entre a concessionária ou permissionária do serviço e seus usuários. Trata-se de uma norma individual e concreta, ainda que meramente verbal, pela qual, dada a prestação de um serviço de interesse público pelo concessionário ou permissionário, deve ser o pagamento de tarifa pelo usuário do serviço. Em outras palavras, com a prestação do serviço surge o direito subjetivo da empresa concessionária de cobrança de remuneração pelos serviços prestados, em contraposição ao dever jurídico do usuário de pagamento da tarifa.

Assim, ao contrário da prestação direta de serviço público específico e divisível pelo ente político, que enseja a cobrança da taxa[55], na hipótese de prestação descentralizada de serviços de infraestrutura, por empresa concessionária ou permissionária, tem-se a cobrança de tarifa.[56] O regime tarifário é, aliás, multifacetado, decorrente da interpenetração das relações jurídicas estabelecidas entre o Poder concedente e os usuários do serviço, entre o Poder concedente e a empresa concessionária ou permissionária e, ainda, entre tal empresa prestadora dos serviços e os seus usuários.[57]

O artigo 145, inciso II, da Constituição, ao regular a hipótese de cobrança de taxa dos usuários dos serviços públicos, não traz qualquer proibição em relação à instituição de tarifas. E mais, o artigo 150, §3º, ao estabelecer que a imunidade recíproca relativa aos impostos não se

---

[55] Como se verificou, o artigo 145, inciso II, da Constituição da República trata do aspecto material possível da regra-matriz de incidência das taxas, que poderá ser instituída "em razão do exercício do poder de polícia ou pela utilização, efetiva ou potencial, de serviços públicos específicos e divisíveis, prestados ao contribuinte ou postos a sua disposição".

[56] "A tarifa consiste num preço ou contraprestação que os usuários praticam em face da utilização da infraestrutura pública disponibilizada pelo concessionário. Não se trata, obviamente, de um tributo (como a taxa, que se pratica no âmbito da prestação direta de serviços públicos). É contrapartida à prestação do serviço que integra a relação jurídica contratual entre usuário e prestador. Se o usuário faz uso do serviço ou de certa infraestrutura, se lhe impõe o dever de pagar o preço correspondente, sendo esse a tarifa devida como contrapartida." (GUIMARÃES, Fernando Vernalha. *Concessão de serviço público*. São Paulo: Saraiva, 2012. p. 178-179).

[57] Sobre o assunto: GUIMARÃES, Fernando Vernalha. *Concessão de serviço público*, cit., p. 181.

aplica "ao patrimônio, à renda e aos serviços, relacionados com exploração de atividades econômicas regidas pelas normas aplicáveis a empreendimentos privados, ou em que haja contraprestação ou pagamento de preços ou tarifas pelo usuário", traz a autorização, ainda que implícita, de prestação de serviços públicos mediante a cobrança de preços ou tarifas. É este o sentido lógico imanente à expressão contida no Texto Constitucional. Como já se afirmou, "se a remuneração dos serviços pudesse ser realizada somente mediante a incidência de taxas, não se ocuparia o legislador constitucional de atribuir competência ao ente público para a tributação, por outro ente público, suas autarquias e fundações, do patrimônio, renda ou serviço prestado sob o regime tarifário."[58]

De especial importância ao exame da matéria é, ainda, o artigo 175, parágrafo único, inciso III, da Carta Magna, ao se utilizar da expressão "política tarifária" para tratar da prestação de serviços públicos por meio de concessão ou permissão, admitindo que, com a concessão do serviço, nasce o poder tarifário do Estado, cujas tarifas serão diretamente arrecadadas dos usuários pela concessionária.

O Supremo Tribunal Federal, no julgamento da Ação Declaratória de Constitucionalidade n. 9, no qual se discutiu a constitucionalidade da cobrança da "sobretarifa" de energia elétrica, reconheceu o caráter tarifário da cobrança, à luz do disposto no artigo 175, inciso III, da Constituição, ao prever a implementação do mencionado mecanismo de "política tarifária".[59]

---

[58] MELO, Suzana Soares. *As parcerias público-privadas e a tributação da remuneração do parceiro privado*, cit., p. 105.

[59] Veja-se: "AÇÃO DECLARATÓRIA DE CONSTITUCIONALIDADE. MEDIDA PROVISÓRIA n. 2.152-2, DE 1º DE JUNHO DE 2001, E POSTERIORES REEDIÇÕES. ARTIGOS 14 A 18. GESTÃO DA CRISE DE ENERGIA ELÉTRICA. FIXAÇÃO DE METAS DE CONSUMO E DE UM REGIME ESPECIAL DE TARIFAÇÃO. 1. O valor arrecadado como tarifa especial ou sobretarifa imposta ao consumo de energia elétrica acima das metas estabelecidas pela Medida Provisória em exame será utilizado para custear despesas adicionais, decorrentes da implementação do próprio plano de racionamento, além de beneficiar os consumidores mais poupadores, que serão merecedores de bônus. Este acréscimo não descaracteriza a tarifa como tal, tratando-se de um mecanismo que permite a continuidade da prestação do serviço, com

CONCESSÕES DE SERVIÇOS PÚBLICOS E PPPS: ASPECTOS...

Assim, não é o critério da compulsoriedade da cobrança, tampouco o critério da compulsoriedade da fruição do serviço, que marcam a linha divisória da instituição da taxa e da cobrança de tarifa, mas, sim, o critério subjetivo, ligado ao sujeito prestador do serviço público.[60] A prestação de serviço público específico e divisível por ente da Administração Pública perfaz a hipótese de incidência possível da taxa; já a prestação de serviço de interesse público pelas concessionárias ou permissionárias do serviço público inaugura uma relação jurídica trilateral, cuja remuneração – ao menos nas concessões comuns e patrocinadas, bem como nas permissões de serviço público – se realiza por meio das tarifas.

5.2 O APORTE DE RECURSOS E A CONTRAPRESTAÇÃO ADVINDOS DO PODER PÚBLICO

A Lei n. 8.987/1995, ao estabelecer o regime de concessão comum ou permissão de serviços públicos, assim como a Lei n. 11.079/2004, ao

---

a captação de recursos que têm como destinatários os fornecedores/concessionários do serviço. Implementação, em momento de escassez da oferta de serviço, de política tarifária, por meio de regras com força de lei, conforme previsto no artigo 175, III da Constituição Federal. 2. Atendimento aos princípios da proporcionalidade e da razoabilidade, tendo em vista a preocupação com os direitos dos consumidores em geral, na adoção de medidas que permitam que todos continuem a utilizar-se, moderadamente, de uma energia que se apresenta incontestavelmente escassa. 3. Reconhecimento da necessidade de imposição de medidas como a suspensão do fornecimento de energia elétrica aos consumidores que se mostrarem insensíveis à necessidade do exercício da solidariedade social mínima, assegurada a notificação prévia (art. 14, § 4º, II) e a apreciação de casos excepcionais (art. 15, § 5º). 4. Ação declaratória de constitucionalidade cujo pedido se julga procedente." (BRASIL. Supremo Tribunal Federal. *Ação Direta de Inconstitucionalidade n. 9*, Tribunal Pleno. Relatora: Ministra Ellen Gracie. Relator para acórdão: Ministro Néri da Silveira. Julgado em 13 dez. 2001. DJ de 23 abr. 2004, p. 6).

[60] Desse entendimento parece não divergir Francisco José Villar Rojas: "En resumen, que la cantidad pagada como contraprestación sea tasa o sea precio administrativo no depende de su naturaleza obligacional para el usuario, sino que depende de quien sea su perceptor y cuál su destino o afectación: una entidad pública o una empresa." (ROJAS, Francisco José Villar. La contraprestación económica por los servicios e infraestructuras privadas de interés general. *Revista del Derecho de las Telecomunicaciones e Infraestructuras en Red*, Madrid, n. 6, p. 107-148, out. 1999. p. 118).

implementar normas gerais sobre as parcerias público-privadas, preveem as modalidades de prestação de serviço público por concessionários ou permissionários de serviço. São, por excelência, os instrumentos aptos à prestação, pela iniciativa privada, de serviços de interesse público.

Com efeito, há empreendimentos relacionados à prestação de serviços de infraestrutura que, dada a necessidade de grandes investimentos, bem como a baixa capacidade contributiva dos usuários, com a necessária proteção constitucional do mínimo existencial, inviabilizam total ou parcialmente a cobrança de tarifas dos usuários. Como constata Hugo de Brito Machado, "muitos serviços públicos são prestados pelo Estado a pessoas praticamente sem nenhuma capacidade contributiva, e por isto mesmo não tem como haver destas a remuneração pelos serviços que presta."[61]

Assim é que, diante do dever de prestação, e considerando o necessário equilíbrio econômico-financeiro que deve pautar as relações entre o Poder Público e as concessionárias do serviço público, para aqueles investimentos em relação aos quais o empreendimento não se mostrar autossustentável, prestados mediante o estabelecimento de uma parceria público-privada, deve o Estado fazer frente ao custo da sua prestação mediante o pagamento exclusivo (concessão administrativa) ou parcial (concessão patrocinada) de uma contraprestação ao parceiro privado.

No que concerne especificamente aos serviços de infraestrutura, considerando o fluxo de relevantes investimentos no início do projeto, a Lei n. 12.766, de 27 de dezembro de 2012, resultado da conversão da Medida Provisória n. 575, de 07 de agosto de 2012, incluiu o §2º do artigo 6º da Lei n. 11.079/2004[62], para prever a possibilidade do pagamento de um aporte de recursos ao parceiro privado, objetivando a

---

[61] MACHADO, Hugo de Brito. Serviços públicos e tributação. *Interesse Público*, cit., p. 90.

[62] "Art. 6º A contraprestação da Administração Pública nos contratos de parceria público-privada poderá ser feita por: I – ordem bancária; II – cessão de créditos não tributários; III – outorga de direitos em face da Administração Pública; IV – outorga de direitos sobre bens públicos dominicais; V – outros meios admitidos em lei.

CONCESSÕES DE SERVIÇOS PÚBLICOS E PPPS: ASPECTOS...

realização de obras e aquisição de bens reversíveis, conforme previsão em lei específica ou edital de licitação.

Se outrora o pagamento da subvenção somente poderia ocorrer após a disponibilização dos serviços, instrumento legal em exame, ao alterar a Lei das Parcerias Público-Privadas, promoveu a cisão do regime de contrapartida pública[63], com a previsão de dois tipos de contraprestação: *(i)* o aporte de recursos, para fazer frente às despesas para a realização de obras e aquisição de bens reversíveis, a ser entregue independentemente da disponibilização do serviço pelo parceiro privado; e *(ii)* a contraprestação exclusiva ou adicional à tarifa cobrada dos usuários, que tem por objetivo garantir a viabilidade econômica do projeto, a qual será obrigatoriamente precedida da disponibilização do serviço objeto do contrato.

No que concerne ao aporte de recursos, importa verificar sua natureza ou não de bem público para, então, aferir-se se encontra abrangido pela imunidade recíproca, prevista no já mencionado artigo 150, inciso VI, alínea "c", da Constituição.

O valor do aporte de recursos deve ser classificado como despesa de capital, que agrega ativos para o ente público, contribuindo para a formação ou aquisição de um bem de capital.[64] Nesse particular, se é certo que a concessão não implica a alienação do bem, na medida em

---

§1º O contrato poderá prever o pagamento ao parceiro privado de remuneração variável vinculada ao seu desempenho, conforme metas e padrões de qualidade e disponibilidade definidos no contrato. (Incluído pela Lei n. 12.766, de 2012)

§2º O contrato poderá prever o aporte de recursos em favor do parceiro privado para a realização de obras e aquisição de bens reversíveis, nos termos dos incisos X e XI do caput do art. 18 da Lei no 8.987, de 13 de fevereiro de 1995, desde que autorizado no edital de licitação, se contratos novos, ou em lei específica, se contratos celebrados até 8 de agosto de 2012. (Incluído pela Lei n. 12.766, de 2012).

[...]."

[63] Também nesse sentido: MARINS, Vinicius. Legislação das PPPs alteradas. *Diário do Comércio*, 21 fev. 2013. Disponível em: http://www.diariodocomercio.com.br/noticia. php?tit=legislacao_das_ppps_alterada&id=11464>. Acesso em: 11 fev. 2015.

[64] Sobre o tema: ZANCHIM, Kleber Luiz. Arts. 12 a 21. In: CONTI, José Maurício. *Orçamentos públicos*: a Lei 4.320/1964 comentada. São Paulo: RT, 2009. p. 65-86. p. 66.

que, como afirma Floriano de Azevedo Marques Neto, o bem se mantém no "domínio público concedente"[65], não menos certo que os valores relativos ao aporte de recursos, vinculados às despesas necessárias à realização de obras e aquisição de bens público, mantém a mesma característica. À luz do artigo 20 da Constituição, são bens da União, entre outros, *os que atualmente lhe pertencem e os que lhe vierem a ser atribuídos"* (inciso I). O mesmo entendimento deve ser aplicado aos bens dos Estados e dos Municípios.

Já no que se refere à contraprestação pecuniária exclusiva ou adicional à tarifa cobrada dos usuários dos serviços de infraestrutura, trata-se de uma forma de subvenção do Poder Público, mais especificamente, caso se destine à aplicação na gestão de empreendimentos econômicos de relevante interesse social, de subvenção para investimentos.[66]

De qualquer modo, as subvenções podem custear projetos que abrangem tanto os gastos de capital, o que as caracterizaria como subvenções para investimento, quanto as despesas correntes, o que as caracterizaria como subvenções para custeio.

A importante questão que deve ser esclarecida é se, com o advento da Lei n. 12.766/2012, que previu a figura do aporte de recursos para a realização de obras e aquisição de bens reversíveis, remanesce a possibilidade de pagamento de contraprestação como subvenção para investimentos. E a resposta é afirmativa.

A previsibilidade de pagamento de aporte de capital não obsta a que o contrato preveja outra contraprestação a ser paga apenas após a disponibilização dos serviços, porém que inclua em sua base de cálculo custos relacionados a investimentos, tais como aquisição de instalações, equipamentos e material permanente.

---

[65] MARQUES NETO, Floriano de Azevedo. *Bens públicos*: função social e exploração econômica; o regime jurídico das utilidades públicas. Belo Horizonte: Fórum, 2009.

[66] Nesse sentido: MELO, Suzana Soares. *As parcerias público-privadas e a tributação da remuneração do parceiro privado,* cit., p. 94 e 99. COÊLHO, Sacha Calmon Navarro. Subvenção para investimentos, por parte da concessionária, paga a esta pelo Governo Estadual no bojo de parceria público-privada: não inclusão na base de cálculo do IRPJ e CSLL: não incidência de PIS, COFINS e ISS. *Revista Dialética de Direito Tributário*, São Paulo, n. 140, maio 2007, p. 114-126. p. 126.

CONCESSÕES DE SERVIÇOS PÚBLICOS E PPPS: ASPECTOS...

O que diferencia o aporte de capital da contraprestação em sentido estrito são os critérios *(i)* da vinculação ou não do seu pagamento à disponibilização dos serviços e *(ii)* da necessidade ou não da vinculação às despesas de obras e aquisição de bens reversíveis. O aporte de capital pode ser pago independentemente da disponibilização dos serviços de interesse público; já a contraprestação deve ser paga somente após disponibilizados tais serviços. Também o aporte de capital vincula-se às despesas necessárias à realização de obras e aquisição de bens reversíveis; já a contraprestação pode fazer frente tanto à justa remuneração em razão da ausência de autossustentabilidade do projeto (o que se verifica, por exemplo, nas hipóteses de concessão administrativa, na parte relativa ao lucro da concessionária), quanto às despesas referentes ao empreendimento, qualificando-se, assim, como uma subvenção para investimento.[67]

Em última análise, assim como nas taxas deve haver uma correlação do aspecto material da hipótese de incidência com a sua base de cálculo[68], também em relação à contraprestação pública, para que se verifique a essência da operação, deve haver um confronto entre o critério material da contraprestação paga pelo Poder Público com a sua respectiva base de cálculo, com vistas a que se confirme ou infirme a sua natureza de subvenção para investimentos ou mera remuneração em face da prestação de um serviço.

5.3 A TRIBUTAÇÃO DA REMUNERAÇÃO E CONTRAPRESTAÇÃO PERCEBIDAS NA PRESTAÇÃO DE SERVIÇOS DE INFRAESTRUTURA POR CONCESSIONÁRIAS DE SERVIÇOS

Diante das espécies de remuneração advindas da prestação de serviços relacionados aos setores de infraestrutura, já é possível analisar

---

[67] MELO, Suzana Soares. *Tributação nos serviços de infraestrutura...*, cit., p. 228.

[68] Como bem pontua Paulo de Barros Carvalho, a base de cálculo exerce uma função comparativa à luz do critério material da hipótese, sendo "capaz de confirmá-lo, infirmá-lo ou afirmar aquilo que consta no texto da lei, de modo obscuro." (CARVALHO, Paulo de Barros. *Curso de direito tributário*. 15. ed., rev. e atual. São Paulo: Saraiva, 2003. p. 328).

se perfazem a hipótese de incidência da COFINS, da Contribuição ao PIS, do IRPJ, da CSLL, do ICMS e, ainda, do ISS.

Inúmeros foram os tratamentos legislativos acerca da matéria.

A Lei n. 4.506, de 30 de novembro de 1964, tratou da tributação das subvenções correntes, para custeio ou operação. De acordo com o seu artigo 44[69], tais subvenções integram a receita bruta operacional para fins do cálculo do imposto sobre a renda.[70] Por sua vez, o artigo 38, §2º, do Decreto-lei n. 1.598, de 26 de dezembro de 1977, tratou das subvenções para investimento, determinando, de acordo com a redação conferida pelo Decreto-lei n. 1.730, de 17 de dezembro de 1979[71], que os

---

[69] "Art. 44. Integram a receita bruta operacional:

I – o produto da venda dos bens e serviços nas transações ou operações de conta própria;

II – o resultado auferido nas operações de conta alheia;

III – as recuperações ou devoluções de custos, deduções ou provisões;

IV – as subvenções correntes, para custeio ou operação, recebidas de pessoas jurídicas de direito público ou privado, ou de pessoas naturais."

[70] A propósito, a constitucionalidade de referido artigo é questionada, porquanto a subvenção para custeio não altera sua característica de aporte governamental, configurando uma transferência de capital que não representaria uma receita. A esse respeito, Natanael Martins sustenta que o Decreto-lei n. 1.598/77, ao dispor, em seu artigo 38, §2º, que as subvenções para investimento não compõem o lucro real da empresa, teria derrogado o artigo 44 da Lei n. 4.506/1964. Para o autor, "por exigência da interpretação do verdadeiro conteúdo, sentido e alcance do texto legislado adequando os termos utilizados pelo legislador aos conceitos jurídicos aplicáveis, conclui-se que o Decreto-lei n. 1.598/77 derrogou o art. 44 da Lei n. 4.506/64, de sorte que as transferências de recursos promovidas pelo poder público de qualquer espécie, atendidas as condições impostas, não são tributáveis pelo imposto de renda, devendo desde logo ser classificadas em conta de reserva de capital." (MARTINS, Natanael. Incentivos a investimentos: isenção ou redução de impostos: tratamento jurídico-contábil aplicável, *Revista de Direito Tributário*, n. 61, São Paulo, Malheiros, p. 174-186. p. 180-181). Partilhando desse entendimento, Ricardo Mariz de Oliveira afirma que as subvenções para custeio ou investimento apresentam a mesma natureza jurídica, de transferência de capital, o que as configura como não receitas. (OLIVEIRA, Ricardo Mariz de. *Fundamentos do imposto de renda*. São Paulo: Quartier Latin, 2008. p.158-159).

[71] "Art. 38. Não serão computadas na determinação do lucro real as importâncias, creditadas a reservas de capital, que o contribuinte com a forma de companhia receber dos subscritores de valores mobiliários de sua emissão a título de: [...]

CONCESSÕES DE SERVIÇOS PÚBLICOS E PPPS: ASPECTOS...

valores recebidos a esse título não serão computados na determinação do lucro real, desde que, cumulativamente, *(i)* sejam registrados como reserva de capital e utilizados apenas para absorver prejuízo ou para incorporação ao capital social e *(ii)* cumpram a obrigação de garantir a exatidão do balanço do contribuinte, devendo ser utilizadas para absorver superveniências passivas ou insuficiências ativas.

Com efeito, considerando que a subvenção para investimentos exerce a função de subsidiar um empreendimento de interesse público, reforçando o capital da empresa, não se verifica a disponibilidade da renda apta à incidência do IRPJ. De qualquer modo, o disposto no artigo 38 em referência tem o condão de ressaltar sua natureza diversa do lucro, ao determinar que as subvenções para investimento não sejam computadas para a determinação do lucro real.[72]

---

§ 1º – [...]

§ 2º – As subvenções para investimento, inclusive mediante isenção ou redução de impostos concedidas como estímulo à implantação ou expansão de empreendimentos econômicos, e as doações, feitas pelo Poder Público, não serão computadas na determinação do lucro real, desde que: (Redação dada pelo Decreto-lei n. 1.730, 1979).

a) registradas como reserva de capital, que somente poderá ser utilizada para absorver prejuízos ou ser incorporada ao capital social, observado o disposto nos §§ 3º e 4º do artigo 19; ou (Redação dada pelo Decreto-lei n. 1.730, 1979).

b) feitas em cumprimento de obrigação de garantir a exatidão do balanço do contribuinte e utilizadas para absorver superveniências passivas ou insuficiências ativas. (Redação dada pelo Decreto-lei n. 1.730, 1979).

Regulamentando referido artigo, assim estabelece o artigo 443 do Regulamento de Imposto de Renda (Decreto n. 3.000, de 26 de março de 1999): "Art. 443. Não serão computadas na determinação do lucro real as subvenções para investimento, inclusive mediante isenção ou redução de impostos concedidas como estímulo à implantação ou expansão de empreendimentos econômicos, e as doações, feitas pelo Poder Público, desde que (Decreto-Lei n. 1.598, de 1977, art. 38, § 2º, e Decreto-Lei n. 1.730, de 1979, art. 1º, inciso VIII): I – registradas como reserva de capital que somente poderá ser utilizada para absorver prejuízos ou ser incorporada ao capital social, observado o disposto no art. 545 e seus parágrafos; ou II – feitas em cumprimento de obrigação de garantir a exatidão do balanço do contribuinte e utilizadas para absorver superveniências passivas ou insuficiências ativas."

[72] Em se tratando de valores que saem dos cofres públicos com vistas à viabilização de um empreendimento de interesse social, o comentário de Aroldo Gomes de Mattos permanece atual: ao tratar do imposto de renda frente ao ICMS remitido como subvenção

Exatamente por isso é que já se concluiu que "andou bem o legislador, portanto, ao prever no artigo 38, §2º, do Decreto-lei n. 1.598/1977 que as subvenções para investimentos – observados os requisitos anteriormente registrados, que têm o condão de preservar sua natureza diversa do lucro –, não serão computadas para a determinação do lucro real."[73] Não se trata propriamente de uma isenção, mas, sim, de uma hipótese de não incidência legalmente qualificada[74], tendo em vista que o aspecto material possível de incidência do Imposto sobre a Renda pressupõe a necessária aquisição da disponibilidade da renda, o que não se coaduna com o recebimento de subvenção governamental.

Em parecer sobre a tributação nas parcerias público-privadas, após consignar que a contraprestação do parceiro público consubstancia o pagamento de verdadeira subvenção para investimentos, Sacha Calmon Navarro Coêlho sustenta que "os recursos não se ajustam ao conceito de renda e por isso são registrados como reserva de capital." Como explicita o autor, "por se tratar de uma contraprestação pecuniária, como destinação específica, não há retorno ou exigibilidade. [...] Esta operação assemelha-se aos recursos trazidos pelos sócios da pessoa jurídica na condição de não serem exigidos ou cobrados porque injetados no capital da sociedade. A ciência contábil denomina-os 'capital próprio'." [75]

---

para investimento, afirmou que, caso referidas subvenções fossem consideradas como receita tributável, "seria o mesmo que o governo estadual dar com a mão direita para, em seguida, o governo federal retirar com a mão esquerda." (MATTOS, Aroldo Gomes de. O imposto de renda frente ao ICMS remitido como subvenção para investimento, *Cadernos de Direito Tributário e Finanças Públicas,* São Paulo, a. 4, n. 15, p. 191-196, abr./ jun. 1996. p. 195).

[73] MELO, Suzana Soares. *As parcerias público-privadas e a tributação da remuneração do parceiro privado*, cit., p. 114.

[74] Na lição de Roque Antonio Carrazza, "a *não-incidência* é simplesmente a explicitação de uma situação que ontologicamente nunca esteve dentro da *hipótese de incidência possível* do tributo. Deveras, não há incidência quando não ocorre fato algum ou quando ocorre um fato tributariamente irrelevante, isto é, que não se ajusta (subsume) a nenhuma hipótese de incidência tributária." (CARRAZZA, Roque Antonio. *Curso de direito constitucional tributário*, cit., p. 743).

[75] COÊLHO, Sacha Calmon Navarro. Subvenção para investimentos, por parte da concessionária, paga a esta pelo Governo Estadual no bojo de parceria público-privada...,

CONCESSÕES DE SERVIÇOS PÚBLICOS E PPPS: ASPECTOS...

Nessa mesma linha de entendimento, à luz do critério material possível da regra-matriz da CSLL, que é auferir lucro líquido, o que implica a apresentação de resultados positivos com a exploração da atividade econômica empresarial, também se verifica que não haverá, no recebimento das subvenções para investimentos, a incidência da mencionada contribuição.[76] Registradas como reserva de capital, as subvenções para investimento não têm origem no lucro da sociedade, não perfaz a hipótese de incidência de referida contribuição.

Quanto à COFINS e à Contribuição ao PIS, diante das premissas adotadas, no sentido de que a subvenção para investimento assemelha-se aos recursos trazidos pelos sócios, não constituindo receita, igualmente não se configuram os critérios materiais possíveis das respectivas normas de incidência.[77]

---

cit., p. 122. A mesma abordagem é encontrada no seguinte artigo: COÊLHO, Sacha Calmon Navarro. Subvenção para investimentos: parceria público-privada: tratamento contábil e fiscal: não-inclusão na base de cálculo do IRPJ e CSLL: não incidência de PIS, COFINS e ISS, *In*: CONGRESSO NACIONAL DE ESTUDOS TRIBUTÁRIOS, 4, 2007, São Paulo. *Tributação e processo.* São Paulo: Noeses, 2007. p. 576-577. Em artigo em coautoria com Eduardo Junqueira Coelho e Valter de Souza Lobato, o autor enfrenta do mesmo modo o assunto: COÊLHO, Sacha Calmon Navarro; COELHO, Eduardo Junqueira; LOBATO; Valter de Souza. Subvenções para investimentos à luz das Leis 11.638/2007 e 11.941/2009. In: ROCHA, Sergio André. *Direito tributário, societário e a reforma da Lei das S/A*. v. II. São Paulo: Quartier Latin, 2010. p. 545-564.

[76] Natanael Martins chega a idêntica conclusão, ao afirmar que "juridicamente, a subvenção, em qualquer de suas modalidades, caracteriza-se como uma doação e, quando concedida pelo poder público, desde que registrada em conta de reserva de capital, que somente poderá ser utilizada para absorver prejuízos ou ser incorporada ao capital social, não será tributada pelo imposto de renda. Conseqüentemente, tampouco servirá de base para cálculo da contribuição social e do imposto sobre o lucro líquido. (MARTINS, Natanael. Incentivos a investimentos: isenção ou redução de impostos: tratamento jurídico-contábil aplicável, *cit.*, p. 185).

[77] Também no mesmo sentido o entendimento de Ana Cláudia Akie Utumi, que bem demonstra a forma de contabilização das subvenções para investimento no período anterior ao advento da Lei n. 11.638/2007: "Nesse período em que vigorou a contabilização das subvenções para investimento como reserva de capital, segundo a Instrução CVM n. 59/86, a pessoa jurídica beneficiária deveria reconhecer o montante total da despesa com o imposto, como se devido fosse, em contrapartida da conta de impostos a recolher, no passivo. Em seguida, deveria debitar a conta de passivo e creditar a conta

A propósito, o então Primeiro Conselho de Contribuintes, atual Primeira Seção de Julgamento do Conselho Administrativo de Recursos Fiscais (CARF), corroborando esse entendimento, já teve a oportunidade de reconhecer a não incidência de IRPJ, CSLL, PIS e COFINS sobre os valores recebidos a título de subvenção para investimento, por não comporem a receita da pessoa jurídica, integrando-se ao patrimônio.[78]

---

de reserva de capital, subvenção para investimentos. O saldo do passivo de impostos deveria ser baixado contra a conta de bancos, pelo pagamento do valor devido. Ou seja, não havia trânsito pelo resultado do exercício da subvenção para investimento."(UTUMI, Ana Cláudia Akie. Lei n. 11.638 e implicações tributárias das subvenções para investimento. In: ROCHA, Sergio André (Coord.). *Direito tributário, societário e a reforma da Lei das S/A*. São Paulo: Quartier Latin, 2008. p. 17-30. p. 24). Do mesmo modo, eis a opinião de Luciana Rosanova Galhardo e Felipe Barboza Rocha acerca de referidas subvenções: "Da mesma maneira, por constituírem um 'reforço ao capital social da empresa' destinado ao investimento em ativos a produzirem receitas futuras, as subvenções para investimento, enquanto *resultados potenciais* (não realizados) com base no retorno dos ativos, não atendem ao pressuposto constitucional para sua caracterização como receita." (GALHARDO, Luciana Rosanova; ROCHA, Felipe Barboza. Lei 11.638/07: as alterações introduzidas na Lei das Sociedades por Ações e suas implicações no âmbito tributário: análise detida do novo tratamento tributário conferido às subvenções para investimento. In: ROCHA, Sergio André (Coord.). *Direito tributário, societário e a reforma da lei das S/A*: inovações da Lei 11.638. São Paulo: Quartier Latin, 2008. p. 233-260. p. 258).

[78] "IRPJ. SUBVENÇÕES PARA INVESTIMENTOS: OPERAÇÕES DE MÚTUO. FINANCIAMENTO DE PARTE DO ICMS DEVIDO. REDUÇÃO DO VALOR DA DÍVIDA. CARACTERIZAÇÃO. – A concessão de incentivos à implantação de indústrias consideradas de fundamental interesse para o desenvolvimento do Estado do Ceará, dentre eles a realização de operações de mútuo em condições favorecidas, notadamente quando presentes: i) a intenção da Pessoa Jurídica de Direito Público em transferir capital para a iniciativa privada; e ii) aumento do estoque de capital na pessoa jurídica subvencionada, mediante incorporação dos recursos em seu patrimônio, configura outorga de subvenção para investimentos. As subvenções para investimentos devem se registradas diretamente em conta de reserva de capital, não transitando pela conta de resultados. LANÇAMENTOS REFLEXOS – As subvenções para investimento não integram a receita bruta, base de cálculo do PIS e da Cofins, bem como não integram o lucro líquido do exercício, ponto de partida para a base de cálculo da CSLL. Recurso a que se dá provimento." (Recurso ref. Processo n. 10380.010109/2002-51, Acórdão n. 101-94676, Relatora Conselheira Sandra Faroni, 1ª Câmara do 1º Conselho de Contribuintes, j. em 15.09.2004. Disponível em: <http://carf.fazenda.gov.br/sincon/public/pages/ConsultarJurisprudencia/listaJurisprudenciaCarf.jsf>. Acesso em: 12 fev. 2015).

CONCESSÕES DE SERVIÇOS PÚBLICOS E PPPS: ASPECTOS...

O tema vem passando por inúmeras alterações legislativas e, recentemente, a Lei n. 12.973/2014, em seu artigo 29, dispôs que as subvenções concedidas como estímulo à implantação ou expansão de empreendimentos econômicos não serão computadas na determinação do lucro real, sendo necessário, para tanto, o seu registro na reserva de incentivos fiscais, a qual somente poderá ser utilizada para *(i)* absorver prejuízos após a absorção de todas as demais reservas de lucros, à exceção da reserva legal; bem como para *(ii)* aumento do capital social. O §2º do aludido artigo prevê a tributação das subvenções em caso de descumprimento de tal requisito, bem como naquelas hipóteses na qual for dada destinação diversa do estímulo à implantação e expansão de empreendimentos.

Tais alterações não têm reflexo apenas em relação ao IRPJ, como também em relação à CSSL, por expressa disposição do caput do artigo 48 da aludida lei, segundo o qual "aplicam-se à apuração da base de cálculo da CSLL as disposições contidas nos arts. 2º a 7º e 9 a 40, 42 a 47" da mencionada medida.

Por fim, superando-se qualquer dúvida em relação à não tributação da subvenção para investimentos pelo COFINS e pela contribuição ao PIS, os artigos 51 e 52 da lei em comento alteram expressamente os artigos 1º, §3º, tanto da Lei n. 10.637, de 30 de dezembro de 2002, quanto da Lei n. 10.833, de 29 de dezembro de 2003, para, entre outras providências, prever expressamente que não integram a base de cálculo de aludidas contribuições as receitas "de subvenções para investimento, inclusive mediante isenção ou redução de impostos, concedidas como estímulo à implantação ou expansão de empreendimentos econômicos, e de doações feitas pelo Poder Público".

Representa a Lei n. 12.973/2014, assim, um grande avanço em relação aos serviços de infraestrutura no País, contribuindo para solver controvérsias acerca da não incidência do IRPJ, CSLL, COFINS e Contribuição ao PIS sobre a contraprestação paga a título de subvenção para investimentos, desde que respeitados os requisitos estabelecidos em lei.

Mas há ainda um ponto relevante que deve ser enfrentado.

A Lei n. 12.766/2012, ao alterar a Lei das Parcerias Público-Privadas para tratar do aporte de capital, ao mesmo tempo em que previu que os valores recebidos a esse título poderão ser excluídos da base de cálculo do IRPJ, CSLL, Contribuição ao PIS e COFINS (artigo 6º, §3º, da Lei n. 11.079/2004), determinou que deverá ser considerado o seu cômputo na proporção em que o custo para a realização de obras e aquisição de bens for realizado (artigo 6º, §4º, da Lei n. 11.079/2004)[79]. Como se extrai da exposição de Motivos da Medida Provisória n. 575/2012, a qual deu origem à Lei n. 12.766/2013, tal alteração "permite o tratamento tributário do aporte de recurso a uma Sociedade de Propósito Específico – SPE em contrato de PPP por intermédio de diferimento tributário, tendo em vista a impossibilidade contábil do confronto do recebimento dos aportes (receitas) com a respectiva realização dos custos do contrato [...]."[80] Busca-se propiciar, pela lei, a "neutralização" do impacto fiscal, diante de um eventual desencontro entre o recebimento do aporte e a realização da obra ou aquisição de bens, autorizando-se o diferimento da tributação.

Mais recentemente, também a Lei n. 11.043/2014 alterou a Lei das Parcerias Público-Privadas para incluir, em seu §6º do artigo 6º, a previsão na qual a parcela excluída nos termos do §3º deverá ser computada na determinação do lucro líquido para fins de apuração do lucro real, da base de cálculo da CSLL e da base de cálculo da Contribuição para o PIS/Pasep e da Cofins em cada período de apuração durante o prazo restante do contrato, considerado a partir do início da prestação dos serviços públicos.

Referidas alterações legislativas, contudo, merecem severas críticas.

---

[79] Tal determinação se encontra reproduzida nos artigos 3º e 4º da Instrução Normativa RFB n. 1.342, de 5 de abril de 2013, que dispõe sobre o tratamento tributário do aporte de recursos em favor do parceiro privado realizado nos termos do §2º do art. 6º da Lei n. 11.079/2004. (BRASIL. Receita Federal do Brasil. *Instrução Normativa RFB n. 1.342, de 5 de abril de 2013*. Disponível em: <http://www.receita.fazenda.gov.br/Legislacao/Ins/2013/in13422013.htm>. Acesso em: 11 fev. 2015).

[80] BRASIL. Ministério da Fazenda; Ministério da Previdência. *Exposição de Motivos Interministerial MF MP n. 135, de 07 de agosto de 2012*. <http://www.planalto.gov.br/ccivil_03/_ato2011-2014/2012/Mpv/575.htm>. Acesso em 11 fev. 2015.

CONCESSÕES DE SERVIÇOS PÚBLICOS E PPPS: ASPECTOS...

O capital aportado não terá por base de cálculo um *quantum* de remuneração do concessionário, mas, sim, o valor para a realização de obra ou aquisição de bens cuja disponibilidade será ao final revertida ao Poder Público, nos termos do artigo 35, §1º, da Lei n. 8.987/1995[81]. Deste modo, considerando-se que o aporte de recursos pressupõe a realização de obras e aquisição de bens, certo é que mantém a característica de bem de capital.

Analisando os pagamentos realizados a título de aporte de capital, em entendimento pioneiro na doutrina, Misabel Abreu Machado Derzi, Sacha Calmon Navarro Coêlho, Eduardo Junqueira Coelho e Valter de Souza Lobato bem asseveram que "são tais valores imunes a impostos, nos termos do art. 150, VI, "a", da Constituição", desde que observadas as seguintes condições: *(i)* sejam incorporados às obras de infraestrutura; ou, *(ii)* em caso de sobras, tais valores não sejam utilizados para custeio ou apropriados como lucro pelo parceiro privado; e *(iii)* se tais valores forem incorporados ao capital da sociedade, não poderão ser restituídos aos sócios em qualquer hipótese, extinção ou falência do parceiro privado.[82]

Assim, não apenas não se perfazem os conceitos de renda, lucro ou receita[83], como se está, no caso de pagamento a título de aporte de

---

[81] "Art. 35. Extingue-se a concessão por: I – advento do termo contratual; II – encampação; III – caducidade; IV – rescisão; V – anulação; e VI – falência ou extinção da empresa concessionária e falecimento ou incapacidade do titular, no caso de empresa individual. §1º Extinta a concessão, retornam ao poder concedente todos os bens reversíveis, direitos e privilégios transferidos ao concessionário conforme previsto no edital e estabelecido no contrato. [...]."

[82] DERZI, Misabel Abreu Machado et al. Da imunidade das subvenções para investimento nas parcerias público-privadas. In: ROCHA, Valdir de Oliveira. *Grandes questões atuais de direito tributário*. 18. v. São Paulo: Dialética, 2014. p. 315-351. p. 335-336.

[83] Exatamente em razão disso, uma das propostas de emenda modificativa apresentada ao projeto de conversão da Medida Provisória n. 575/2012 em lei foi a de n. 19, na qual se consignou que "O aporte de recursos de que se trata, diferentemente, não tem como causa de pagamento a remuneração pela execução de obra ou pelo fornecimento de bens. A importância disciplinada pela MPV 574 soma-se ao capital privado para formar o bem que, ao final, é de propriedade pública. Daí porque é equivocado supor haver acréscimo patrimonial passível de tributação, seja quando do recebimento do aporte,

recursos, diante de hipótese de imunidade recíproca, como acertadamente apontado por mencionados autores.

Assim, a tributação diferida instituída pela Lei n. 12.766/2012 e mantida pela Lei n. 11.043/2014 acaba por tratar de forma mais gravosa o aporte de recursos, o que enseja o exame de sua compatibilidade com o Texto Constitucional, ao estabelecer, em seu artigo 150, inciso VI, alínea "a", a imunidade do patrimônio dos entes públicos.

E ainda que não se estivesse a tratar de hipótese de imunidade, subsistindo aquele regramento em confronto com o dispositivo constitucional que estabelece a imunidade recíproca, ainda assim, as alterações perpetradas pela Lei n. 12.766 e mantidas pela Lei n. 11.043/2014 representam um desestímulo ao desenvolvimento dos projetos de infraestrutura, se comparadas à expressa ausência de tributação também da subvenção de investimentos uma vez cumpridos os requisitos legais, nos termos do disposto na Lei n. 12.973/2014.

Analisando-se sistematicamente aludidos regramentos e ultrapassado o exame da imunidade recíproca dos valores recebidos a título de aporte de recursos, é possível reconhecer – caso não se trate de norma inconstitucional – a coexistência dos dois sistemas de tributação. Considerando-se que o aporte de recursos também é concedido "como estímulo à implantação ou expansão de empreendimentos econômicos"[84],

---

seja ao longo do prazo de duração da concessão. Nessas circunstâncias, exigir PIS, COFINS, IRPJ e CSLL do particular em razão de cumprir a legislação ao aplicar o capital recebido em bem público que não lhe deixa de ter quaisquer direitos, mostra-se inconstitucional, dada a inexistência da obtenção de acréscimo patrimonial na operação, pressuposto necessário a legitimar cobranças fiscais." Referida proposta modificativa, contudo, não foi acolhida na proposta final de conversão em lei de aludida medida provisória. (BRASIL. Câmara dos Deputados. *Proposição Modificativa n. 019, de 14 de agosto de 2012, à MPV n. 575/2012,* de 14 de agosto de 2012. Disponível em: <http://www.camara.gov.br/proposicoesWeb/prop_mostrarintegra;jsessionid=F1B867C2F7A CA58697DFB9852E7DADEB.node1?codteor=1039739&filename=EMC+19/2012 +MPV57512+%3D%3E+MPV+575/2012>. Acesso em 11 fev. 2015).

[84] O *caput* do artigo 29 da Medida Provisória n. 627/2013 vincula a concessão das subvenções para investimento como medida de estímulo à implantação ou expansão de empreendimentos econômicos.

CONCESSÕES DE SERVIÇOS PÚBLICOS E PPPS: ASPECTOS...

desde que seja registrado como reserva de incentivos fiscais e que não se lhe dê destinação diversa, parece possível concluir que, nesse caso, enquadrar-se-ia no regime jurídico próprio à subvenção para investimentos, afastando-se, nessa hipótese, a tributação relativa ao IRPJ, CSLL, PIS e COFINS.[85]

Analisada a tributação da contraprestação e do aporte sob o ponto de vista dos tributos de competência federal, cumpre verificar se os valores pagos pelo ente público podem ser objeto de tributação pelo ICMS e pelo ISS.

No que concerne aos impostos de competência estadual, verifica-se a inexistência de operação de circulação de mercadorias ou de prestação de serviços dos quais seja o parceiro público o seu tomador, não havendo que se falar, pois, em incidência do ICMS.

Por sua vez, no que toca ao imposto de competência municipal, considerando que a sua materialidade pressupõe a prestação de serviços com conteúdo econômico e com caráter negocial, também não há que se falar, na hipótese, de sua incidência, porquanto a parcela paga pelo ente público não configura remuneração.

De qualquer modo, considerando as recentes alterações legislativas acerca da tributação do aporte de recursos e da contraprestação pagas, deve se advertir que o tempo contribuirá para a consolidação de uma interpretação consentânea com o ambiente de segurança jurídica que deverá permear as relações decorrentes dos contratos de infraestrutura.

---

[85] Embora à luz do tratamento anterior ao advento da Medida Provisória n. 627/2013, Andre Saddy e João Dácio Rolim chegam a conclusão análoga ao examinarem a Lei n. 12.766/2012, concluindo que, "de acordo com a realidade normativa vigente, existem dois regimes distintos, conforme a subvenção seja destinada a reserva ou não." (SADDY, Andre; ROLIM, João Dácio. Regime jurídico de recursos públicos relacionados à parceria público-privada (PPP) para construção de obras e prestação de serviços: Leis n. 11.637/2008 e 11.941/2009 sobre as subvenções para investimento, e Lei n. 11.079/2004, com a redação da Lei n. 12.766, de 30 de dezembro de 2012, sobre o regime jurídico da PPP. *Revista Dialética de Direito Tributário*, São Paulo, n. 218, p. 142-158, nov. 2013. p. 156).

6. A CONCESSÃO DE INCENTIVOS FISCAIS

Uma das notas características do direito contemporâneo é o "direito-garantia" da segurança jurídica material.[86] Além de limitar o exercício do poder político, a Constituição também protege a realização de direitos e liberdades fundamentais e, como tal, pauta a atividade legislativa pelos fins por ela já estabelecidos.

No Brasil, o aumento da carga tributária não vem fazendo frente à crescente necessidade de infraestrutura do País. Barbara Weber e Hans Wilhelm Alfen registram que, em países com alta carga tributária, o seu aumento não se mostra uma opção viável para o enfrentamento dos inúmeros desafios para o desenvolvimento das infraestruturas, cuja necessidade de investimento tem sido crescente.[87]

Em casos tais, como reconhece Carole Nakhle a respeito da tributação do petróleo e gás natural, porém em tudo aplicável aos demais setores de infraestrutura, é importante manter o delicado balanço entre a repartição de receitas tributárias e, simultaneamente, o provimento de incentivos para encorajar os investimentos.[88]

---

[86] "Pela segurança jurídica *material* ou dos direitos, diz-se dos limites materiais do poder e dos direitos fundamentais, além dos princípios constitucionais e dos programas constitucionais. Desse modo, a segurança jurídica corrobora o postulado do Estado submetido integralmente à ordem jurídica e à Constituição e seus valores. Um domínio cuja evolução confunde-se com a própria passagem do Estado Absoluto ao Estado de Direito e, deste, ao Estado Constitucional de Direito." (TORRES, Heleno Taveira. *Direito constitucional tributário e segurança jurídica...*, cit., p. 164).

[87] "Although there may be some debate as to the precise investment volumes, the high level of global demand for infrastructures investments and the inability of governments to cope magnitude via tax increases would be neither feasible nor sensible. By cooperating with the private sector, however, the necessary repairs, modernization work, operating, maintenance, and new construction of infrastructure assets can be largely achieved in the medium to long term without significant tax hikes or additional borrowing. Needless to say, this is not possible without a long-term shift in the spending priorities of the government, increased user finance and more efficient infrastructure management; after all, there is no such thing as a free lunch. Here, too, greater cooperation between the public sector and private investors could make an important contribution." (WEBER, Barbara; ALFEN, Hans Wilhelm. *Infrastructure as an asset class*: investment strategies, project finance and PPP. Wiltshire: Willey, 2011. p. 6).

[88] NAKHLE, Carole. Petroleum fiscal regimes: evolution and challenges. In: DANIEL,

CONCESSÕES DE SERVIÇOS PÚBLICOS E PPPS: ASPECTOS...

As medidas de desoneração fiscal apresentam-se, nesse contexto, como importante instrumento para a realização dos fins constitucionais, de promoção do bem comum, com vistas ao desenvolvimento socioeconômico.[89] Como constata Andrea Amatucci, "la legge tributaria, como la legge di spesa, la legge di bilancio e le leggi ad collegate, produce inevitabilmente effetti economici e sociali."[90]

Para o exercício de tal mister, devem guardar correlação com os objetivos fundamentais da República, buscando a redução das desigualdades, promovendo o bem comum e fomentando o desenvolvimento. Como já se afirmou, "(...) toda regra 'fiscal' de *incentivo* deve vir acomodada em *motivos* constitucionais vinculados a outras competências materiais, como desenvolvimento nacional ou regional, garantia de emprego, redução da pobreza, redução da desigualdade entre pessoas ou entre regiões etc., sob pena de invalidade material (...)."[91]

Eis um campo propício ao fomento dos setores de infraestrutura, considerados sensíveis ao desenvolvimento do País. Nesse contexto, o

---

Philip; KEEN, MICHAEL; MCPHERSON, Charles. *The taxation of petroleum and minerals*: principles, problems and practice. London, New York: Routledge, 2010. p. 89-121. p. 106.

[89] "O incentivo fiscal é, finalmente, um mecanismo jurídico – porque estabelecido e disciplinado por lei – introduzido nos sistemas tributários modernos como alternativa que o Estado pode dispor para alcançar determinado fim econômico, de interesse público (por isso, também, é de caráter social), como o de promover e impulsionar o processo de desenvolvimento." (SANTOS, Manoel Lourenço dos. Aspectos jurídicos dos incentivos fiscais. *Revista do Curso de Direito*, Fortaleza, v. 21, n. 2, p. 151-154, jul./dez. 1980. p. 153). Também nessa linha, salienta Érico Hack que, na concessão de incentivos, "o desenvolvimento a ser equilibrado é o socioeconômico. [...] Deve-se buscar uma forma para que, com a sua concessão, além de um incremento na situação econômica da região beneficiada, exista também uma real melhora nas condições de vida da população." (HACK, Érico. Incentivos fiscais: requisitos de concessão para um desenvolvimento regional sustentável. *Revista de Direito Empresarial*, Curitiba, n. 8, p. 79-91, jul./dez. 2007. p. 82).

[90] AMATUCCI, Andrea. Misure tributarie per lo sviluppo economico. In: TORRES, Heleno Taveira (Coord.). *Comércio internacional e tributação*. São Paulo: Quartier Latin, 2005. p. 560-567. p. 560.

[91] TORRES, Heleno Taveira. *Direito constitucional tributário e segurança jurídica...*, cit., p. 621.

Brasil conta com importantes medidas de desoneração fiscal, a exemplo do Regime Especial de Incentivos para o Desenvolvimento de Infraestrutura – REIDI, aprovado pela Lei n. 11.488, de 15 de junho de 2007, no âmbito federal, bem assim o Convênio ICMS n. 110, de 1º de dezembro de 2011, que autoriza Estados a conceder crédito outorgado de ICMS destinado à aplicação em investimentos em infraestrutura.

A finalidade da concessão do incentivo, de promoção do desenvolvimento nacional, regional e setorial[92], aí enquadrados os demais objetivos fundamentais da República, não pode ser descurada, devendo ser-lhe conferida máxima efetividade.[93] Em última análise, os incentivos devem visar à redução das desigualdades, representando importante instrumental na promoção do bem comum, com o fim último de realizar o desenvolvimento.

7. CONSIDERAÇÕES FINAIS

O Estado passou por uma profunda transformação nos últimos tempos, ganhando relevo seu papel de Estado regulador. Embora se verifique uma mudança instrumental, com o crescente exercício de atividades de interesse público pela iniciativa privada, sua função de promoção do bem comum, à luz dos direitos e garantias previstos na ordem constitucional, com vistas ao desenvolvimento, permanece inalterada.

---

[92] Cf. TRAMONTIN, Odair. *Incentivos públicos a empresas privadas e guerra fiscal*. 1. ed. (ano 2002). 1. reimp. Curitiba: Juruá, 2008. p. 111. Esclarecedora a observação do autor, no sentido de que a permissão para concessão dos incentivos contém limites na própria Constituição: "Isso fica claro através das expressões "*incentivos regionais*" (art. 43) e "*entre diferentes regiões do país*" (art. 151, I) e pela proibição de "*tratamento desigual entre contribuintes que se encontrem em situação equivalente...*" (art. 150, II), num indicativo de que os incentivos dever ser destinados ao desenvolvimento nacional e no atendimento *regional* ou *setorial* das atividades econômicas." (Ibidem, p. 115).

[93] Exatamente nessa linha também é a lição de Gilberto Bercovici, que bem salienta que "qualquer análise dos incentivos que prescinda do elemento teleológico é insuficiente, levando-se em conta que o incentivo fiscal nada mais é do que a instrumentalização dos tributos a serviço da política econômica e social." (BERCOVICI, Gilberto. *Desigualdades regionais, Estado e Constituição*. São Paulo: Max Limonad, 2003. p. 130).

CONCESSÕES DE SERVIÇOS PÚBLICOS E PPPS: ASPECTOS...

Nessa senda, tanto diante da intervenção direta do Estado no domínio econômico, quanto diante da participação da iniciativa privada na prestação de serviços, deve ser buscada a realização dos interesses públicos, com eficiência socioeconômica, para que se proporcione um maior atendimento das necessidades dos cidadãos com a geração do menor custo social possível.

Os projetos de infraestrutura, nesse contexto, ao proporcionarem uma maior qualidade de vida aos cidadãos, em um processo de expansão das liberdades reais, devem ser alvo de uma atuação promocional do Direito, tanto por meio dos mecanismos de Direito Financeiro, voltados à realização dos fins do Estado, tendo como norte a noção de justiça distributiva, quanto, mais especificamente, por mecanismos de Direito Tributário, seja mediante a positivação dos anseios constitucionalmente relevantes, com o estabelecimento das imunidades, seja diante da determinação das materialidades que comporão as regras de incidência dos tributos, seja, ainda, pela concessão de incentivos fiscais. Tais mecanismos devem estar alinhados com os objetivos fundamentais da República, tendo por vetor comum a promoção do desenvolvimento.

Informação bibliográfica deste texto, conforme a NBR 6023:2002 da Associação Brasileira de Normas Técnicas (ABNT):

MELO, Suzana Soares; TORRES, Heleno Taveira. Concessões de serviços públicos e PPPs: aspectos financeiros e tributários. *In*: BERCOVICI, Gilberto; VALIM, Rafael. (Coord.) *Elementos de Direito da Infraestrutura*. São Paulo: Editora Contracorrente, 2015. p. 115-159. ISBN. 978-8569-220-046

REFLEXÕES SOBRE O REGIME DIFERENCIADO DE CONTRATAÇÕES PÚBLICAS – RDC

RAFAEL VALIM

1. INTRODUÇÃO

Transcorridos alguns anos desde o advento do Regime Diferenciado de Contratações Públicas – Medida Provisória n. 526/2011, posteriormente convertida na Lei n. 12.462/2011 – parece-nos oportuna uma reflexão, ainda que breve, sobre este polêmico modelo de contratação pública.

Sem incursionar na espúria maneira como foi introduzido na ordem jurídica nacional, *anunciou-se oficialmente* o Regime Diferenciado de Contratações Públicas – RDC como uma panaceia contra os males que acometem as contratações públicas no Brasil, sobretudo sob os ângulos da eficiência e da competitividade entre os licitantes.

Em nosso juízo, porém, uma vez mais se adotou a equivocada premissa de que os problemas das contratações públicas residem na *etapa externa da licitação pública*. Não obstante sejam sempre bem-vindos aprimoramentos em matéria procedimental, certo é que as vicissitudes das contratações públicas brasileiras se concentram *antes* e *depois* da aludida etapa externa da licitação, ou seja, no *planejamento* (= etapa interna da licitação)[1] e na *execução do contrato administrativo*.

Aliás, conforme veremos mais adiante, o Regime Diferenciado de Contratações Públicas – RDC, ao instituir a contratação integrada e, com ela, tornar possível a elaboração do projeto básico pelo particular, *sepultou* o planejamento nas contratações públicas, em absoluto contraste com os dizeres da Constituição Federal.[2]

Formuladas estas considerações preambulares, dediquemo-nos a um exame crítico de algumas questões emergentes do Regime Diferenciado de Contratações Públicas – RDC.

2. A COMPETÊNCIA REGULAMENTAR NO CONTEXTO DO REGIME DIFERENCIADO DE CONTRATAÇÕES – RDC

Sabe-se que a Lei n. 8.666/93, mercê de sua pormenorizada disciplina das contratações públicas, estreitou o exercício da competência regulamentar. Diferentemente, o Regime Diferenciado de Contratações Públicas promove um significativo alargamento da competência regulamentar, a conferir à Administração Pública um importante papel na conformação do procedimento licitatório.

Apenas a título exemplificativo, no âmbito do Regime Diferenciado de Contratações Públicas – RDC são entregues à esfera regulamentar a participação na licitação sob a forma de consórcios (art. 14, parágrafo único, da Lei n. 12.462/2011), as regras e procedimentos de apresentação de proposta e lances (art. 17, *caput*, da Lei n. 12.462/2011),

---

[1] Na formulação precisa de Gilberto Bercovici, "o planejamento coordena, racionaliza e dá uma unidade de fins à atuação do Estado, diferenciando-se de uma intervenção conjuntural ou casuística" (Planejamento e políticas públicas: por uma nova compreensão do papel do Estado. *In*: BUCCI, Maria Paula Dallari (Coord.). *Políticas públicas: reflexões sobre o conceito jurídico*. São Paulo: Saraiva, 2006, p. 145).

[2] VALIM, Rafael. *A subvenção no Direito Administrativo brasileiro*. São Paulo: Contracorrente, 2015, p. 62.

REFLEXÕES SOBRE O REGIME DIFERENCIADO DE CONTRATAÇÕES...

os procedimentos auxiliares das licitações (art. 29 da Lei n. 12.462/2011), o sistema de registro de preços (art. 32, *caput*, da Lei n. 12.462/2011), as regras relativas ao funcionamento das comissões de licitação e da comissão de cadastramento (art. 34, § 1º, da Lei n. 12.462/2011), entre outros tópicos de inegável relevo.

A irrupção deste protagonismo da competência regulamentar nos lindes do Regime Diferenciado de Contratações Públicas – RDC se fez acompanhar por uma recorrente dúvida não só entre os agentes públicos, senão que também na doutrina jusadministrativista, qual seja: tendo em conta que a Lei n. 12.462/2011 introduz, à luz do léxico constitucional, *normas gerais*[3], as quais são dotadas de *eficácia nacional*, o regulamento destinado a facilitar-lhes a execução ostenta eficácia unicamente *federal* ou estende seus efeitos a outros domínios da Federação, apresentando, portanto, eficácia *nacional*?

Marçal Justen Filho advoga a *eficácia nacional* do decreto federal preordenado a regulamentar as normas gerais. Eis as palavras do eminente Professor:

> "A determinação do âmbito de vigência de um regulamento relaciona-se com a competência normativa envolvida. A competência regulamentar consiste, em primeiro lugar, numa decorrência da competência legislativa. O ente federativo titular da competência legislativa é titular da competência regulamentar destinada a dar plena aplicabilidade às normas editadas"[4].

Com o devido respeito, entretanto, ousamos divergir de tal posicionamento. Afigura-se-nos que, por força do princípio federativo, *os regulamentos veiculados pelo Chefe do Poder Executivo Federal a título de dar fiel execução às normas gerais têm sua eficácia circunscrita à esfera federal.*[5]

---

[3] Desenvolvemos o tema das normas gerais no seguinte trabalho: VALIM, Rafael. Normas gerais. Sentido e alcance. Ouvidorias. *Revista Trimestral de Direito Público*, v. 57, p. 202-209.

[4] JUSTEN FILHO, Marçal. *Comentários ao RDC*. São Paulo: Dialética, 2013, p. 23.

[5] Em igual sentido: FRANCISCO, José Carlos. *Função regulamentar e regulamentos*. Rio de Janeiro: Forense, 2009, p. 294 e 295.

Na ordem constitucional brasileira não há vínculos de *controle*, tampouco de *hierarquia* entre as esferas da Federação, senão que, ao contrário, prevalece a *auto-organização* e o *autogoverno*[6]. Trata-se de unidades *autônomas*[7], a teor do que dispõe o art. 18, *caput*, da Constituição Federal[8].

Na medida em que a competência regulamentar se funda em uma relação *hierárquica*[9] e se traduz, no verbo preciso do Professor Oswaldo Aranha Bandeira de Mello, em regras de "organização e ação do Estado"[10], não se lhe pode reconhecer eficácia para além dos limites do ente público que a titulariza.

Assim, pois, *cada unidade federativa, para que possa servir-se validamente do Regime Diferenciado de Contratações Públicas – RDC, deve pormenorizá-lo mediante a edição de regulamento próprio.*

3. O SIGILO DO ORÇAMENTO SOB A ÓTICA DO PRINCÍPIO DA PROPORCIONALIDADE

Outra polêmica questão nascida no seio do Regime Diferenciado de Contratações Públicas – RDC atina ao sigilo do orçamento estimado pela Administração Pública, conforme previsão do art. 6º da Lei n. 12.462/2011[11].

---

[6] MEIRELLES TEIXEIRA, José Horácio. *Curso de Direito Constitucional*, 2ª ed. Florianópolis: Conceito, 2011, p. 572 e 573.

[7] BANDEIRA DE MELLO, Oswaldo Aranha. *Natureza jurídica do Estado Federal*. São Paulo: Prefeitura do Município de São Paulo, 1948, p. 95 e ss.

[8] Reza o texto constitucional: "Art. 18. A organização político-administrativa da República Federativa do Brasil compreende a União, os Estados, o Distrito Federal e os Municípios, todos autônomos, nos termos desta Constituição".

[9] BANDEIRA DE MELLO, Celso Antônio. *Curso de Direito Administrativo*, 32ª ed. São Paulo: Malheiros, 2015, p. 361.

[10] BANDEIRA DE MELLO, Oswaldo Aranha. *Princípios Gerais de Direito Administrativo*, vol. I, 3ª ed. São Paulo: Malheiros, 2010, p. 359.

[11] Estatui o dispositivo: "Art. 6º Observado o disposto no § 3º, o orçamento previamente estimado para a contratação será tornado público apenas e imediatamente após o

REFLEXÕES SOBRE O REGIME DIFERENCIADO DE CONTRATAÇÕES...

Para alguns, tal providência, haurida da experiência internacional, constituiria um importante instrumento de enfrentamento à corrupção e de superação de ineficiências[12].

Parece-nos, porém, que o sigilo do orçamento estimado pelo Poder Público, tal como estabelecido no Regime Diferenciado de Contratações Públicas – RDC, é, sob qualquer ângulo de análise, *inconstitucional*[13]. Cuidemos de demonstrá-lo sob a perspectiva do princípio da proporcionalidade.

É fora de dúvidas que os princípios constitucionais se projetam não só sobre o *exercício* da função administrativa, mas também sobre a *atribuição* da função administrativa[14].

Um dos mais relevantes princípios constitucionais no exame da atribuição das competências administrativas é exatamente o princípio da proporcionalidade, compreendido, via de regra, a partir de três

---

encerramento da licitação, sem prejuízo da divulgação do detalhamento dos quantitativos e das demais informações necessárias para a elaboração das propostas.

§ 1º Nas hipóteses em que for adotado o critério de julgamento por maior desconto, a informação de que trata o caput deste artigo constará do instrumento convocatório.

§ 2º No caso de julgamento por melhor técnica, o valor do prêmio ou da remuneração será incluído no instrumento convocatório.

§ 3º Se não constar do instrumento convocatório, a informação referida no caput deste artigo possuirá caráter sigiloso e será disponibilizada estrita e permanentemente aos órgãos de controle externo e interno".

[12] MOREIRA, Egon Bockmann; GUIMARÃES, Fernando Vernalha. *Licitação Pública: a Lei Geral de Licitação – LGL e o Regime Diferenciado de Contratação – RDC*. São Paulo: Malheiros, 2012, p. 157.

[13] DIAS, Roberto; FERREIRA, João Paulo. A publicidade no Regime Diferenciado de Contratações Públicas: algumas considerações críticas. *In*: CAMMAROSANO, Márcio; DAL POZZO, Augusto Neves; VALIM, Rafael. *Regime Diferenciado de Contratações Públicas – RDC: aspectos fundamentais*, 3ª ed. Belo Horizonte: 2014; CAMMAROSANO, Márcio. Artigos 5º a 7º da Lei n. 12.462, de 5 de agosto de 2011. *In*: CAMMAROSANO, Márcio; DAL POZZO, Augusto Neves; VALIM, Rafael. *Regime Diferenciado de Contratações Públicas – RDC: aspectos fundamentais*, 3ª ed. Belo Horizonte: Fórum, 2014, p. 82 e ss; VITTA, Heraldo Garcia. *Aspectos fundamentais da licitação*. São Paulo: Malheiros, 2015, p. 69 e ss.

[14] VALIM, Rafael. *O princípio da segurança jurídica no Direito Administrativo brasileiro*. São Paulo: Malheiros, 2010, p. 67.

subprincípios: *adequação* – a providência deve contribuir a um fim constitucionalmente legítimo –, *necessidade* – a providência deve ser a mais benigna ao direito objeto de intervenção, entre todas as que apresentam igual adequabilidade – e *proporcionalidade em sentido estrito* – as vantagens que se pretende alcançar mediante a intervenção em um direito fundamental devem compensar os sacrifícios infligidos ao seu titular e à sociedade em geral.

O sigilo do orçamento estimado no âmbito do Regime Diferenciado de Contratações Públicas – RDC, sobre altamente questionável sob os ângulos da adequação e da necessidade, *é manifestamente inconstitucional sob o ângulo da proporcionalidade em sentido estrito*[15].

Com efeito, *os sacrifícios que o aludido sigilo do orçamento impõe sobretudo aos princípios da publicidade e da moralidade não compensam as supostas vantagens que promoveria em termos de eficiência e competitividade.*

Basta dizer que a possível violação do sigilo em favor de algum dos licitantes – fato lamentavelmente corriqueiro no Brasil – tem o condão de arruinar a conatural competitividade do procedimento licitatório, especialmente no caso da contratação integrada, em cujo regime o orçamento é um decisivo parâmetro para a delimitação do objeto almejado pela Administração Pública.

4. CONTRATAÇÃO INTEGRADA

Resta-nos apreciar a contratação integrada, regime de execução indireta de obras e serviços de engenharia que, à luz do art. 9º, § 1º, da Lei n. 12.462/2011, "compreende a elaboração e o desenvolvimento

---

[15] A este respeito, vale referir a notável lição do Professor José Roberto Pimenta Oliveira: "Por outro lado, no âmbito da função normativa, interfere o princípio da razoabilidade na definição dos casos excepcionais em que o próprio interesse público demanda a preservação do sigilo na atividade administrativa. *As exceções à irrestrita publicidade devem encontrar uma 'adequada, completa e indiscutível justificação'*" (OLIVEIRA, José Roberto Pimenta. *Os princípios da razoabilidade e da proporcionalidade no Direito Administrativo brasileiro*. São Paulo: Malheiros, 2006, p. 283).

REFLEXÕES SOBRE O REGIME DIFERENCIADO DE CONTRATAÇÕES...

dos projetos básico e executivo, a execução de obras e serviços de engenharia, a montagem, a realização de testes, a pré-operação e todas as demais operações necessárias e suficientes para a entrega final do objeto".

Desde logo, impõe-se reconhecer que a indefinição do objeto a ser licitado no contexto da contratação integrada – descrito apenas em um "anteprojeto de engenharia" (art. 9º, § 2º, inc. I, da Lei n. 12.462/2011) – enseja, invariavelmente, a comparação de coisas diferentes, desiguais, heterogêneas, o que converte a licitação em um simulacro de competição.

Conforme preleciona o Professor Celso Antônio Bandeira de Mello, "só se licitam bens homogêneos, intercambiáveis, equivalentes. Não se licitam coisas desiguais. Cumpre que sejam confrontáveis as características do que se pretende e que quaisquer dos objetos em certame possam atender ao que a Administração almeja"[16]. Cuida-se de um *pressuposto lógico* da licitação.

Disto resulta que *a contratação integrada convulsiona o próprio conceito de licitação, sendo, nesta medida, flagrantemente inconstitucional.*[17]

Em que pese este vício originário e insuperável da contratação integrada, ocupemo-nos de alguns aspectos de seu regime jurídico.

4.1 CRITÉRIO DE JULGAMENTO

A Lei n. 12.462/2011, especificamente na redação original de seu art. 9º, § 2º, inciso III, prescrevia, em dizeres peremptórios, a adoção

---

[16] BANDEIRA DE MELLO, Celso Antônio. *Curso de Direito Administrativo*, 32ª ed. São Paulo: Malheiros, 2015, p. 557.

[17] O Professor Augusto Neves Dal Pozzo foi pioneiro nesta severa crítica à contratação integrada (Panorama geral dos regimes de execução previstos no Regime Diferenciado de Contratações Públicas – a contratação integrada e seus reflexos. *In*: CAMMAROSANO, Márcio; DAL POZZO, Augusto Neves; VALIM, Rafael. *Regime Diferenciado de Contratações Públicas – RDC: aspectos fundamentais*, 3ª ed. Belo Horizonte: Fórum, 2014, p. 82).

do *critério de julgamento de técnica e preço* nas licitações de obras e serviços de engenharia sob o regime de contratação integrada.

Entretanto, com a superveniência da Medida Provisória n. 630/2013, posteriormente convertida na Lei n. 12.980/2014, suprimiu-se o aludido dispositivo legal e muitos, de maneira apressada e irrefletida, começaram a defender a possibilidade de emprego do critério de julgamento de menor preço nos casos de contratação integrada (art. 18, inc. I, da Lei n. 12.462/2011).

Com o devido respeito, entendemos literalmente absurda esta intepretação, na medida em que subverte por completo a lógica da contratação integrada[18]. Vejamos.

Extrai-se univocamente da Lei n. 12.462/2011 que a contratação integrada é vocacionada à execução de objetos cuja complexidade técnica recomenda que a Administração Pública assimile o potencial de inovação da iniciativa privada. É dizer: *a avaliação e ponderação das soluções técnicas dos licitantes é imprescindível ao atendimento do fim pretendido pelo órgão contratante, de sorte a exigir o critério de julgamento de técnica e preço.*

Ora, admitir o critério de julgamento de menor preço na licitação destinada à execução de um objeto sob o regime de contratação integrada seria o mesmo que reconhecer que à Administração Pública seriam indiferentes as soluções técnicas apresentadas pelos licitantes. Em outras palavras, importaria única e exclusivamente o menor dispêndio para a Administração Pública, independentemente das alternativas técnicas oferecidas pelos licitantes.

Basta este raciocínio, pois, para revelar a *gravíssima contradição em que incorrem aqueles que postulam o uso do critério de julgamento de menor preço nos casos de contratação integrada*, visto que negam o sentido último deste regime de execução indireta de serviços e obras de engenharia.

---

[18] O eminente Professor Silvio Luís Ferreira da Rocha também sustenta a incompatibilidade do critério de julgamento de menor preço com a contratação integrada (Breves considerações sobre a contratação integrada. *Revista Brasileira de Infraestrutura – RBINF*, n. 6, p. 136).

REFLEXÕES SOBRE O REGIME DIFERENCIADO DE CONTRATAÇÕES...

Assinale-se ainda em favor da aplicação do critério de julgamento pela melhor combinação entre técnica e preço a *coincidência* entre os pressupostos de cabimento da contratação integrada, previstos no art. 9º, incisos I, II e III, da Lei n. 12.462/2011[19] – inseridos pela mencionada Medida Provisória n. 630/2013, posteriormente convertida na Lei n. 12.980/2014 –, e os requisitos daquele critério de julgamento estipulados no art. 20, § 1º, incisos I e II, do mesmo diploma legal.

Demonstrada a obrigatoriedade do critério de julgamento de técnica e preço nas licitações destinadas à execução objeto sob o regime de contratação integrada, é fundamental precatar-se contra a ilegal tendência de transformar o exame das propostas técnicas em repetição da qualificação técnica, com a mera pontuação da experiência profissional dos licitantes[20]. Em outros torneios, não é dado à Administração Pública abdicar da análise objetiva do *conteúdo* da proposta técnica.

A propósito, merece reprodução o ensinamento do ilustre Professor Silvio Luís Ferreira da Rocha:

> "Entretanto, a análise de alguns editais revela que o critério da melhor técnica e preço foi desvirtuado e a Administração optou pela mera qualificação técnica da empresa e responsáveis, com isso, se demite de avaliar itens importantes como metodologia, tecnologia, recursos materiais utilizados e empregados e limita-se a pontuar a experiência do licitante e de sua equipe técnica, numa quase repetição do que irá ocorrer na fase de habilitação no quesito capacidade técnica"[21].

---

[19] "Art. 9º Nas licitações de obras e serviços de engenharia, no âmbito do RDC, poderá ser utilizada a contratação integrada, desde que técnica e economicamente justificada e cujo objeto envolva, pelo menos, uma das seguintes condições:

I – inovação tecnológica ou técnica;

II – possibilidade de execução com diferentes metodologias; ou

III – possibilidade de execução com tecnologias de domínio restrito no mercado".

[20] O Tribunal de Contas do Estado de São Paulo editou uma súmula a respeito deste tema: "Súmula n. 22 – Em licitações do tipo 'técnica e preço', é vedada a pontuação de atestados que comprovem experiência anterior, utilizados para fins de habilitação".

[21] Breves considerações sobre a contratação integrada. *Revista Brasileira de Infraestrutura – RBINF*, n. 6, p. 136.

Também é digno de registro o acórdão n. 1.510/2013 do Egrégio Tribunal de Contas da União, no qual se estabelece a necessidade de valoração objetiva da metodologia ou técnica construtiva a ser empregada na obra e não simplesmente a pontuação da experiência profissional dos licitantes:

> "50. Um ponto, porém, não levantado pela equipe de auditoria, chamou-me atenção. Não obstante se justificar que a obra possibilita a idealização de diversas metodologias construtivas (característica das contratações integradas, como já disse), essas alternativas não foram objeto de pontuação. *Concederam-se pontos, somente, para a experiência das contratadas e seus responsáveis técnicos, mas não para as soluções em si — essas, sim, capazes de render outras vantagens, que não, somente, o preço.*
>
> 51. Transcrevo, mais uma vez, o conteúdo do art. 9º, § 3º, da Lei do RDC:
>
> § 3º Caso seja permitida no anteprojeto de engenharia a apresentação de projetos com metodologias diferenciadas de execução, o instrumento convocatório estabelecerá critérios objetivos para avaliação e julgamento das propostas.
>
> 52. Conforme já explicitado, esses critérios podem ser de qualidade, produtividade, rendimento, durabilidade, segurança, prazo de entrega, economia ou outro benefício objetivamente mensurável, a ser necessariamente considerado nos critérios de julgamento do certame. *A coerência com a lógica do regime impõe essa valoração, à época do julgamento. Se não existe vantagem, afinal, em atribuir a solução para contratada (capaz de ser pontuada e comparada), que a própria administração o faça — e por um preço menor.*
>
> 53. *Diante disso, entendo devida a ciência à Infraero para que, tanto justifique, no bojo do processo licitatório, o balanceamento conferido para as notas, como busque, sempre que possível, a valoração objetiva da metodologia ou técnica construtiva a ser empregada; e não, somente, a pontuação individual decorrente da experiência profissional das contratadas ou de seus responsáveis técnicos*" (grifos nossos).

Acresça-se, por fim, que avulta a preocupação com a avaliação da proposta técnica na contratação integrada porquanto neste regime o

REFLEXÕES SOBRE O REGIME DIFERENCIADO DE CONTRATAÇÕES...

contratado não assume a operação do empreendimento, tal como ocorre nas parcerias público-privadas, senão que se limita a entregar a infraestrutura em condições de operação, o que pode conduzir a um desinteresse pela adoção da solução técnica mais adequada ao desiderato público.[22]

4.2 ALTERAÇÕES CONTRATUAIS

Outro traço da contratação integrada que tem despertado a atenção dos estudiosos concerne à possibilidade de modificações contratuais.

O art. 9º, § 4º, da Lei n. 12.462/2011, em sofrível redação, impõe uma genérica proibição de "termos aditivos" nos contratos celebrados sob o regime de contratação integrada para, em seguida, permitir, em caráter excepcional, a alteração contratual "para recomposição do equilíbrio econômico-financeiro decorrente de caso fortuito ou força maior" (art. 9º, § 4º, inc. I, da Lei n. 12.462/2011) ou "por necessidade de alteração do projeto ou das especificações para melhor adequação técnica aos objetivos da contratação, a pedido da administração pública, desde que não decorrentes de erros ou omissões por parte do contratado, observados os limites previstos no § 1º do art. 65 da Lei n. 8.666, de 21 de junho de 1993" (art. 9º, § 4º, inc. II, da Lei n. 12.462/2011).

No tocante à primeira hipótese, embora conste da lei apenas a proteção do equilíbrio econômico-financeiro contra os efeitos nocivos de caso fortuito ou força maior, no Regime Diferenciado de Contratações, à semelhança dos demais regimes de contratação pública, o contratado, por força do art. 37, inc. XXI, da Constituição Federal, tem direito à "manutenção das condições efetivas da proposta". *Portanto, nos casos em que inexistir matriz de risco[23], vigorará a ampla salvaguarda à equação*

---

[22] FERREIRA DA ROCHA, Silvio Luís. Breves considerações sobre a contratação integrada. *Revista Brasileira de Infraestrutura – RBINF*, n. 6, p. 137.

[23] O Tribunal de Contas da União tem recomendado insistentemente a elaboração de matrizes de riscos para os contratos administrativos celebrados sob o regime de contratação integrada (Acórdãos n. 1.310/2013 e 1.465/2013).

econômico-financeira prevista na Lei n. 8.666/93[24]; comparecendo uma matriz de risco, os seus termos deverão ser rigorosamente respeitados ao longo da execução contratual. Em ambos os casos, não há limites prefixados de valor para a recomposição do equilíbrio econômico-financeiro.

Já no que respeita ao art. 9º, inc. II, da Lei n. 12.462/2011, é de rigor observar que, não obstante o uso do termo "pedido", outorga-se em prol da Administração Pública uma prerrogativa de *alteração unilateral* do contrato administrativo, nos termos do art. 65, inc. I, "a", da Lei n. 8.666/93[25], conquanto limitada a 25% do valor original atualizado da contratação.

Advirta-se, outrossim, que a defeituosa redação do art. 9º, § 4º, da Lei n. 12.462/2011, ao proibir genericamente a celebração de "termos aditivos", não pode resultar na desarrazoada conclusão de que é vedado todo e qualquer aditamento contratual. Como bem pontua Marçal Justen Filho, "o problema não é a realização de termos aditivos, mas é a vedação a alterações contratuais ou modificações do objeto"[26].

Assim, por exemplo, com fulcro no art. 39 da Lei n. 12.462/2011[27], são plenamente legítimos eventuais aditamentos destinados à prorrogação

---

[24] DAL POZZO, Augusto Neves. Panorama geral dos regimes de execução previstos no Regime Diferenciado de Contratações Públicas – a contratação integrada e seus reflexos. *In*: CAMMAROSANO, Márcio; DAL POZZO, Augusto Neves; VALIM, Rafael. *Regime Diferenciado de Contratações Públicas – RDC: aspectos fundamentais*, 3ª ed. Belo Horizonte: Fórum, 2014, p. 85; MARINHO DE CARVALHO, Gustavo; LUNA, Guilherme Ferreira Gomes. O RDC na jurisprudência do Tribunal de Contas da União (TCU): primeiros entendimentos. Revista Brasileira de Infraestrutura – RBINF, p. 175 e 176.

[25] No mesmo sentido: JUSTEN FILHO, Marçal. *Comentários ao RDC*. São Paulo: Dialética, 2013, p. 204; DAL POZZO, Augusto Neves. Panorama geral dos regimes de execução previstos no Regime Diferenciado de Contratações Públicas – a contratação integrada e seus reflexos. *In*: CAMMAROSANO, Márcio; DAL POZZO, Augusto Neves; VALIM, Rafael. *Regime Diferenciado de Contratações Públicas – RDC: aspectos fundamentais*, 3ª ed. Belo Horizonte: Fórum, 2014, p. 85. Em sentido contrário: PORTO NETO, Benedicto. Apontamentos sobre o Regime Diferenciado de Contratações Públicas/RDC. *In*: SUNDFELD, Carlos Ari; JURKSAITIS, Guilherme Jardins (Coord.). *Contratos públicos e Direito Administrativo*. São Paulo: Malheiros, 2015, p. 51.

[26] JUSTEN FILHO, Marçal. *Comentários ao RDC*. São Paulo: Dialética, 2013, p. 202.

[27] Art. 39. Os contratos administrativos celebrados com base no RDC reger-se-ão pelas normas da Lei n. 8.666, de 21 de junho de 1993, com exceção das regras específicas previstas nesta Lei.

REFLEXÕES SOBRE O REGIME DIFERENCIADO DE CONTRATAÇÕES...

dos prazos contratuais (art. 57, § 1º, da Lei n. 8.666/93) ou à alteração da identidade do contratado em virtude de fusão, cisão ou incorporação.

5. CONCLUSÃO

Ao cabo destas brevíssimas reflexões, conclui-se que, ao contrário do que geralmente se afirma, sobre o Regime Diferenciado de Contratações Públicas – RDC pesam controvérsias de tal magnitude que colocam em xeque a sua pretensa vocação para aprimorar a dinâmica das contratações públicas brasileiras.

6. REFERÊNCIAS BIBLIOGRÁFICAS

BANDEIRA DE MELLO, Celso Antônio. *Curso de Direito Administrativo*, 32ª ed. São Paulo: Malheiros, 2015.

BANDEIRA DE MELLO, Oswaldo Aranha. *Natureza jurídica do Estado Federal*. São Paulo: Prefeitura do Município de São Paulo, 1948.

_____. *Princípios Gerais de Direito Administrativo*, vol. I, 3ª ed. São Paulo: Malheiros, 2010.

BERCOVICI, Gilberto. Planejamento e políticas públicas: por uma nova compreensão do papel do Estado. *In*: BUCCI, Maria Paula Dallari (Coord.). *Políticas públicas: reflexões sobre o conceito jurídico*. São Paulo: Saraiva, 2006.

CAMMAROSANO, Márcio. Artigos 5º a 7º da Lei n. 12.462, de 5 de agosto de 2011. *In*: CAMMAROSANO, Márcio; DAL POZZO, Augusto Neves; VALIM, Rafael. *Regime Diferenciado de Contratações Públicas – RDC: aspectos fundamentais*, 3ª ed. Belo Horizonte: Fórum, 2014.

CINTRA DO AMARAL, Antônio Carlos. Breves notas sobre o Regime Diferenciado de Contratações Públicas (RDC). *In*: CAMMAROSANO, Márcio; DAL POZZO, Augusto Neves; VALIM, Rafael. *Regime

Diferenciado de Contratações Públicas – RDC: aspectos fundamentais, 3ª ed. Belo Horizonte: Fórum, 2014.

BEADE, Gustavo A.; CLÉRICO, Laura (Coord.). *Desafíos a la ponderación*. Bogotá: Universidad Externado de Colombia, 2011.

DAL POZZO, Augusto Neves. Panorama geral dos regimes de execução previstos no Regime Diferenciado de Contratações Públicas – a contratação integrada e seus reflexos. *In*: CAMMAROSANO, Márcio; DAL POZZO, Augusto Neves; VALIM, Rafael. *Regime Diferenciado de Contratações Públicas – RDC: aspectos fundamentais*, 3ª ed. Belo Horizonte: Fórum, 2014.

DIAS, Roberto; FERREIRA, João Paulo. A publicidade no Regime Diferenciado de Contratações Públicas: algumas considerações críticas. *In*: CAMMAROSANO, Márcio; DAL POZZO, Augusto Neves; VALIM, Rafael. *Regime Diferenciado de Contratações Públicas – RDC: aspectos fundamentais*, 3ª ed. Belo Horizonte: 2014.

FERREIRA DA ROCHA, Silvio Luís. Breves considerações sobre a contratação integrada. *Revista Brasileira de Infraestrutura – RBINF*, Belo Horizonte, ano 3, n. 6, p. 127-141, jul./dez. 2014.

FRANCISCO, José Carlos. *Função regulamentar e regulamentos*. Rio de Janeiro: Forense, 2009.

JUSTEN FILHO, Marçal. *Comentários ao RDC*. São Paulo: Dialética, 2013.

MARINHO DE CARVALHO, Gustavo; LUNA, Guilherme Ferreira Gomes. O RDC na jurisprudência do Tribunal de Contas da União (TCU): primeiros entendimentos. *Revista Brasileira de Infraestrutura – RBINF*, Belo Horizonte, ano 2, n. 4, p. 167-195, jul./dez. 2013.

MEIRELLES TEIXEIRA, José Horácio. *Curso de Direito Constitucional*, 2ª ed. Florianópolis: Conceito, 2011.

MOREIRA, Egon Bockmann; GUIMARÃES, Fernando Vernalha. *Licitação Pública: a Lei Geral de Licitação – LGL e o Regime Diferenciado de Contratação – RDC*. São Paulo: Malheiros, 2012

REFLEXÕES SOBRE O REGIME DIFERENCIADO DE CONTRATAÇÕES...

OLIVEIRA, José Roberto Pimenta. *Os princípios da razoabilidade e da proporcionalidade no Direito Administrativo brasileiro*. São Paulo: Malheiros, 2006.

PORTO NETO, Benedicto. Apontamentos sobre o Regime Diferenciado de Contratações Públicas/RDC. *In*: SUNDFELD, Carlos Ari; JURKSAITIS, Guilherme Jardins (Coord.). *Contratos públicos e Direito Administrativo*. São Paulo: Malheiros, 2015

VALIM, Rafael. *A subvenção no Direito Administrativo brasileiro*. São Paulo: Contracorrente, 2015.

_____; CAMMAROSANO, Márcio; DAL POZZO, Augusto Neves. *Regime Diferenciado de Contratações Públicas – RDC: aspectos fundamentais*, 3ª ed. Belo Horizonte: Fórum, 2014.

_____. Normas gerais. Sentido e alcance. Ouvidorias. *Revista Trimestral de Direito Público*, v. 57, p. 202–209.

_____. *O princípio da segurança jurídica no Direito Administrativo brasileiro*. São Paulo: Malheiros, 2010.

VITTA, Heraldo Garcia. *Aspectos fundamentais da licitação*. São Paulo: Malheiros, 2015.

Informação bibliográfica deste texto, conforme a NBR 6023:2002 da Associação Brasileira de Normas Técnicas (ABNT):

VALIM, Rafael. Reflexôes sobre o Regime Diferenciado de Contratações Públicas – RDC. *In*: BERCOVICI, Gilberto; VALIM, Rafael. (Coord.) *Elementos de Direito da Infraestrutura*. São Paulo: Editora Contracorrente, 2015. p. 161-175. ISBN. 978-8569-220-046

SANEAMENTO BÁSICO

RICARDO MARCONDES MARTINS

1. COMPETÊNCIAS DA UNIÃO

Compete à União, nos termos do inciso XIX do artigo 21 da Constituição Federal de 1988, "instituir sistema nacional de gerenciamento de recursos hídricos e definir critérios de outorga de direitos de seu uso". Referido sistema foi instituído e disciplinado nos artigos 32 e seguintes da Lei Federal n. 9.433/97. Nos artigos 11 e seguintes desse diploma a União definiu os critérios de outorga. Nos termos do inciso XX do artigo 21 da CF/88 compete à União "instituir diretrizes para o desenvolvimento urbano, inclusive habitação, saneamento básico e transportes urbanos". Em cumprimento a esse dispositivo a União editou: o *Estatuto da Cidade* (Lei Federal n. 10.257/01), que estabelece diretrizes gerais de política urbana; a *Lei do Saneamento Básico* (Lei Federal n. 11.445/07), que estabelece diretrizes nacionais para o saneamento básico; e a *Lei da Mobilidade Urbana* (Lei Federal n. 12.587/12), que estabelece diretrizes da política nacional de mobilidade urbana. Por força do artigo 22, inciso IV, compete à União legislar privativamente sobre águas. Sobre o tema, o *Código de Águas* foi parcialmente recepcionado com eficácia de Lei Federal (Decreto n. 24.643/034, com as alterações do Decreto-lei n. 852/38).

A Constituição, portanto, não atribui à União competência para prestar serviços de saneamento básico. Atribui-lhe, sim, competência para editar privativamente "diretrizes" sobre ele. "Diretriz" no inciso XX do artigo 21 é equivalente à "norma geral". Há, porém, importante consequência dogmática do referido inciso XX constar do artigo 21 e não do artigo 24: se constasse deste último, a União teria competência para editar normas gerais e, enquanto não as editasse, teriam os Estados competência plena para disciplinar o assunto no seu território. Como o inciso XX consta do artigo 21 e não do artigo 24, a única exegese possível é que, mesmo na omissão da União, os Estados não possuem competência para editar as diretrizes sobre o saneamento básico. Feita essa ressalva, o fato é que a União exercera sua competência e estabeleceu as diretrizes na Lei Federal n. 11.445/07.[1]

2. CONCEITO

Nos termos do artigo 3º, inciso I, da Lei Federal n. 11.445/07 entende-se por "saneamento básico" o "conjunto de serviços, infraestruturas e instalações operacionais" de: 1) *abastecimento de água potável*, constituído pelas atividades, infraestrutura e instalações necessárias ao abastecimento público de água potável, desde a captação até as ligações prediais e respectivos instrumentos de medição; 2) *esgotamento sanitário*, constituído pelas atividades, infraestruturas e instalações operacionais de coleta, transporte, tratamento e disposição final adequados dos esgotos sanitários, desde as ligações prediais até o seu lançamento final no meio ambiente; 3) *limpeza urbana e manejo de resíduos sólidos*, constituído pelo conjunto de atividades, infraestruturas e instalações operacionais de coleta, transporte, transbordo, tratamento e destino final do lixo doméstico e do lixo originário da varrição e limpeza de logradouros e vias públicas; 4) *drenagem e manejo de águas pluviais urbanas*, constituído pelo conjunto de atividades, infraestruturas e instalações operacionais de drenagem urbana de águas pluviais, de transporte, detenção ou retenção

---

[1] Adota o mesmo entendimento, em relação à competência da União para editar normas gerais sobre licitações e contratos (CF, art. 22, XXVII): FIGUEIREDO, Lúcia Valle. Competências administrativas dos Estados e Municípios – licitações. *Revista Trimestral de Direito Público* (RTDP), São Paulo, n. 8, p. 24-39, 1994, p. 29.

SANEAMENTO BÁSICO

para o amortecimento de vazões de cheias, tratamento e disposição final das águas pluviais drenadas nas áreas urbanas. A expressão "saneamento básico" envolve, assim, um conjunto muito amplo de obras e atividades, sendo que nem todas são serviços públicos em sentido técnico.

3. NATUREZA JURÍDICA

O conceito de "serviço púbico" não é isento de controvérsias, muitas delas decorrentes, provavelmente, da própria gênese do instituto. Leon Duguit, fundador da chamada Escola do serviço público, e seus discípulos, ao invocarem o "serviço público" como grande critério identificador das competências do Conselho de Estado, deram-lhe uma enorme extensão. Praticamente todas as ações do Poder Público, regidas pelo Direito Administrativo, seriam serviços públicos. Parte da doutrina brasileira, numa leitura acrítica da doutrina francesa, dá ao conceito de serviço público, extensão similar à dada por Duguit e seus discípulos.[2] Para quem adota conceito similar, todos os serviços de saneamento básico são, de fato, "serviços públicos". Não é esse, porém, o conceito positivado no inciso V do artigo 30 e no artigo 175, ambos da Constituição Federal de 1988. O constituinte acolheu um conceito *estrito* de serviço público.

Primeiro, apartou-o da *função pública*. Esta consiste na imputação de efeitos normativos a dadas consequências. Ela, ao contrário do serviço público, é, regra geral, não passível de ser transferida a terceiros (*indelegável*), ressalvada expressa previsão constitucional em sentido contrário. Com rigor técnico, ao prever a transferência de função aos particulares, o constituinte utilizou-se de signo próprio: "delegação". Assim, por

---

[2] Apenas a título de exemplo, destaca-se o conceito de Hely Lopes Meirelles, abrangente dos por ele denominados "serviços púbicos", não passíveis de serem prestados pelos particulares, como os serviços de defesa nacional e de polícia, e dos "serviços de utilidade pública", passíveis de serem prestados pelos particulares, como os serviços de transporte coletivo, energia elétrica, gás, telefone. (MEIRELLES, Hely Lopes. *Direito administrativo brasileiro*. 16. ed., 2. tir. São Paulo: Revista dos Tribunais, 1991, p. 291, última edição atualizada pelo próprio autor).

179

força do *caput* do artigo 236 da Constituição Federal, os serviços notariais e de registro, considerados funções públicas, "são exercidos em caráter privado, por delegação do Poder Público". Ao revés, serviços públicos são atividades materiais (e não função) de fornecimento de comodidades ou utilidades.

Segundo, apartou-os das atividades *uti universi*. Extrai-se do artigo 175 da CF/88 que todo serviço público é passível de ser prestado direta ou indiretamente, ressalvada dicção constitucional em contrário. Ora, para ser prestado indiretamente o serviço tem que ser *específico*, ou seja, de fruição singular. Com efeito: para que haja serviço público, deve ser possível individualizar o oferecimento da comodidade ou utilidade; deve haver referibilidade ao usuário, de modo que seja possível identificar a relação jurídica de prestação entre o prestador do serviço e o usuário em torno de um objeto certo e determinável.[3]

Adotado o conceito estrito, nem todas as atividades de "saneamento básico" são serviços públicos. O fornecimento de água potável e o esgotamento sanitário o são. O manejo de resíduos sólidos, quando de bens privados, também.[4] Mas, limpeza urbana e drenagem, atividades

---

[3] A restrição do conceito de serviço público às atividades materiais de fruição singular foi efetuada por Celso Antônio Bandeira de Mello, a partir da 14a. edição de seu Curso de Direito Administrativo, em 2002 (BANDEIRA DE MELLO, Celso Antônio. *Curso de direito administrativo*. 32. ed. São Paulo: Malheiros, 2015, Cap. I-1, p. 695). Adotaram o conceito estrito, dentre outros: DAL POZZO, Augusto Neves. *Aspectos fundamentais do serviço público no direito brasileiro*. São Paulo: Malheiros, 2012, p. 85; PEREIRA, Cesar Augusto Guimarães. *Usuário de serviços púbicos*. São Paulo: Saraiva, 2006, p. 24 et seq. Sobre o tema vide nosso *Regulação administrativa à luz da Constituição Federal*. São Paulo: Malheiros, 2011, p. 204-209.

[4] Houve discussão no Judiciário sobre a indivisibilidade do serviço, mas não se questionou sua especificidade. Hoje a discussão está superada por força da Súmula vinculante n. 19: "A taxa cobrada exclusivamente em razão dos serviços públicos de coleta, remoção e tratamento ou destinação de lixo ou resíduos provenientes de imóveis não viola o art. 145, II, da Constituição Federal". Como explicamos em outra oportunidade, o direito brasileiro é mais exigente para a cobrança de *taxa* do que para a cobrança de *tarifa*. Para cobrança da primeira exige-se que o serviço seja específico e divisível; para cobrança da segunda basta a especificidade. (Cf. nosso *Regulação administrativa à luz da Constituição Federal*, op. cit., p. 208-209).

180

SANEAMENTO BÁSICO

uti universi não passíveis de serem outorgadas por concessão ou permissão, não são serviços públicos. Ocorre que a doutrina debruçou-se sobre o *regime jurídico dos serviços públicos*, mas não se debruçou sobre o regime jurídico das atividades *uti universi*. Até o presente, pela pesquisa efetuada, sequer foi proposto uma denominação para essas atividades. Por isso, é mister acentuar que o regime jurídico das atividades estatais *uti universi* é, regra geral, idêntico ao regime da prestação *direta* de serviços públicos. Impõem-se a essas atividades a *universalidade*, a *continuidade* e a *mutabilidade*.[5] A grande diferença entre elas e os serviços públicos é que, ao contrário destes, atividades *uti universi* não admitem a outorga aos particulares por concessão ou permissão, vale dizer, não são passíveis de *prestação indireta*.

4. TITULARIDADE DOS SERVIÇOS

Sejam ou não serviços públicos, é fundamental definir quem tem competência para prestá-los. A Constituição Federal arrola todos os serviços federais no artigo 21. Logo, não estando previsto no referido dispositivo que competem à União, não são serviços federais. A Constituição não arrola todos os serviços estaduais e municipais. Dá, no artigo 25, §2º, um exemplo de serviço estadual, o serviço local de gás canalizado, e, no artigo 30, V, um exemplo de serviço municipal, o transporte coletivo. Sem embargo, apresenta no referido inciso V do artigo 30 um critério para identificação dos serviços municipais: o *interesse local*. São serviços municipais os "serviços públicos de interesse local".

Era da tradição constitucional brasileira referir-se aos assuntos de competência municipal pela expressão "peculiar interesse" (Constituição

---

[5] Os três princípios fundamentais do regime dos serviços públicos advêm da famosa lição de Louis Rolland, para quem os serviços públicos: a) devem submeter-se a efetiva direção dos governantes; b) devem ser prestados para todos, indistintamente; c) devem ser prestados ininterruptamente. (ROLLAND, Louis. *Précis de droit administratif*. 12. ed. Paris: Dalloz, 1928, p. 16). Essas três diretrizes ficaram conhecidas como *leis do serviço público* ou *leis de Rolland* e delas se extraem os *princípios fundamentais dos serviços públicos*, respectivamente: o princípio da *mutabilidade*, o princípio da *universalidade* e o princípio da *continuidade*.

RICARDO MARCONDES MARTINS

de 1969, artigo 15, II; Constituição de 1967, artigo 16, II; Constituição de 1946, artigo 28, II; Constituição de 1937, artigo 26, *caput*; Constituição de 1934, artigo 13, *caput*; Constituição de 1891, artigo 68). Pacificou-se na doutrina o entendimento de que a expressão "interesse local", inserida nos incisos I e V do artigo 30 da CF/88, equivale à expressão "peculiar interesse".[6] Muito já se escreveu sobre o significado dessa expressão. Em clássico trabalho, Sampaio Dória observou que inexiste *interesse privativo* do Município, pois todo interesse *diretamente local é indiretamente de todos*.[7] A lição fez escola: o que caracteriza o interesse local é a "predominância do interesse".[8] José Horácio Meirelles Teixeira, um dos maiores constitucionalistas brasileiros, explicou com pena de ouro o significado dessa predominância:

> Esse 'peculiar interesse' repousa, substancialmente, na consideração de que certos serviços ou atividades, embora redundem em vantagem pessoal, apresentam todavia aspectos, particularidades e circunstâncias que os tornam *mais estreitamente ligados à vida local*, e em relação mais imediata com as suas necessidades. E por força desses aspectos e particularidades, tal interesse diferencia-se do interesse de outras localidades e do interesse geral. E é nesse sentimento de necessidades específicas a satisfazer, na consciência desses fins a atingir, os quais devem ser tratados, considerados, e resolvidos de modo igualmente diferenciado e específico, que repousam, para a teoria política, os pressupostos da autonomia local.[9]

Em complemento, outro constitucionalista notável de nossa história, Carlos Maximiliano, em seus Comentários à Constituição de 1946,

---

[6] Por todos: ALMEIDA, Fernanda Dias Menezes de. *Competências na Constituição de 1988*. 2. ed. São Paulo: Atlas, 2000, p. 115; FERRARI, Regina Maria Macedo Nery. *Direito municipal*. 2. ed. São Paulo: Revista dos Tribunais, 2005, p. 114.

[7] SAMPAIO DÓRIA, A. de. Autonomia dos Municípios. *Revista da Faculdade de Direito da Universidade de São Paulo*, v. 24, 1928, p. 423. Disponível em: <http://www.revistas.usp.br/rfdsp/article/view/65229/67834>. Acesso em 21.3.2015.

[8] Por todos: MEIRELLES, Hely Lopes. *Direito municipal brasileiro*. 11. ed. São Paulo: Malheiros, 2000, p. 107

[9] MEIRELLES TEIXERA, José Horácio. *Os serviços públicos de eletricidade e a autonomia local*. São Paulo: Departamento Jurídico da Prefeitura do Município de São Paulo, 1950, p. 61.

SANEAMENTO BÁSICO

assentou com pena de ouro: assuntos de interesse local são "melhor conhecidos em suas particularidades pelos habitantes da cidade ou vila".[10] A partir dessas lições, não há dúvida de que os chamados serviços de saneamento básico são locais. Eles interessam mais aos habitantes da localidade, estão estreitamente ligados à vida local. Esse entendimento foi confirmado pelo Supremo Tribunal Federal, ao apreciar, em sede de cautelar, a constitucionalidade da redação dada pela Emenda Constitucional n. 7/99 aos artigos 59, inciso V, e 228, *caput*, da Constituição do Estado da Bahia.[11]

A Lei Federal n. 6.528/78, hoje revogada pela já referida Lei n. 11.445/07, determinava, no §1º do artigo 2º, aos Estados que, por meio de companhias estaduais de saneamento básico, realizassem estudos para fixação das tarifas; e no artigo 5º concedia às companhias estaduais de saneamento básico, organizadas sob o controle acionário do Poder Público, isenção dos impostos federais que incidissem sobre seu patrimônio em função dos respectivos serviços ou sobre as atividades deles decorrentes. Desse diploma normativo inferia-se, portanto, que a *política nacional de saneamento básico*, anterior à Constituição vigente, preconizava que os serviços deveriam ser prestados por empresas estaduais. Daí a sua instituição em praticamente todos os Estados da Federação: Sanacre (Acre); Casal (Alagoas); Caesa (Amapá); Cosama (Amazonas); Embasa (Bahia); Cagece (Ceará); Caesb (Distrito Federal); Cesan (Espírito Santo); Saneago (Goiás); Caema (Maranhão); Sanemat (Mato Grosso); Sanesul (Mato Grosso do Sul); Copasa (Minas Gerais), Cosanpa (Pará); Cagepa (Paraíba); Sanepar (Paraná); Compesa (Pernambuco); Agespisa (Piauí); Cedae (Rio de Janeiro); Caern (Rio Grande do Norte); Corsan (Rio Grande do Sul); Caerd (Rondônia); Caer (Roraima); Casan (Santa Catarina); Sabesp (São Paulo); Deso (Sergipe). O fato é que após a promulgação da Constituição de 1988, essas empresas estaduais continuaram, regra geral, a prestar parte dos serviços de saneamento básico,

---

[10] MAXIMILIANO, Carlos. *Comentários à Constituição Brasileira*. 5. ed. São Paulo: Freitas Bastos, 1954, v. I, §233, p. 359.

[11] STF, Plenário, ADI 2077 MC/BH, Rel. Min. Ilmar Galvão, Rel. para o acórdão Min. Joaquim Barbosa, j. 6.03.2013, DJe-197, Divulg. 8.10.14, Ement. 02746-01, p. 1.

principalmente os serviços de abastecimento de água potável, remunerados por *tarifas*. Os serviços *uti universi*, necessariamente remunerados por impostos, nunca interessaram aos Estados. Foram e são prestados pelos Municípios, sem nenhum questionamento estadual. Dentre eles destaca-se a drenagem que, por ser pouco rentável e muito dispendiosa, é muito apropriadamente chamada por Luiz Henrique Antunes Alochio, de "patinho feio dos serviços de saneamento".[12] Em relação aos serviços *uti singuli*, mais precisamente, em relação à distribuição de água potável, iniciou-se uma "queda de braço" entre Estados e Municípios pela prestação.

5. TITULARIDADE DOS RECURSOS HÍDRICOS E TITULARIDADE DA PRESTAÇÃO

Nessa luta pela prestação do serviço muitos passaram a sustentar que os Municípios não poderiam prestar o serviço de distribuição de água porque não são titulares de recursos hídricos. Foi o que sustentou o ilustre administrativista Marçal Justen Filho, em parecer concedido ao Ministério das Cidades sobre o anteprojeto que deu origem à Lei Federal n. 11.445/07.[13] De fato, por força dos artigos 20, III e VI, e 26, inciso VI, ambos da Constituição de 1988, os Municípios não são *titulares de recursos hídricos*. Justen Filho admite a possibilidade de domínio municipal apenas nas hipóteses em que o Direito admite o domínio "não público". Em obra mais recente, ele reconhece expressamente a não recepção do artigo 29, inciso III, do Código de Águas (Decreto n. 24.643/34), que atribuía aos Municípios a titularidade das águas situadas exclusivamente em seu território.[14]

---

[12] ALOCHIO, Luiz Henrique Antunes. *Direito do saneamento*: introdução à Lei de diretrizes nacionais de saneamento básico: Lei Federal n. 11.445/2007. Campinas: Millennium, 2007, p. 5.

[13] JUSTEN FILHO, Marçal. Parecer sobre o projeto de Lei n. 5.296 de 2005 sobre a regulação dos serviços públicos de saneamento básico. *Revista Jurídica da Presidência da República*, Brasília, v. 7, n. 72, maio 2005, §40, p. 23. Disponível em: <http://www.planalto.gov.br/CCIVIL_03/revista/Rev_72/Pareceres/saneamento_complementar_ Marcal JustenFilho_ 1.pdf >. Acesso em 22.03.15.

[14] JUSTEN FILHO, Marçal. *Curso de direito administrativo*. 7. ed. Belo Horizonte: Fórum, 2011, p. 1.076. No mesmo sentido: POMPEU, Cid Tomanik. *Direito de águas no Brasil*. São Paulo: Revista dos Tribunais, 2006, p.174.

SANEAMENTO BÁSICO

Recursos hídricos, no direito brasileiro vigente, pertencem à União e aos Estados. Não pertencem, regra geral, aos Municípios. Esse fato, contudo, não retira a competência dos Municípios para prestar os serviços de saneamento básico, inclusive os serviços de fornecimento de água potável. Com efeito: é perfeitamente comum a dissociação entre a *titularidade do serviço* e a *titularidade do bem público* necessário à prestação do serviço. A União, por exemplo, deve prestar serviços de telecomunicação (CF, artigo 21, XI) e quase sempre o faz em território municipal. Justamente por força dessa dissociação, é possível estabelecer uma regra de ouro sobre o tema: sempre que para prestar um serviço público uma entidade federativa necessite utilizar bem público de outra entidade federativa, esta não possui competência discricionária para outorgar a licença de uso, pois uma entidade não pode obstar o exercício da competência constitucional de outra.[15]

---

[15] Essa regra é inferida das conclusões do notável Celso Antônio Bandeira de Mello que, ao examinar o uso de espaço público por concessionária da União para instalação de equipamento necessário à prestação do serviço de telecomunicação, afirmou: "Ora, se há, pois, direito ao exercício das atividades em causa e, consequentemente, à utilização dos meios e equipamentos que lhe são inerentes, segue-se, por derivação lógica irrefragável, que o Município não dispõe de aptidão jurídica para, a seu critério, isto é, discricionariamente, deferir ou indeferir licenças para instalação dos equipamentos em apreço. Deveras, se a autoridade municipal pudesse, ao seu líbito, invocar razões de interesse público para outorgar ou denegar licenças de instalação, nela é que estaria retida a aptidão jurídica para ensejar ou obstaculizar as atividades de telecomunicações". (BANDEIRA DE MELLO, Celso Antônio. Competência urbanística municipal e competência da União em matéria de telecomunicações: interferências. *Revista Trimestral de Direito Público*, São Paulo, v. 43, p. 26-35, 2003, p. 31). O próprio Marçal Justen Filho, em seu excelente parecer, concluiu: "É evidente que a exposição acima não reflete a concepção de que a União ou o Estado disporiam de alguma espécie de competência discricionária para opor-se à utilização da água para satisfação das necessidades essenciais. O que se afirma é que União e Estado manterão a titularidade sobre a água e disporão de competência para regular a sua utilização por parte dos Municípios". (Parecer sobre o projeto de Lei 5.296 de 2005 sobre a regulação dos serviços públicos de saneamento básico, op. cit., *Revista Jurídica da Presidência da República* 72/25). Em coro uníssono, manifestou-se Luis Roberto Barroso: "Nada obstante isso, a União e os Estados não podem dispor arbitrariamente da autoridade de conceder ou negar outorgas. Somente será legítima a recusa quando houver um fundamento relevante e de interesse público, como, por exemplo, a ameaça de dano para o sistema hídrico em geral. Veja-se que o acesso à água não depende de qualquer tipo de licitação para sua outorga. Pois bem: à vista de tais premissas, é certo que a União e os Estados deverão conceder as outorgas

RICARDO MARCONDES MARTINS

Coerentemente, o artigo 4º da Lei n. 11.445/07 dispõe que os *recursos hídricos* não integram o serviço de saneamento básico. O parágrafo único desse dispositivo lembra que a prestação do serviço de saneamento, quando depende de utilização de recursos hídricos, está sujeita a outorga de direito de uso, nos termos da Lei Federal n. 9.433/97. Esta, por sua vez, disciplina a referida outorga no artigo 12.[16] Assim, para a prestação dos serviços de saneamento que dependam de recursos hídricos, os Municípios devem obter a outorga federal, se se tratar de recursos hídricos federais, ou estadual, se se tratar de recursos hídricos estaduais. A União e os Estados não possuem competência discricionária para indeferir a licença; trata-se de competência vinculada. Atendidas as exigências fixadas em lei, que só serão válidas se razoáveis, o Município tem direito subjetivo à obtenção da outorga. Do contrário, admitir-se-ia a conclusão absurda de que uma entidade federativa poderia obstar arbitrariamente o cumprimento da missão constitucional de outra.

6. REGIÕES METROPOLITANAS

É intuitivo: os grandes Municípios são os que mais facilmente podem substituir as empresas estaduais na prestação dos serviços de saneamento. Em geral, eles pertencem a *regiões metropolitanas*. Para evitar

---

solicitadas, salvo situações excepcionais, quando se tratar de um serviço público atribuído pela Carta a outro ente federativo, para cuja prestação a utilização da água seja indispensável, como é o caso do saneamento" (BARROSO, Luís Roberto. Saneamento básico: competências constitucionais da União, Estados e Municípios. *Revista Eletrônica de Direito Administrativo Econômico* (REDAE), Salvador, n. 11, ago.-set.-out. 2007. Disponível em: <http://www.direitodoestado.com.br>. Acesso em 22.03.15).

[16] *In verbis*: "Art. 12. Estão sujeitos a outorga pelo Poder Público os direitos dos seguintes usos de recursos hídricos: I – derivação ou captação de parcela da água existente em um corpo de água para consumo final, *inclusive abastecimento público*, ou insumo de processo produtivo; II – extração de água de aquífero subterrâneo para consumo final ou insumo de processo produtivo; III – lançamento em corpo de água de esgotos e demais resíduos líquidos ou gasosos, tratados ou não, com o fim de sua diluição, transporte ou disposição final; IV – aproveitamento dos potenciais hidrelétricos; V – outros usos que alterem o regime, a quantidade ou a qualidade da água existente em um corpo de água". (Grifo nosso).

SANEAMENTO BÁSICO

a substituição, tornou-se corrente a tese de que nelas os serviços de saneamento (entenda-se, os "serviços públicos", os serviços de fruição singular) não são de interesse local, mas de interesse regional e, pois, de competência estadual. Vários juristas de escol defendem esse entendimento.[17] Sem desprestigiá-los, a tese não é correta.

O artigo 25, §3º, da Constituição Federal possibilita aos Estados criar, mediante lei complementar, regiões metropolitanas, aglomerações urbanas e microrregiões, "para integrar a organização, o planejamento e a execução de funções públicas de interesse comum". Não se extrai desse dispositivo que uma vez constituída uma região metropolitana, os serviços locais se tornam estaduais. São de *titularidade estadual* os serviços que extravasem os limites territoriais do Município, como, por exemplo, o serviço de transporte coletivo intermunicipal. Os serviços de saneamento não extravasam os limites do Município; o que extravasa os limites é o recurso hídrico, não a prestação do serviço.

Logo, os argumentos que justificariam a prestação estadual do serviço *na* região metropolitana, também justificariam a prestação estadual *fora* da região metropolitana. O que a instituição desta legitima é a *imposição de condicionamentos* pela lei estadual em prol do interesse regional. Noutras palavras: a Constituição, ao atribuir ao Estado a competência para instituir a região metropolitana, atribuiu-lhe também a competência para disciplinar os interesses regionais e, por conseguinte, impor condicionamentos, em decorrência desses interesses, aos Municípios integrantes da região. Não lhe atribuiu, e isso parece indiscutível, a possibilidade de prestar os serviços locais. É o que vem prevalecendo na doutrina.[18]

---

[17] Por todos: BARROSO, Luís Roberto. Saneamento básico: competências constitucionais da União, Estados e Municípios, op. cit., REDAE 11/14; TÁCITO, Caio. Saneamento básico: região metropolitana: competência estadual. *Revista de Direito Administrativo*, Rio de Janeiro, v. 213, p. 323-396, jul./set. 1998, p. 328; ALVES, Alaôr Caffé. *Saneamento básico*: concessões, permissões e convênios públicos. Bauru: Edipro, 1998, p. 32.

[18] Cf. DALLARI, Dalmo de Abreu. Parecer sobre o projeto de Lei 5.296 de 2005 sobre a regulação dos serviços públicos de saneamento básico. *Revista Jurídica da Presidência da*

Pedro Estevam Alves Pinto Serrano, em tese de doutoramento sobre as *regiões metropolitanas*, defendeu posição digna de nota: nelas a *distribuição de água* e a *coleta* e *tratamento de esgoto* continuam sendo serviços públicos de competência municipal, mas a *produção de água tratada*, atividade que não configura serviço público, é de competência estadual.[19] A captação e produção de água tratada diz respeito ao uso do bem público e, sendo o bem estadual, é da competência do titular do bem. A produção de água tratada, lembra Serrano, não diz respeito à oferta de utilidade de fruição singular;[20] trata-se de atividade inerente à gestão do recurso hídrico e, assim, de incumbência do titular do recurso.

A Lei Complementar do Estado de São Paulo n. 94/74, ao disciplinar a Região Metropolitana de São Paulo, estabeleceu em seu artigo 2º, inciso II, que o abastecimento de água e rede de esgoto seriam "serviços comuns de interesse metropolitano"; e atribuiu em seu artigo 3º, inciso V, a competência ao Estado para concessão, permissão e autorização dos referidos serviços. Pelo entendimento aqui defendido esses dispositivos não foram recepcionados pela Constituição de 1988. O Município de São Paulo, com base nesse entendimento, editou a Lei paulista n. 13.670/03, disciplinando a prestação dos serviços de abastecimento de água e esgotamento sanitário no âmbito municipal. Interessante observar que desde a promulgação da Constituição até a edição da Lei n. 13.670, a SABESP, empresa estadual, vinha prestando os referidos serviços sem fundamento em nenhum ato administrativo municipal. O Tribunal de Justiça do Estado de São Paulo declarou a referida Lei n. 13.670/03 inconstitucional sob o argumento de que nas regiões metropolitanas o serviço de saneamento passa a ser um serviço estadual.[21] O Município, na época, interpôs recurso extraordinário.

República, Brasília, v. 7, n. 72, maio 2005, p. 14. Disponível em: <http://www.planalto.gov.br/ccivil_03/revista/Rev_72/index.htm>. Acesso em 23.03.15; CARVALHO, Vinícius Marques de. *O direito do saneamento básico*. São Paulo: Quartier Latin, 2010, p. 378.

[19] SERRANO, Pedro Estevam Alves Pinto. *Região metropolitana e seu regime constitucional*. São Paulo: Verbatim, 2009, p. 223.

[20] Idem, p. 221.

[21] Tribunal de Justiça de São Paulo, Plenário, ADI n. 109.600.0/3, Rel. Des. Walter de Almeida Guilherme, j. 20.04.2005.

SANEAMENTO BÁSICO

Posteriormente, com a mudança de governo, foi editada a Lei Municipal n. 14.934/09, que expressamente autorizou o Município a outorgar a prestação do serviço à empresa estadual, o que levou à perda do objeto do recurso extraordinário. O Governo do Estado instituiu, em 7.12.07, a Agência Reguladora de Saneamento e Energia do Estado de São Paulo (ARSESP), pela Lei Complementar 1.025, e atribuiu-lhe, em relação aos "serviços públicos de saneamento básico de titularidade estadual", as atribuições de poder concedente (artigo 10, III), e, em relação aos "serviços públicos de saneamento básico de titularidade municipal", a competência de fiscalização, controle e regulação (artigo 11, *caput*). Quer dizer: o Estado não apenas afirmou sua competência para prestar os serviços na região metropolitana, pois, *a contrario sensu*, inexistiria serviços de titularidade estadual, como assumiu a competência de *regular* os serviços municipais. O Partido dos Trabalhadores propôs Ação Direta de Inconstitucionalidade contra essa lei complementar (ADI 4.028), sendo a petição inicial redigida pelo ilustre professor paulista Pedro Estevam Alves Pinto Serrano, que aguarda julgamento pelo STF. O fato é que segundo o site da SABESP, a empresa estadual presta serviços de saneamento em 364 Municípios do Estado.[22]

7. CONSORCIAMENTO COMPULSÓRIO

A prestação dos serviços de saneamento nas regiões metropolitanas foi examinada pelo STF nas Ações Diretas de Inconstitucionalidade 1.842-RJ e 2.077-BA. Como já antecipado, o STF deferiu medida cautelar na ADI 2077, pois considerou que mesmo na região metropolitana o serviço de saneamento continua sendo um serviço municipal. O Min. Nelson Jobim concluiu que nas regiões metropolitanas devem os Municípios no âmbito de um Conselho Deliberativo decidir como prestarão os serviços (ADI 2077-MC, p. 19). O Min. Eros Grau considerou que nas regiões metropolitanas o serviço de saneamento é *comum*: não compete aos Estados, mas também não compete aos Municípios

---

[22] Sabesp: perfil. Disponível em: <http://site.sabesp.com.br/site/interna/Default. aspx?secaoId=505>. Acesso em 23.03.2015.

individualmente; estes devem prestar o serviço de forma *integrada* (ADI 2077-MC, p. 30). O Min. Gilmar Mendes defendeu que nas regiões metropolitanas o poder concedente do serviço de saneamento nem permanece fracionado entre os Municípios, nem é transferido para o Estado federado: deve ser dirigido por "estrutura colegiada" (ADI 2077-MC, p. 72).

Esse entendimento também foi adotado na ADI 1.842, na qual o STF declarou a inconstitucionalidade de vários dispositivos da Lei Complementar n. 87/97, da Lei n. 2.869/97 e do Decreto n. 24.631/98, todos do Estado do Rio de Janeiro, que, ao disciplinar a Região Metropolitana do Rio de Janeiro, transferiam ao Estado a titularidade do poder concedente para prestação dos serviços de saneamento. O Tribunal acolheu a proposta do Min. Gilmar Mendes e atribuiu eficácia *pro futuro* à decisão: manteve a vigência dos dispositivos declarados inconstitucionais pelo prazo de vinte e quatro meses, a contar da data da conclusão do julgamento. O Min. Joaquim Barbosa concluiu que "a titularidade do exercício das funções públicas de interesse comum passa para a nova entidade público-territorial-administrativa, de caráter intergovernamental, que nasce em consequência da criação da região metropolitana" (ADI 1.842, p. 46).

Em ambos os acórdãos o STF, basicamente, assentou dois entendimentos: a) nas regiões metropolitanas os serviços públicos de saneamento não são de titularidade estadual; b) nelas os Municípios são obrigados a se unir e decidir conjuntamente sobre a prestação do serviço. A Emenda Constitucional n. 19/98 alterou a redação do artigo 241 da CF/88 para permitir a "gestão associada de serviços públicos" por meio de "consórcios públicos" e "convênios de cooperação". A Lei Federal n. 11.107/05 disciplinou a gestão associada por consórcios. Apesar de ser uma regra correntemente desprezada, quando o Direito fixa um meio para certa finalidade, não é possível a adoção de outro meio.[23]

---

[23] Trata-se de uma das *regras* enunciadas por Henry Campbell Black: "Onde os meios para o exercício de um poder outorgado forem especificados, todos os outros meios reputam-se excluídos". Cf. MEIRELLES TEIXEIRA, José Horácio. *Curso de direito constitucional*. Rio de Janeiro: Forense Universitária, 1991, p. 277.

SANEAMENTO BÁSICO

Caso uma entidade federativa queira juntar-se a outra para exercer uma competência constitucional, resta-lhe instituir um *consórcio público* nos termos da Lei Federal n. 11.107/05, não lhe cabendo, em fuga do regime ali estabelecido, celebrar um convênio administrativo. Daí a conclusão: nas regiões metropolitanas entendeu o STF que o consorciamento é obrigatório.

A Corte equivocou-se. Não é possível, apesar da insistência dos ministros, conciliar a *autonomia municipal* com a *compulsoriedade do consorciamento*. É, sim, possível afirmar que a instituição das regiões metropolitanas obriga as entidades envolvidas a criar um Conselho Deliberativo para, por meio dele, decidir sobre os interesses comuns. O Conselho pode estabelecer diretrizes, condicionamentos, restrições à prestação dos serviços tendo em vista o interesse metropolitano. Mas daí a afirmar que os Municípios envolvidos são obrigados a prestar os serviços de modo associado vai distância muito longa.

A adoção desse entendimento só seria legítima se houvesse norma constitucional expressa a respaldá-la. Verdade seja, a criação de uma região metropolitana importaria, caso houvesse previsão constitucional, na criação de uma nova entidade federativa,[24] formada pelas entidades envolvidas, que assumiria as missões constitucionais destas. O fato é que inexiste norma nesse sentido no texto vigente: o constituinte em nenhum momento previu que a criação da região metropolitana faz nascer nova entidade federativa. Os serviços locais, após instituída a região metropolitana, devem continuar sendo prestados individualmente pelos Municípios. O que muda é o dever de observar as diretrizes, condicionamentos e restrições impostas pelo interesse comum, estabelecidas de comum acordo pelas entidades envolvidas em Conselho Deliberativo. E, ainda assim, a competência do Conselho é bem restrita: caso o Conselho não respeite a *autonomia municipal*, as normas por ele editadas serão inconstitucionais. A decisão do STF, infelizmente, teve mais um pendor

---

[24] A proposta de Paulo Bonavides de atribuição de *autonomia* às regiões (BONAVIDES, Paulo. *A Constituição aberta*: temas políticos e constitucionais da atualidade, com ênfase no Federalismo das Regiões. 2. ed. São Paulo: Malheiros, 1996, p. 337 et seq.) não foi adotada pelo constituinte.

político do que jurídico: curvou-se, ainda que parcialmente, no plano pragmático, aos interesses econômicos estaduais.

8. CONSORCIAMENTO VOLUNTÁRIO

Quando o Município tem condições de prestar por si o serviço de saneamento básico, obrigá-lo a consorciar-se a outra entidade federativa para empreender a prestação viola sua autonomia federativa. Resta apurar a validade jurídica do consorciamento voluntário. No estudo publicado em 2008 pelo IBGE apurou-se que 33 Municípios não possuíam abastecimento de água por rede geral de distribuição e 2.495 Municípios não possuíam esgotamento sanitário feito por rede coletora.[25] A pesquisa apontou que 12 milhões de residências no país não possuíam acesso à rede geral de abastecimento de água.[26] Constatou-se que a execução do serviço de abastecimento de água por rede geral de distribuição é realizada na maior parte dos municípios sem a participação da prefeitura: em 3.220 municípios (58,2% dentre os que efetuam abastecimento de água por rede geral), o serviço foi executado por outras entidades.[27] Em relação ao esgotamento sanitário, a situação do país é mais grave: somente na região sudeste mais da metade dos domicílios tinham acesso à rede geral.[28] Da pesquisa é possível inferir que um contingente muito grande de Municípios tem sérias dificuldades em realizar, por si, a prestação dos serviços de saneamento.

A solução proposta pela comunidade jurídica é simples: o *consorciamento voluntário*. A leitura da Lei Federal n. 11.445/07 revela claramente a inclinação por essa via. Há, porém, um empecilho constitucional.

---

[25] Instituto Brasileiro de Geografia e Estatística. *Pesquisa nacional de saneamento básico* – 2008. 1. reimpr. Rio de Janeiro: IBGE, 2010, p. 26-27. Disponível em: <http://www. ibge.gov.br/home/estatistica/populacao/condicaodevida/ pnsb2008/PNSB_2008.pdf>. Acesso em 26.03.2015.

[26] Idem, p. 37.

[27] Idem, ibidem.

[28] Idem, p. 40.

SANEAMENTO BÁSICO

A *forma federativa* no direito brasileiro é *cláusula pétrea* (CF, artigo 60, §4º, I). Por evidente, não é a forma federativa norte-americana, berço do federalismo, que foi petrificada. A expressão "forma federativa", cuja tendência à abolição foi vetada, só pode ser a forma estabelecida pelo texto constitucional originário. Cada Estado Federal, ao adotar a formal federativa, afasta-se em maior ou menor medida da origem norte-americana. A forma federativa brasileira é bem peculiar: os Municípios, apesar de não participarem do Senado nem possuírem Judiciário próprio, têm *status* de entidade federativa autônoma.

A doutrina reconhece, em coro uníssono, como *elemento essencial* da forma federativa a repartição de competências das entidades federativas numa Constituição rígida.[29] É justamente a divisão de competências que dá os contornos da forma federativa: mais centralizada, com maior concentração de competências na União, ou mais descentralizada, com maior concentração de competências nos Estados. Se, no direito brasileiro, a forma federativa está petrificada e se essa forma é definida pela repartição de competências estabelecida no texto constitucional, não há como fugir desta conclusão: a alteração das competências estabelecidas no texto maior é assunto delicado. A alteração só será válida se não amesquinhar, de algum modo, a forma federativa estabelecida pelo constituinte originário. Na dúvida, a alteração é vedada. Só se permite alteração que não altere substancialmente os contornos inicialmente estabelecidos.[30]

Posto isso, a solução proposta pela Emenda n. 19/98, ao dar nova redação ao artigo 241 da CF/88, pela Lei Federal n. 11.107/05, ao disciplinar os consórcios públicos, e pela Lei Federal n. 11.445/07, ao fixar

---

[29] Cf. BANDEIRA DE MELLO, Oswaldo Aranha. *Natureza jurídica do Estado federal*. São Paulo: Prefeitura do Município de São Paulo, 1948, p. 74; ARAÚJO, Luiz Alberto David. Características comuns do Federalismo. In: BASTOS, Celso (coord.). *Por uma nova federação*. São Paulo: Revista dos Tribunais, 1995, p. 39-52, p. 42; BARROSO, Luís Roberto. *Direito constitucional brasileiro*: o problema da Federação. Rio de Janeiro: Forense, 1982, p. 56.

[30] Foi o que defendemos em nosso *Estudos de direito administrativo neoconstitucional*. São Paulo: Malheiros, 2015, p. 420.

como diretriz nacional para o saneamento a gestão associada, viola a cláusula pétrea da forma federativa. Permitir que os governos municipais, por meio de simples decisão política, transfiram a outra entidade a prestação de serviços públicos que privativamente lhes competem, equivale a possibilitar, sem mais, a substancial alteração da forma federativa brasileira. Se um Município não tem condições de cumprir sua missão constitucional, a solução jurídica correta é a *extinção* da entidade federativa e não a simples assunção de suas competências pelas outras entidades. A existência de 5.570 Municípios, numa federação em que o Município possui autonomia federativa, é indício de que muitos deles não possuem existência jurídica válida.

A tese do federalismo cooperativo não é razão prestante a viabilizar a generalizada prestação associada voluntária de serviços privativos. A cooperação federativa não pode ser utilizada como expressão mágica para quebrantar a forma federativa petrificada. Na preciosa lição de Gilberto Bercovici: "a fonte da cooperação federativa é a Constituição[;] fora dos casos expressamente previstos no texto constitucional (obrigatórios ou facultativos), predomina o princípio da separação e independência no exercício das competências constitucionais".[31] Caso a impossibilidade para prestação do serviço seja apenas *momentânea*, esporádica, aí, sim, é possível admitir que uma entidade se socorra de outra para o desempenho de sua missão constitucional. A gestão associada para prestação dos serviços de saneamento básico só é válida nos limites da aplicação da *teoria da troca de sujeito*.[32] Trata-se de atribuição provisória, momentânea, esporádica, de uma competência privativa de uma entidade a outra como mecanismo jurídico para evitar a não prestação do serviço.

---

[31] BERCOVICI, Gilberto. *Desigualdades regionais, Estado e Constituição*. São Paulo: Max Limonad, 2003, p. 154.

[32] A teoria da troca de sujeito foi pioneiramente desenvolvida por ROTHENBURG, Walter Claudius. *Inconstitucionalidade por omissão e troca de sujeito*. São Paulo: Revista dos Tribunais, 2005. Ele restringiu seu exame ao controle concentrado da inconstitucionalidade por omissão. Demos à teoria amplitude maior, estendendo-a ao controle jurisdicional difuso da omissão administrativa. Cf. nosso *Efeitos dos vícios do ato administrativo*. São Paulo: Malheiros, 2008, Cap. X-4.2, p. 589-591. Sobre sua aplicação à omissão na prestação do saneamento básico vide nosso *Estudos de direito administrativo neoconstitucional*, op. cit., p. 435-439.

SANEAMENTO BÁSICO

É, na omissão da entidade em cumprir seu dever constitucional, possível a imposição jurisdicional da troca de sujeito. Logo, como aplicação do argumento *a maiori ad minus*, admite-se a troca de sujeito voluntária. Uma entidade, percebendo que não conseguirá cumprir seu dever, pode buscar a cooperação de outra entidade federativa. Mas, é mister enfatizar: se a impossibilidade não é momentânea, o Direito não admite a manutenção no mundo jurídico da entidade federativa incapaz de cumprir seu mister constitucional. Nesse caso, a única solução é a extinção da entidade e, por consequência, a assunção de suas competências pela entidade que a incorpore.

9. "REGULAÇÃO" DOS SERVIÇOS

A Lei Federal n. 11.445/07 refere-se, insistentemente, à *regulação* dos serviços de saneamento básico (artigos 8º.; 9º., II; 11, III, V e §3º; 12, §2º, X; 14, II; 15; 21; 22; 23, §1º; 24; 25, §2 º; 26; 41; 48, III; 49, VI). Trata-se de um equívoco conceitual que vem gerando graves distorções na compreensão do direito brasileiro vigente. *Regulação* em sentido amplo é sinônimo de "estabelecer regras".[33] Em sentido técnico ou estrito, *regulação* consiste numa atividade que tem por desiderato agir sobre um meio para mantê-lo em equilíbrio ou transformá-lo. É no sentido técnico que o constituinte utilizou a palavra no artigo 174 da CF/88, ao considerar o Estado "agente normativo e regulador da ordem econômica".[34] Um didático exemplo de regulação é a atividade do termostato de um refrigerador: ele faz com que a geladeira mantenha certa temperatura, ligando o motor quando a temperatura atinge certo limite e desligando-o quando atinge outro limite. O aparelho age sobre a geladeira, mantendo-a em equilíbrio.[35]

A *regulação* é, por definição, uma *atividade externa*; o regulador age sobre algo alheio a si próprio. A chamada autorregulação só é

---

[33] Cf. nosso *Regulação administrativa à luz da Constituição Federal*. São Paulo: Malheiros, 2011, p. 100-104.

[34] Idem, p. 114-115.

[35] Idem, p. 85.

compreensível a partir da inclusão de sistemas: pressupõe que o regulador se apresente como alguém diferente do regulado, de modo a viabilizar a atividade de regulação.[36] Ninguém nunca invocou a regulação, em sentido técnico, para se referir ao *controle* dos servidores públicos. Ela também nunca foi invocada em relação à *prestação direta dos serviços públicos*. Tornou-se corrente, porém, sua invocação na *prestação indireta*. Assim, no que se refere ao presente tema, o tema da regulação só aparece nos serviços de saneamento que são serviços públicos propriamente ditos, vale dizer, serviços de fruição singular, passíveis de remuneração por tarifa.

Nada mais descabido: na prestação indireta o serviço continua sendo de titularidade estatal. É atividade do Estado e, por isso, o controle do poder *concedente* sobre o *concessionário* é muito mais abrangente do *controle* do regulador sobre o regulado. Como o Poder Público é o titular do serviço ele pode fixar e alterar unilateralmente todos os aspectos da prestação, ressalvada apenas a impossibilidade de alteração do objeto licitado e a intangibilidade do equilíbrio econômico-financeiro. Justamente por isso Guido Zanobini afirmou que o controle do poder concedente "não encontra limites".[37] Ainda que a frase seja exagerada, calha à fiveleta para evidenciar a aberrante diferença entre o controle de uma atividade que lhe é própria, mas cuja prestação foi outorgada ao particular, da regulação exercida sobre atividade alheia.

Na verdade, a insistência do legislador infraconstitucional e de parte da doutrina em utilizar o signo "regulação" em matéria de serviços públicos decorre de um movimento muito bem orquestrado de amesquinhamento dos serviços públicos. No Direito Europeu, eles sofreram radical privatização: foram transformados em atividades econômicas sujeitas a uma regulação estatal mais incisiva. Serviços públicos, no direito europeu, tornaram-se *public utilities*. Em decorrência disso, lá tornou-se apropriado falar-se em "regulação dos serviços

---

[36] Cf. nosso *Regulação administrativa à luz da Constituição Federal*. São Paulo: Malheiros, 2011, p. 304.

[37] ZANOBINI, Guido. L'esercizio privato delle funzioni e dei servizi pubblici. In: V. E. Orlando (dir.). *Primo trattato completo di diritto amministrativo italiano* – v. 2, parte terza. Milano: Società Editrice Libraria, 1935, p. 233-682, p. 524.

SANEAMENTO BÁSICO

públicos". Se os serviços deixaram de ser de titularidade estatal, tornaram-se sujeitos à regulação.

No direito brasileiro, os serviços públicos têm *status constitucional* (artigo 30, V; artigo 175) e não houve apoio político para suprimir o instituto do texto maior. Parte da comunidade jurídica, maliciosamente, passou a defender a atribuição aos serviços públicos do regime jurídico das atividades econômicas. Uma vez atribuído o mesmo regime, obtém-se, por via absconsa, o que se deseja: a morte dos serviços públicos no Brasil. Coerentemente, muitos passaram a sustentar que: a) o *usuário* do serviço público não passa de um consumidor, sujeito ao regime consumeirista; b) o serviço deve sempre que possível ser outorgado a mais de um prestador, de modo a viabilizar a *livre concorrência* entre eles; c) havendo livre concorrência entre os prestadores, o serviço é passível de controle pelo CADE – Conselho Administrativo de Defesa Econômica; d) o controle do concedente, na verdade, não passa de *regulação*.

Todas as teses são obviamente equivocadas. Usuário não se confunde com consumidor: aquele tem, ao contrário deste, *direito* subjetivo à prestação; o consumidor não pode exigir que seja aberta uma venda em sua esquina, mas o usuário pode exigir que lhe sejam prestados os serviços de saneamento.[38] Livre concorrência no serviço público é, juridicamente, impossível pelo simples fato de que cabe ao concedente fixar unilateralmente todos os aspectos da prestação e, se for possível prestar o serviço de forma mais adequada, vale dizer, com mais qualidade a preço mais módico, não se abre a liberdade para prestá-lo de modo menos adequado, com menos qualidade a preço maior. Onde inexiste liberdade, inexiste, por óbvio, *concorrência*.[39] Sendo o serviço público atividade *res extra commercium*, é absolutamente estranho às competências do CADE.[40] Finalmente, conforme já explicado, o controle do poder concedente não se confunde com a regulação.[41]

---

[38] Sobre o tema, vide nosso *Regulação administrativa à luz da Constituição Federal*, op. cit., Cap.VI, p. 301-304.

[39] Idem, p. 296-299.

[40] Idem, p. 299-300.

[41] Idem, p. 304-312.

Em relação a todos os dispositivos da Lei Federal n. 11.445/07 que se referem à "regulação do serviço de saneamento", resta lembrar a sempre oportuna advertência de Paulo de Barros Carvalho: são comuns, nos regimes democráticos, atecnias nos diplomas normativos.[42] O Legislador, regra geral, não é um Cientista do Direito e, por isso, não domina bem a linguagem técnica. Cabe ao Cientista, ao examinar os diplomas normativos vigentes, interpretá-los de modo a corrigir as atecnias. Donde: apesar do insistente uso do signo "regulação" nos vários dispositivos da Lei Federal n. 11.445/07, não se trata tecnicamente de regulação.

10. CONDIÇÕES DE VALIDADE DO CONTRATO

Os contratos que tenham por objeto a prestação de serviços públicos, devem observar, nos termos do artigo 11 da Lei n. 11.445/07, *quatro condições* de validade. Regra geral, não é juridicamente válido celebrar um contrato administrativo em sentido estrito para prestação de um serviço público. Em casos excepcionais, havendo urgência, o sistema normativo admite a celebração.[43] Por outro lado, como a

---

[42] Nas palavras no ínclito tributarista: "Os membros das Casas Legislativas, em países que se inclinam por um sistema democrático de governo, representam os vários segmentos da sociedade. Alguns são médicos, outros bancários, industriais, agricultores, engenheiros, advogados, dentistas, comerciantes, operários, o que confere um forte caráter de heterogeneidade, peculiar aos regimes que se queiram representativos". (CARVALHO, Paulo de Barros. *Curso de direito tributário*. 14. ed. São Paulo: Saraiva, 2002, p. 4-5). E, pouco adiante, conclui: "Ponderações desse jaez nos permitem compreender o porquê dos erros, impropriedades, atecnias, deficiências e ambiguidades que os textos legais cursivamente apresentam". (Idem, p. 5).

[43] Havendo, por exemplo, necessidade de rescindir uma concessão por inadimplemento do concessionário, é bem possível que o Estado não consiga de plano prestar o serviço. O processo licitatório demandará certo período de tempo para ser realizado. Em casos como esses, em que não se faz possível nem a prestação direta pelos órgãos ou entes estatais, nem a outorga por licitação, é possível a celebração de *contrato administrativo* para prestação de *atividade fim* referente a serviço público. Cf. nosso *Regulação administrativa à luz da Constituição Federal*, op. cit., p. 228-230. A doutrina majoritária defende que em casos como esse é possível a *outorga* mediante *autorização*. Por todos: BANDEIRA DE MELLO, Celso Antônio. *Curso de direito administrativo*, op. cit., Cap. XI-26, p. 715. Discorda-se: a Constituição não admite outorga de serviço público sem licitação

SANEAMENTO BÁSICO

prestação dos serviços de saneamento envolve altos investimentos que demandam muitos anos para serem amortizados, a permissão de serviço público é absolutamente descabida.[44] Dito isso, como o dispositivo não especifica o tipo de contrato, abrange: a) os *contratos administrativos* propriamente ditos, que instrumentam a prestação direta e só são válidos em casos excepcionais;[45] b) aos impropriamente[46] chamados *contratos de concessão*, que instrumentam a prestação indireta dos serviços. Essas exigências não se aplicam: a) aos *contratos administrativos* celebrados para prestação das atividades de saneamento não configuradoras de serviços públicos, ou seja, às atividades *uti universi*; b) aos *contratos administrativos* celebrados para realização de atividades–meio à prestação dos serviços públicos de saneamento.

Exige-se para celebração dos "contratos" de prestação dos serviços públicos de saneamento básico a realização de um *plano de saneamento*

(artigo 175). Nessas hipóteses, de licitação inexigível, não deve ocorrer a outorga, mas sim a mera contratação.

[44] A doutrina restringe a *permissão de serviço público* aos casos que não demandem altos investimentos ou cuja prestação seja de curtíssima duração. Por todos: BANDEIRA DE MELLO, Celso Antônio. *Curso de direito administrativo*, op. cit., p. 783. Sem embargo, defende-se que no direito brasileiro vigente, por força do artigo 175 da CF, inexiste diferença conceitual entre a concessão e a permissão de serviços públicos: o regime jurídico da permissão é idêntico ao regime jurídico da concessão. Cf. nosso *Regulação administrativa à luz da Constituição Federal*, op. cit., p. 224-230.

[45] Não se confundem a outorga por concessão com a celebração de contrato administrativo. Na outorga formam-se *três relações jurídicas*: entre concedente e concessionário; entre concedente e usuário; entre concessionário e usuário. Na contratação formam-se apenas duas relações jurídicas: entre contratante e contratado e entre contratante e usuário. Enquanto na outorga forma-se uma relação jurídica *autônoma* entre o particular prestador e o usuário, na contratação essa relação não se forma. Sobre o tema vide: BANDEIRA DE MELLO, Celso Antônio. *Curso de direito administrativo*, op. cit., Cap. XII-rodapé 1, p. 725; CINTRA DO AMARAL, Antônio Carlos. A concessionária de serviço público age em nome próprio? Comentário 126, 01.11.05. Disponível em: <http://www.celc.com.br/comentarios/pdf/126.pdf>. Acesso em: 25.03.15. Vide também nosso *Regulação administrativa à luz da Constituição Federal*, op. cit., p. 221, rodapé 39.

[46] A concessão é ato administrativo *complexo*, pois compreende um *ato unilateral*, um *ato-união* e um *ato bilateral*. Sobre o tema vide nosso *Regulação administrativa à luz da Constituição Federal*, op. cit., p. 291.

(Lei n. 11.445/07, artigo 11, I). O planejamento consiste numa *restrição* à discricionariedade,[47] pois impõe ao Poder Público que antecipe suas decisões discricionárias para, por um lado, concretizar a segurança jurídica, evitando-se surpresa aos particulares, e, por outro, possibilitar melhor realização da própria atividade estatal. Por evidente, quando editado o plano, ele vincula o Estado, o que significa que, antecipada qual será a decisão discricionária, não pode o Poder Público, sem razão plausível, desconsiderá-la no momento oportuno. Com esses esclarecimentos, retoma-se: o sistema normativo, nos serviços públicos de saneamento básico, impõe a antecipação da discricionariedade. A edição do plano é, nesses termos, condição de validade da outorga.

Impõe-se a realização de estudo comprobatório da *viabilidade técnica* e *econômico-financeira* da prestação *universal* e *integral dos serviços*, nos termos do respectivo plano de saneamento (artigo 11, II). Como se sabe, a infraestrutura exigida pelos serviços públicos de saneamento exige elevados recursos financeiros. O Estado brasileiro tem o dever de viabilizar esses serviços, apesar dos altos investimentos exigidos, e tem o dever de viabilizar "para todos". Saneamento não é apenas para os bairros ricos, nem para as regiões nobres. De modo que é absolutamente pertinente a exigência legislativa de que a celebração do "contrato" dependa do estudo da viabilidade técnica e econômico-financeira da prestação para todos. Do dispositivo extrai-se a inadmissibilidade de se efetuar a prestação do serviço em apenas parte do território municipal. A distribuição de água e o esgotamento sanitário devem, necessariamente, abranger todo o território da respectiva entidade federativa, estendendo-se a todos os domicílios. O Poder Público deve enfrentar o problema: como tornar viável essa prestação universal e integral; não pode fugir dele restringindo o contrato a apenas certas localidades.

Exigem-se "normas de regulação" que prevejam meios para o cumprimento das diretrizes legais, incluindo a designação da entidade de regulação e de fiscalização. A exigência é óbvia. Deve o Poder Público prever quem irá controlar o contratado; quem será o Poder concedente.

---

[47] Cf. nosso *Regulação administrativa à luz da Constituição Federal*, op. cit., p. 130-133.

SANEAMENTO BÁSICO

As prerrogativas do Poder concedente podem ser atribuídas a órgão da Administração direta ou a entidade autárquica. Nada impede a delegação, desde que efetuada por lei, das prerrogativas do controle da concessão à Autarquia. Como o serviço é municipal, é inconstitucional a delegação do controle a ente estadual ou federal. Só a própria entidade federativa pode controlar a prestação privada de serviço de sua competência. Admitida a troca de sujeito, nas hipóteses excepcionais dantes referidas, aí sim o controle deve ser efetuado pelo novo sujeito encarregado da prestação.

Finalmente, exige-se a realização de prévia *audiência* e *consulta públicas* sobre o edital de licitação no caso de concessão e sobre a minuta do contrato (artigo 11, IV). A quarta exigência aplica-se *expressamente* apenas à licitação para outorga de concessão. Sem embargo, no Estado de direito o *princípio democrático* exige que o Poder Público ouça a população interessada antes de tomar uma decisão administrativa, independente de expressa previsão legal.[48] Por isso, mesmo quando não se tratar de licitação para concessão de serviço público de saneamento, deve a Administração ouvir os interessados sobre as decisões relativas ao saneamento, inclusive as relativas às atividades *uti universi*. Essa exigência só é afastada quando valores mais pesados que a democracia (P2 > P1) justifiquem a não realização de audiências e consultas públicas.[49]

Infelizmente, não é esse o entendimento que vem prevalecendo na comunidade jurídica. Em equívoco, próprio de quem interpreta o direito vigente preso à ideologia decorrente de longa história antidemocrática,[50] muitos entendem que as audiências e consultas públicas só são impositivas quando estiverem expressamente exigidas na lei. Daí a

---

[48] Cf. nosso *Estudos de direito administrativo neoconstitucional*, op. cit., p. 312 et seq.

[49] Idem, p. 316.

[50] O Brasil vivenciou, durante quase toda sua história, períodos avessos à democracia. Como se sabe, o regime imperial não era democrático, nem a república velha, em que os coronéis dominavam de modo ostensivo a política, nem o Estado novo, muito menos a ditadura militar. Diante dessa "tradição antidemocrática", fruto de uma história em que os períodos democráticos foram exceção, é compreensível o apego da comunidade jurídica a teorias conservadoras. O entendimento de que as audiências e consultas públicas só são exigíveis quando expressamente impostas pela lei é um exemplo evidente das marcas da história antidemocrática na ideologia da comunidade jurídica brasileira.

pertinência do dispositivo: nas licitações para concessão de serviços de saneamento, impõe-se por expressa disposição legal a prévia realização de audiência e consulta públicas. E, perceba-se, impõe-se a realização de ambas: deve o Poder Público estabelecer um prazo para que os administrados possam apresentar manifestação escrita sobre a proposta e, também, realizar audiência para ouvir os interessados. Na consulta, colhem-se manifestações escritas; na audiência, manifestações verbais.[51] A licitação da concessão de serviço público de saneamento exige, enfim, a realização de ambas.

11. REFERÊNCIAS BIBLIOGRÁFICAS

ALMEIDA, Fernanda Dias Menezes de. *Competências na Constituição de 1988*. 2. ed. São Paulo: Atlas, 2000.

ALOCHIO, Luiz Henrique Antunes. *Direito do saneamento*: introdução à Lei de diretrizes nacionais de saneamento básico: Lei Federal n. 11.445/2007. Campinas: Millennium, 2007.

ALVES, Alaôr Caffé. *Saneamento básico*: concessões, permissões e convênios públicos. Bauru: Edipro, 1998.

ARAÚJO, Luiz Alberto David. Características comuns do Federalismo. In: BASTOS, Celso (coord.). *Por uma nova federação*. São Paulo: Revista dos Tribunais, 1995, p. 39-52.

BANDEIRA DE MELLO, Celso Antônio. *Curso de direito administrativo*. 32. ed. São Paulo: Malheiros, 2015.

_____. Competência urbanística municipal e competência da União em matéria de telecomunicações: interferências. *Revista Trimestral de Direito Público*, São Paulo, v. 43, p. 26-35, 2003.

BANDEIRA DE MELLO, Oswaldo Aranha. *Natureza jurídica do Estado federal*. São Paulo: Prefeitura do Município de São Paulo, 1948.

---

[51] Cf. nosso *Estudos de direito administrativo neoconstitucional*, op. cit., p. 317.

SANEAMENTO BÁSICO

BARROSO, Luís Roberto. Saneamento básico: competências constitucionais da União, Estados e Municípios. *Revista Eletrônica de Direito Administrativo Econômico* (REDAE), Salvador, n. 11, ago.-set.-out. 2007. Disponível em: <http://www.direitodoestado.com.br>. Acesso em 22.03.15.

_____. *Direito constitucional brasileiro*: o problema da Federação. Rio de Janeiro: Forense, 1982.

BERCOVICI, Gilberto. *Desigualdades regionais, Estado e Constituição*. São Paulo: Max Limonad, 2003.

BONAVIDES, Paulo. *A Constituição aberta*: temas políticos e constitucionais da atualidade, com ênfase no Federalismo das Regiões. 2. ed. São Paulo: Malheiros, 1996.

CARVALHO, Paulo de Barros. *Curso de direito tributário*. 14. ed. São Paulo: Saraiva, 2002.

CARVALHO, Vinícius Marques de. *O direito do saneamento básico*. São Paulo: Quartier Latin, 2010.

CINTRA DO AMARAL, Antônio Carlos. "A concessionária de serviço público age em nome próprio?" Comentário 126, 01.11.05. Disponível em: <http://www.celc.com.br/comentarios/pdf/126.pdf>. Acesso em: 25.03.15.

DALLARI, Dalmo de Abreu. Parecer sobre o projeto de Lei 5.296 de 2005 sobre a regulação dos serviços públicos de saneamento básico. *Revista Jurídica da Presidência da República*, Brasília, v. 7, n. 72, maio 2005. Disponível em: <http://www.planalto.gov.br/ccivil_03/revista/Rev_72/index.htm>. Acesso em 23.03.15.

DAL POZZO, Augusto Neves. *Aspectos fundamentais do serviço público no direito brasileiro*. São Paulo: Malheiros, 2012.

FERRARI, Regina Maria Macedo Nery. *Direito municipal*. 2. ed. São Paulo: Revista dos Tribunais, 2005.

FIGUEIREDO, Lúcia Valle. Competências administrativas dos Estados e Municípios – licitações. *Revista Trimestral de Direito Público* (RTDP), São Paulo, n. 8, p. 24-39, 1994.

RICARDO MARCONDES MARTINS

INSTITUTO BRASILEIRO DE GEOGRAFIA E ESTATÍSTICA. *Pesquisa nacional de saneamento básico* – 2008. 1. reimpr. Rio de Janeiro: IBGE, 2010. Disponível em: <http://www.ibge.gov.br/home/estatistica/populacao/condicao devida/pnsb2008/PNSB_2008.pdf>. Acesso em 26.03.2015.

JUSTEN FILHO, Marçal. Parecer sobre o projeto de Lei 5.296 de 2005 sobre a regulação dos serviços públicos de saneamento básico. *Revista Jurídica da Presidência da República*, Brasília, v. 7, n. 72, maio 2005. Disponível em: <http://www.planalto.gov.br/CCIVIL_03/revista/Rev_72/Pareceres/saneamento_complementar_MarcalJustenFilho_1.pdf >. Acesso em 22.03.15.

MARTINS, Ricardo Marcondes. *Regulação administrativa à luz da Constituição Federal.* São Paulo: Malheiros, 2011.

_____. *Estudos de direito administrativo neoconstitucional.* São Paulo: Malheiros, 2015.

_____. *Efeitos dos vícios do ato administrativo.* São Paulo: Malheiros, 2008.

MAXIMILIANO, Carlos. *Comentários à Constituição Brasileira.* 5. ed. São Paulo: Freitas Bastos, 1954, v. I.

MEIRELLES, Hely Lopes. *Direito administrativo brasileiro.* 16. ed., 2. tir. São Paulo: Revista dos Tribunais, 1991.

_____. *Direito municipal brasileiro.* 11. ed. São Paulo: Malheiros, 2000.

MEIRELLES TEIXEIRA, José Horácio. *Os serviços públicos de eletricidade e a autonomia local.* São Paulo: Departamento Jurídico da Prefeitura do Município de São Paulo, 1950.

_____. *Curso de direito constitucional.* Rio de Janeiro: Forense Universitária, 1991.

PEREIRA, Cesar Augusto Guimarães. *Usuário de serviços púbicos.* São Paulo: Saraiva, 2006.

POMPEU, Cid Tomanik. *Direito de águas no Brasil.* São Paulo: Revista dos Tribunais, 2006.

ROLLAND, Louis. *Précis de droit administratif.* 12. ed. Paris: Dalloz, 1928.

204

SANEAMENTO BÁSICO

ROTHENBURG, Walter Claudius. *Inconstitucionalidade por omissão e troca de sujeito*. São Paulo: Revista dos Tribunais, 2005.

SABESP: perfil. Disponível em: <http://site.sabesp.com.br/site/interna/Default.aspx?secaoId=505>. Acesso em 23.03.2015.

SAMPAIO DÓRIA, A. de. Autonomia dos Municípios. *Revista da Faculdade de Direito da Universidade de São Paulo*, v. 24, 1928, p. 419-432. Disponível em: <http://www.revistas.usp.br/rfdsp/article/view/65229/67834>. Acesso em 21.03.2015.

SERRANO, Pedro Estevam Alves Pinto. *Região metropolitana e seu regime constitucional*. São Paulo: Verbatim, 2009.

TÁCITO, Caio. Saneamento básico: região metropolitana: competência estadual. *Revista de Direito Administrativo*, Rio de Janeiro, v. 213, p. 323-396, jul./set. 1998.

ZANOBINI, Guido. L'esercizio privato delle funzioni e dei servizi pubblici. In: V. E. Orlando (dir.). *Primo trattato completo di diritto amministrativo italiano* – v. 2, parte terza. Milano: Società Editrice Libraria, 1935, p. 233-682.

Informação bibliográfica deste texto, conforme a NBR 6023:2002 da Associação Brasileira de Normas Técnicas (ABNT):

MARTINS, Ricardo Marcondes. Saneamento básico. *In*: BERCOVICI, Gilberto; VALIM, Rafael. (Coord.) *Elementos de Direito da Infraestrutura*. São Paulo: Editora Contracorrente, 2015. p. 177-205. ISBN. 978-8569-220-046

O DEVER DE PLANEJAMENTO ESTATAL E A EFETIVIDADE NA PRESTAÇÃO DE SERVIÇO PÚBLICO DE SANEAMENTO BÁSICO

AUGUSTO NEVES DAL POZZO

1. CONSIDERAÇÕES INICIAIS

Ninguém discorda de que um dos serviços públicos mais negligenciados pela Administração Pública brasileira é o serviço de *saneamento básico*, assim considerado o fornecimento de *água* e a coleta e destinação final do *esgoto*.

Talvez, a explicação para esse completo descaso com um serviço tão fundamental repouse, especialmente na falta de *planejamento estatal* para sua efetiva consecução. O objetivo do presente trabalho é compreender a evolução histórica da normatividade do setor até o advento da Lei de Saneamento Básico, sua atual pedra-de-toque, de maneira a identificar como o *dever de planejamento* influi decisivamente no aprimoramento dos modelos de prestação de serviços, tudo com o propósito de concretizar, com a máxima eficiência, a tão sonhada meta da universalização de sua cobertura, e com isso, atender aos irremediáveis reclamos dos usuários desse serviço público.

Nessas circunstâncias, a elaboração de documentos técnicos de planejamento, mais do que qualquer outra coisa, espelha as políticas públicas a serem perseguidas pelo Estado com base em inúmeras decisões administrativas que acabam sendo consolidadas em seus termos. No entanto, ao se falar em *serviços públicos*, o dever de planejamento ganha escala e magnitude, pois se passa a considerar uma gama significativamente mais ampla de variáveis a ser obrigatoriamente examinadas pelo Estado.

Tome-se como exemplo o *dever de planejamento* atinente aos serviços de saneamento básico regulados pela Lei Federal n. 11.445, de 5 de janeiro de 2007. Essa lei dedica todo um Capítulo de seu texto às diretrizes fundamentais do *planejamento*, condensando noções elementares em seu artigo 19.[1]

---

[1] *CAPÍTULO IV*

DO PLANEJAMENTO

Art. 19. A prestação de serviços públicos de saneamento básico observará plano, que poderá ser específico para cada serviço, o qual abrangerá, no mínimo:

I – diagnóstico da situação e de seus impactos nas condições de vida, utilizando sistema de indicadores sanitários, epidemiológicos, ambientais e socioeconômicos e apontando as causas das deficiências detectadas;

II – objetivos e metas de curto, médio e longo prazos para a universalização, admitidas soluções graduais e progressivas, observando a compatibilidade com os demais planos setoriais;

III – programas, projetos e ações necessárias para atingir os objetivos e as metas, de modo compatível com os respectivos planos plurianuais e com outros planos governamentais correlatos, identificando possíveis fontes de financiamento;

IV – ações para emergências e contingências;

V – mecanismos e procedimentos para a avaliação sistemática da eficiência e eficácia das ações programadas.

§ 1º Os planos de saneamento básico serão editados pelos titulares, podendo ser elaborados com base em estudos fornecidos pelos prestadores de cada serviço.

§ 2º A consolidação e compatibilização dos planos específicos de cada serviço serão efetuadas pelos respectivos titulares.

§ 3º Os planos de saneamento básico deverão ser compatíveis com os planos das bacias hidrográficas em que estiverem inseridos.

§ 4º Os planos de saneamento básico serão revistos periodicamente, em prazo não superior a 4 (quatro) anos, anteriormente à elaboração do Plano Plurianual.

§ 5º Será assegurada ampla divulgação das propostas dos planos de saneamento básico e dos estudos que as fundamentem, inclusive com a realização de audiências ou consultas públicas.

§ 6º A delegação de serviço de saneamento básico não dispensa o cumprimento pelo prestador do respectivo plano de saneamento básico em vigor à época da delegação.

O DEVER DE PLANEJAMENTO ESTATAL E A EFETIVIDADE NA...

A *atividade de planejamento* prevista na citada lei setorial contempla a implantação do chamado "*Plano de Saneamento Básico*", que abrangerá, obrigatoriamente, a estratégia da respectiva entidade para prestação adequada desse serviço público mediante: o diagnóstico da sua situação atual; o estabelecimento de metas de curto ou longo prazo para sua universalização; a obrigação de se estatuir programas de ação para atendimento das metas e a imposição de mecanismos para avaliação dos resultados da aplicação do plano.

Verifica-se, assim, que o Poder Público está imbuído do dever de não apenas prestar os serviços de saneamento básico, mas também de planejá-los, o que exige, inexoravelmente, o desenvolvimento de ações nesse sentido.

Essa diretiva pode ser evidenciada em outros diplomas legais em que o legislador, atento à imposição do *dever de planejar*, exigiu tal dedicação por parte da Administração. Assim é que se editou a Lei da Política Nacional de Resíduos Sólidos por meio da Lei Federal n. 12.305, de 2 de agosto de 2010, que também dedica um Capítulo aos Planos de Resíduos, de maneira similar, mas com maior detalhamento do aquele encontrado na Lei de Saneamento.

Em um panorama mais restrito, e esse será o foco de análise deste trabalho, o Poder Público, diante da alternativa de delegar a prestação do serviço à iniciativa privada, deverá planejar adequadamente a estrutura a ser moldada para que a delegação seja viável e atrativa àquele setor, sempre tendo como orientação e diretiva máxima o direito dos *usuários* a receber a prestação de um serviço público adequado, regular, contínuo, cortês e remunerado por tarifas módicas.

Portanto, é nítido que a *atividade de planejamento* é um dever do Estado, que, antes de tudo, deve primar por diagnosticar as necessidades daquilo que se ressente o interesse público sob sua tutela e propor metas

---

§ *7º Quando envolverem serviços regionalizados, os planos de saneamento básico devem ser editados em conformidade com o estabelecido no art. 14 desta Lei.*

§ *8º Exceto quando regional, o plano de saneamento básico deverá englobar integralmente o território do ente da Federação que o elaborou.*

e programas efetivos de ação aptos a atender e, principalmente, a superar as expectativas e se antecipar, tanto quanto possível, às conjunturas futuras para que não haja solução de continuidade na prestação dos serviços sob seu encargo.

2. CONTEXTO HISTÓRICO DA DISCIPLINA JURÍDICA DOS SERVIÇOS DE SANEAMENTO BÁSICO NO ORDENAMENTO JURÍDICO BRASILEIRO

O saneamento básico, embora seja tema de suma relevância, elementar na vida diária de qualquer sociedade, tem história razoavelmente recente no que tange a sua regulamentação por meio de normas jurídicas no Brasil.

Como se verá a seguir, a história da regulamentação do saneamento no Brasil inicia-se profundamente mesclada com o direito de vizinhança para, algum tempo depois, ter um marco muito importante, o Código de Águas, que consolidou as primeiras regras efetivas sobre água para abastecimento e sobre os primórdios do esgotamento sanitário.

Nessa toada da evolução histórico-normativa, o Código de Águas foi também a primeira norma a consolidar diretrizes importantes, como a do poluidor-pagador, além de estabelecer o que provavelmente foi o primeiro marco normativo do direito ambiental em solo pátrio.

Muito bem. Apesar de o Brasil ser um país efetivamente soberano e independente desde a promulgação da Constituição do Império, outorgada em 25 de março de 1824, nessa Carta Política sequer há menção expressa aos recursos hídricos como bens a merecer regramento jurídico.

Cabia, sob a égide da Constituição do Império, à Assembleia Geral regular a administração dos bens nacionais e decretar sua alienação[2],

---

[2] *Art. 15. E' da attribuição da Assembléa Geral: [...]*
XV. Regular a administração dos bens Nacionaes, e decretar a sua alienação

O DEVER DE PLANEJAMENTO ESTATAL E A EFETIVIDADE NA...

de modo que se pode presumir, apenas, que os recursos naturais se constituíssem bens públicos, já que a Carta do Império não estabelecia um rol com essa finalidade. É interessante notar, no entanto, que, mesmo no regime monárquico, a Constituição de então já estabelecia a responsabilidade pessoal dos Ministros de Estado por "qualquer dissipação dos bens públicos"[3].

Pode-se especular que a ausência de menção aos recursos hídricos refletia a crença, até hoje encontradiça em muitos setores da sociedade, de que a água é um recurso infinito, de modo que se pode concluir que somente se passou a lhe dar atenção quando a sociedade se modernizou a ponto de notar que sua interferência sobre o ambiente necessitaria de regulação.

É nesse contexto que as primeiras menções à disciplina do uso dos recursos hídricos foram incluídas no Código Civil de 1916. Embora o viés fundamental dessas normas se voltasse aos aspectos eminentemente privados do *direito de vizinhança*, é no mínimo curioso notar o teor dos artigos 584 e 585 que, a propósito de estabelecer limites ao *direito de construir*, talvez possam ser considerados os primeiros artigos de Lei com vistas a regulamentar o uso da água para consumo:

Art. 584. São proibidas construções capazes de poluir, ou inutilizar para o uso ordinário a água de poço ou fonte alheia, a elas preexistente.

Art. 585. Não é permitido fazer escavações que tirem ao poço ou à fonte de outrem a água necessária. É, porém, permitido fazê-las, se apenas diminuírem o suprimento do poço ou da fonte do vizinho, e não forem mais profundas que as deste, em relação ao nível do lençol d'água.

Nestes artigos, vislumbra-se o princípio da regulação do setor de saneamento, em que a norma transcende a relação meramente privada entre vizinhos para reconhecer, ainda que implicitamente, interesse público qualificado na preservação da qualidade da água, já que sua

---

[3] *Art. 133. Os Ministros de Estado serão responsáveis: [...]*
VI. Por qualquer dissipação dos bens públicos.

destinação fundamental, ao menos sob o aspecto jurídico, é o consumo humano e, para isso, a regulação deve existir para racionalizar e disciplinar seu uso de modo que não falte o recurso a ninguém.

Poucos anos depois, foi editada a primeira norma regulamentar efetivamente voltada a disciplinar o uso dos recursos hídricos em território nacional. Trata-se do Decreto Federal n. 24.643, de 10 de julho de 1934, que instituiu o Código de Águas. É possível notar, nessa norma, viés bastante voltado à disciplina do potencial hidráulico para geração de energia elétrica. Ainda assim, constata-se a primeira menção a "fontes", "reservatórios" e "nascentes" de água como bens de domínio público em seu artigo 2º:

> Art. 2º São águas públicas de uso comum: [...]
>
> d) as fontes e reservatórios públicos;
>
> e) as nascentes quando forem de tal modo consideráveis que, por si só, constituam o "caput fluminis";

Em seguida, seus artigos 29 a 31 trataram de atribuir aos entes federados a propriedade específica de determinadas fontes de recursos hídricos e corpos d'água:

> Art. 29. As águas públicas de uso comum, bem como o seu álveo, pertencem:
>
> I – A União:
>
> a) quando marítimas;
>
> b) quando situadas no Território do Acre, ou em qualquer outro território que a União venha a adquirir, enquanto o mesmo não se constituir em Estado, ou for incorporado a algum Estado;
>
> c) quando servem de limites da República com as nações vizinhas ou se extendam a território estrangeiro;
>
> d) quando situadas na zona de 100 kilometros contigua aos limites da República com estas nações;
>
> e) quando sirvam de limites entre dois ou mais Estados;
>
> f) quando percorram parte dos territórios de dois ou mais Estados.

O DEVER DE PLANEJAMENTO ESTATAL E A EFETIVIDADE NA...

II – Aos Estados:

a) quando sirvam de limites a dois ou mais Municípios;

b) quando percorram parte dos territórios de dois ou mais Municípios.

III – Aos Municípios:

a) quando, exclusivamente, situados em seus territórios, respeitadas as restrições que possam ser impostas pela legislação dos Estados.

§ 1º Fica limitado o domínio dos Estados e Municípios sobre quaisquer correntes, pela servidão que a União se confere, para o aproveitamento industrial das águas e da energia hidráulica, e para navegação;

§ 2º Fica, ainda, limitado o domínio dos Estados e Municípios pela competência que se confere a União para legislar, de acordo com os Estados, em socorro das zonas periodicamente assoladas pelas secas.

Art. 30. Pertencem a União os terrenos de marinha e os acrescidos natural ou artificialmente, conforme a legislação especial sobre o assunto.

Art. 31. Pertencem aos Estados os terrenos reservados as margens das correntes e lagos navegáveis, si, por algum título, não forem do domínio federal, municipal ou particular.

Parágrafo único. Esse domínio sofre idênticas limitações as de que trata o art. 29.

Muito embora este Decreto ainda não contivesse normas específicas acerca dos serviços públicos de saneamento básico como hoje se conhecem, em harmonia com as disposições do Código Civil de 1916, foram editadas as primeiras regras específicas acerca do consumo de água e seu descarte, transcendendo, enfim, a regulação limitada ao *direito de vizinhança* para o pioneiro reconhecimento da água como bem público cujo acesso deve ser a todos garantido. É o teor do artigo 34:

LIVRO II

APROVEITAMENTO DAS ÁGUAS

TÍTULO I

Águas comuns de todos

CAPÍTULO ÚNICO

Art. 34. É assegurado o uso gratuito de qualquer corrente ou nascente de águas, para as primeiras necessidades da vida, se houver caminho público que a torne acessível.

É de todo interessante notar a expressão "primeiras necessidades da vida", conceito que, atualmente, está incorporado de maneira inexorável no conceito de saneamento básico como serviço essencial à manutenção de condições dignas e sadias de vida.

O artigo 36, por sua vez, assegurava o uso de quaisquer águas públicas (assim entendidas como os demais bens jurídicos definidos no artigo 2º), desde que observados os regulamentos administrativos:

Art. 36. É permitido a todos usar de quaisquer águas públicas, conformando-se com os regulamentos administrativos.

§ 1º Quando este uso depender de derivação, será regulado, nos termos do capítulo IV do título II, do livro II, tendo, em qualquer hipótese, preferência a derivação para o abastecimento das populações.

§ 2º O uso comum das águas pode ser gratuito ou retribuído, conforme as leis e regulamentos da circunscrição administrativa a que pertencerem.

Neste artigo, inclusive, é mencionado o instituto da *derivação*, regulado em seguida pelos artigos 43 e seguintes, que mencionam, pela primeira vez, a necessidade de regulação da outorga de uso de recursos hídricos e a possibilidade de que haja pagamento de contraprestação por tal uso.

O instituto da derivação, por sua vez, regulado com base nos mencionados artigos 43 e seguintes, consiste, certamente, na primeira hipótese normativa correspondente ao que, hoje, conceitua-se como *outorga de uso*:

Art. 43. As águas públicas não podem ser derivadas para as aplicações da agricultura, da indústria e da higiene, sem a existência de concessão administrativa, no caso de utilidade pública e, não se verificando esta, de autorização administrativa, que será dispensada, todavia, na hipótese de derivações insignificantes.

O DEVER DE PLANEJAMENTO ESTATAL E A EFETIVIDADE NA...

§ 1º A autorização não confere, em hipótese alguma, delegação de poder público ao seu titular.

§ 2º Toda concessão ou autorização se fará por tempo fixo, e nunca excedente de trinta anos, determinando-se também um prazo razoável, não só para serem iniciadas, como para serem concluídas, sob pena de caducidade, as obras propostas pelo peticionário.

Destaca-se a presença do termo *higiene* no *caput* do artigo, prelúdio da regulamentação dos serviços de saneamento básico no direito pátrio, assim como o instituto da concessão que, já naquela época, consagrava o prazo de 30 (trinta) anos para seu exercício, atualmente o prazo mais frequente em contratos de concessão da prestação desse tipo de serviço.

O artigo 44, por sua vez, apresentava a primeira hipótese de delegação da prestação de serviços de saneamento, ainda que de maneira implícita, e, desde então, exigia que sua delegação fosse precedida de licitação pública e já se consagrava, no artigo 46, a inalienabilidade da titularidade do recurso hídrico, conceito que, mais recentemente, é aplicado também à titularidade do próprio serviço público de saneamento básico:

Art. 44. A concessão para o aproveitamento das águas que se destinem a um serviço público será feita mediante concorrência pública, salvo os casos em que as leis ou regulamentos a dispensem.

Parágrafo único. No caso de renovação será preferido o concessionário anterior, em igualdade de condições, apurada em concorrência.

[...]

Art. 46. A concessão não importa, nunca, a alienação parcial das águas públicas, que são inalienáveis, mas no simples direito ao uso destas águas.

Além disso, já se previu, no artigo 51, alínea "a", a necessidade de que a regulamentação administrativa conciliasse todos os possíveis usos a que o bem público pudesse se destinar, bem como a necessidade de que a cessão, total ou parcial, da concessão (ou autorização) fosse previamente submetida ao crivo da Administração:

Art. 51. Neste regulamento administrativo se disporá:

a) sobre as condições de derivação, de modo a se conciliarem quanto possível os usos a que as águas se prestam;

[...]

Art. 52. Toda cessão total ou parcial da concessão ou autorização, toda mudança de concessionário ou de permissionário depende de consentimento da administração.

Aqui, pode-se constatar o prólogo do dever de planejamento estatal, ao menos no setor de saneamento e uso de recursos hídricos, já que o dever de conciliar todos os potenciais usos consiste no reconhecimento normativo de que os recursos hídricos não são infinitos e que seu adequado aproveitamento, necessariamente, requer planejamento estatal.

Por fim, aquelas que podem ser consideradas as primeiras normas jurídicas a delinearem o que hoje se conhece pelo *serviço de esgotamento sanitário* estão apostas no artigo 53, que também merece realce:

Art. 53. Os utentes das águas públicas de uso comum ou os proprietários marginais são obrigados a se abster de fatos que prejudiquem ou embaracem o regime e o curso das águas, e a navegação ou flutuação exceto se para tais fatos forem especialmente autorizados por alguma concessão.

Parágrafo único. Pela infração do disposto neste artigo, os contraventores, além das multas estabelecidas nos regulamentos administrativos, são obrigados a remover os obstáculos produzidos. Na sua falta, a remoção será feita à custa dos mesmos pela administração pública.

Aliás, também se nota, especificamente nesta norma, a presença de sanções de diversas naturezas: a de multa, pela causação do dano, e a de reversão do dano causado, mediante remoção dos "obstáculos produzidos".

Os artigos 109 e 110 tratam das "águas nocivas", de modo a firmar as bases do direito aplicável não apenas ao saneamento básico, mas também ao próprio direito ambiental no que concerne à poluição dos corpos d'água:

O DEVER DE PLANEJAMENTO ESTATAL E A EFETIVIDADE NA...

Art. 109. A ninguém é lícito conspurcar ou contaminar as águas que não consome, com prejuízo de terceiros.

Art. 110. Os trabalhos para a salubridade das águas serão executados à custa dos infratores, que, além da responsabilidade criminal, se houver, responderão pelas perdas e danos que causarem e pelas multas que lhes forem impostas nos regulamentos administrativos.

Inclusive, como mencionado alhures, a norma contida no *caput* do artigo 110 consagra o princípio do direito ambiental do *poluidor pagador* ao impor que *os trabalhos para a salubridade das águas serão executados à custa dos infratores*, sem prejuízo das demais responsabilidades cabíveis e pela indenização dos danos.

Também se pode creditar ao Código de Águas a positivação, ao menos no que respeita aos primórdios da regulamentação dos serviços de saneamento, do conceito de sujeição especial aplicado às relações travadas com a Administração Pública a propósito da tutela dos recursos hídricos como bens públicos sob administração do Estado:

Art. 58. A administração pública respectiva, por sua própria força e autoridade, poderá repor incontinente no seu antigo estado, as águas públicas, bem como o seu leito e margem, ocupados por particulares, ou mesmo pelos Estados ou municípios:

a) quando essa ocupação resultar da violação de qualquer lei, regulamento ou ato da administração;

b) quando o exigir o interesse público, mesmo que seja legal, a ocupação, mediante indenização, se esta não tiver sido expressamente excluída por lei.

Parágrafo único. Essa faculdade cabe à União, ainda no caso do art. 40, n. II, sempre que a ocupação redundar em prejuízo da navegação que sirva, efetivamente, ao comércio.

Relevante notar como a paulatina consolidação das normas acerca de saneamento básico caminhou enlaçada com as primeiras linhas acerca da própria regulamentação da titularidade dos recursos hídricos e com os passos primordiais para a formação do compêndio atualmente vigente de normas de direito ambiental.

217

Em continuidade à evolução histórica, apenas seis dias após a promulgação do Código de Águas foi promulgada a Constituição de 1934. Em seu artigo 5º, atribuiu, à União Federal a *competência privativa para legislar sobre bens de domínio federal*, entre eles, *águas e energia elétrica*, e o artigo 119 dispunha que o aproveitamento das águas e da energia hidráulica, ainda que de propriedade privada, dependeria de autorização ou de concessão por parte da União na forma da Lei.

O artigo 138, por sua vez, estabelecia, em sua alínea "f", ainda que de forma muito ampla e abrangente, as competências legislativas e administrativas concorrentes para dispor sobre "higiene social", de modo a impedir "propagação de doenças transmissíveis". Embora o conceito fosse muito amplo, é possível extrair o entendimento de que tais competências se aplicariam, ao menos em tese, à regulamentação para o saneamento básico, sem prejuízo das disposições do Código de Águas, que não encontrava óbice a ser recepcionado pela então nova ordem constitucional.

A Constituição promulgada em seguida, em 1937 não trouxe disposições inovadoras a propósito, especificamente, do uso dos recursos hídricos para o saneamento básico. Foi apenas com a promulgação da Constituição de 1946 que se alteraram, profundamente, as regras acerca de sua propriedade, ampliando o rol de riquezas minerais atribuído especificamente à União, conforme o teor de seu artigo 34.

A grande inovação, no caso da Constituição de 1946, foi a positivação do que talvez tenha sido a primeira política pública ampla a propósito do planejamento e do uso de recursos hídricos. Com efeito, o artigo 29 do Ato das Disposições Constitucionais Transitórias estabeleceu que a União disporia de 20 (vinte) anos de prazo para elaborar e executar um *plano de exploração de todos os potenciais de aproveitamento do Rio São Francisco*, para o que determinou a vinculação de nada menos do que 1% (um por cento) das receitas tributárias anuais da União:

Art. 29. O Governo Federal fica obrigado, dentro do prazo de vinte anos, a contar da data da promulgação desta Constituição, a traçar e executar um plano de aproveitamento total das possibilidades econômicas do rio São Francisco e seus afluentes, no qual aplicará, anualmente, quantia não inferior a um por cento de suas rendas tributárias.

O DEVER DE PLANEJAMENTO ESTATAL E A EFETIVIDADE NA...

Em outras palavras, há cerca de pouco mais de 60 (sessenta) anos, a própria Constituição consagrara o dever de planejamento estatal notadamente quanto ao uso dos potenciais de aproveitamento de uma das maiores riquezas do país: seus recursos hídricos.

Além disso, é interessante notar que, desde 1946, o Rio São Francisco é considerado pelo Poder Público como uma importante riqueza a ser empregada no desenvolvimento nacional, contexto em que os auspiciosos projetos de transposição, embora ousados, não chegam a ser considerados como novidade.

Bem, após a promulgação da Constituição de 1946, verifica-se um longo hiato legislativo até a edição da Lei Federal n. 4.771, de 15 de setembro de 1965, que estabeleceu o Código Florestal. Muito embora o foco dessa norma não fosse, especificamente, regulamentar os serviços de saneamento, importantes avanços foram constatados, sobretudo com a criação das denominadas *áreas de preservação permanente*, entre as quais, as matas ciliares, com base no reconhecimento de que tais biomas deveriam ser preservados por serem considerados essenciais para a manutenção do equilíbrio ecológico.

Adiante, em 20 de janeiro de 1967, foi outorgada nova ordem constitucional. Ainda que não tenha havido alteração das regras acerca da titularidade dos bens públicos e dos recursos hídricos, sendo preservada a atribuição efetivada pela Constituição de 1946, uma nova competência administrativa foi atribuída à União por força do inciso XII de seu artigo 8º: a de *organizar a defesa permanente contra as calamidades públicas, especialmente a seca e as inundações*.

Ao tratar do tema, consagrou-se, enfim, o dever jurídico permanente de o Estado brasileiro tratar de dois temas relevantíssimos e tão em destaque no momento presente: a *seca*, ou seja, o *planejamento e estabelecimento de diretrizes e mecanismos de contingência para garantir o abastecimento*, e as *inundações*, certamente o primeiro passo na normatização do que hoje a Lei Federal n. 11.445/07 conceitua como serviço público de drenagem.

Em conjunto com o disposto no inciso XII, o mesmo artigo 8º da Constituição de 1967 positivou, definitivamente, o **dever de**

219

planejamento estatal, outorgando, também à União, a competência de estabelecer e executar os *planos regionais de desenvolvimento*, conforme consta de seu inciso XIII, e os *planos nacionais de educação e saúde*, entabulados no inciso XIV.

Paralelamente à evolução normativa, é muito curioso notar a evolução havida em outros setores da sociedade civil. Julio Cerqueira Cesar Neto retrata o histórico da consolidação do saneamento sob os aspectos de engenharia no período compreendido entre os anos de 1950 e 1973:

> *Acredito que o saneamento básico contemporâneo nasceu nessa fase. Não tenho dúvida de que o grande responsável por esse nascimento e desenvolvimento foi o saudoso Professor Lucas Nogueira Garcez. Eleito governador do Estado em 1951 com apenas 36 anos de idade cumpriu o mandato até 1954 – que, sem exageros, pode ser considerado entre os melhores que o Estado já teve.*
>
> *O nosso saneamento básico foi bem-nascido. O Professor Garcez criou o curso de engenheiros sanitaristas na Faculdade de Higiene e Saúde Pública da USP, manteve o DAE administrando o município de São Paulo, órgão de grandes tradições nesse mister; criou o Departamento de Obras Sanitárias (DOS) para assistir os demais municípios e implantou um sistema permanente de financiamento para o setor através da Caixa Econômica do Estado.*
>
> *O curso de engenheiros sanitaristas da Faculdade de Higiene logo se tornou referência latino-americana. Formou uma excepcional equipe de sanitaristas não só para o nosso Estado, mas também para os demais estados brasileiros e diversos países sul e centro-americanos.*
>
> *A equipe paulista não só conduziu com extrema competência a primeira fase, como formou novos sanitaristas e prosseguiu com eles através da segunda fase, já no Planasa. É interessante observar que vários desses sanitaristas eram empreiteiros de obras.*[4]

Cerca de mais onze anos se passaram quando, em 11 de maio de 1978, a União promulgou a Lei Federal n. 6.528, que criou o *Plano Nacional de Saneamento Básico (Planasa)*. Os serviços públicos de saneamento básico, enfim, receberam reconhecimento legislativo e passaram a integrar, especificamente, o ordenamento jurídico pátrio.

---

[4] Disponível em: <http://www.brasilengenharia.com/portal/images/stories/revistas/edicao616/616_palavra_01.pdf>. Acesso em: 26 mar. 2015.

O DEVER DE PLANEJAMENTO ESTATAL E A EFETIVIDADE NA...

Naquele momento, a política pública de saneamento básico era fortemente centrada na figura do Poder Público. Coube à União, por meio da edição do Planasa, editar normas gerais de tarifação e fiscalizar sua aplicação, coordenar, orientar e fiscalizar a execução dos serviços de saneamento básico e *assegurar assistência financeira quando necessária*[5]. Mais uma vez, recorremos ao registro de Julio Cerqueira Cesar Neto sobre o contexto histórico subjacente à evolução normativa:

Nessa mesma época (1967) um grupo de sanitaristas cariocas com o objetivo de criar um programa de saneamento básico permanente para o Brasil imaginou o Planasa através da utilização de recursos do BNH, recém-criado, para o financiamento de habitação com recursos do FGTS, argumentando que esses recursos poderiam também atender ao programa de saneamento básico. Venderam a idéia ao governo militar com base num modelo convincente.

O modelo do Planasa se baseou na viabilidade econômico-financeira de empresas estaduais. O seu estudo mostrava a excelente rentabilidade do saneamento básico, produzindo rapidamente fluxos de caixa excepcionais e com isso conseguiu convencer os militares (e os economistas de plantão que só viam o econômico – o social e ambiental, nessa época, não existiam) a autorizar o uso de parte dos depósitos do FGTS do BNH no seu plano.

Mas tinha um "porém". Eles, no fundo, não acreditavam que a maioria dos estados efetivassem os retornos do capital investido e, também no fundo, sabiam que o Estado de São Paulo seria o seu trunfo e que garantiria os retornos para viabilizar o Plano. Daí a enorme pressão que passaram a exercer sobre o governo Abreu Sodré (1967-1971) para que aderisse ao Plano criando a sua empresa estadual.[6]

---

[5] *Art. 1º O Poder Executivo, através do Ministério do Interior, estabelecerá as condições de operação dos serviços públicos de saneamento básico integrados ao Plano Nacional de Saneamento Básico – PLANASA. Parágrafo único. Para cumprimento do disposto no caput deste artigo, compete ao Ministério do Interior:*

I – estabelecer normas gerais de tarifação, bem como fiscalizar sua aplicação;

II – coordenar, orientar e fiscalizar a execução dos serviços de saneamento básico;

III – assegurar a assistência financeira quando necessária.

[6] Ibidem.

A Lei do Planasa, além de centralizar o planejamento dos serviços na figura da União, completou seu modelo institucional em seu artigo 2º, reconhecendo grande importância da atuação dos Estados membros na prestação dos serviços por intermédio das *companhias estaduais de saneamento básico*, que ficariam integralmente responsáveis pela elaboração dos estudos econômicos para fixação das tarifas:

Art. 2º Os Estados, através das companhias estaduais de saneamento básico, realizarão estudos para fixação de tarifas, de acordo com as normas que forem expedidas pelo Ministério do Interior.

Além disso, o §2º do artigo 2º, combinado com o *caput* do artigo 4º, estabeleceu relevantes diretrizes econômicas para os serviços de saneamento básico: a remuneração de sua prestação pelo regime de *serviço pelo custo* e a fixação de regime tarifário com dupla finalidade: assegurar a viabilidade econômico-financeira das companhias prestadoras e a modicidade tarifária com base no estabelecimento de tarifa mínima:

Art. 2º [...]

§ 2º As tarifas obedecerão ao regime do serviço pelo custo, garantindo ao responsável pela execução dos serviços a remuneração de até 12% (doze por cento) ao ano sobre o investimento reconhecido.

[...]

Art. 4º A fixação tarifária levará em conta a viabilidade do equilíbrio econômico-financeiro das companhias estaduais de saneamento básico e a preservação dos aspectos sociais dos respectivos serviços, de forma a assegurar o adequado atendimento dos usuários de menor consumo, com base em tarifa mínima.

As mais importantes questões a propósito da prestação dos serviços, sobretudo seus aspectos econômico-financeiros, foram objeto de regulamentação pela via do Decreto Federal n. 82.587, de 6 de novembro de 1978, expedido com o propósito, justamente, de regulamentar o Planasa.

Coube ao artigo 2º estabelecer o então inédito conceito normativo dos serviços de saneamento. Por força da alínea "a" do § 2º do

O DEVER DE PLANEJAMENTO ESTATAL E A EFETIVIDADE NA...

artigo 2º, os sistemas de abastecimento de água consistiriam no conjunto de obras, instalações e equipamentos que tivessem por finalidade captar, aduzir, tratar e distribuir água. Já a alínea "b" do mesmo parágrafo e artigo conceituou os sistemas de esgotos como o conjunto de obras, instalações e equipamentos destinados a coletar, transportar e dar destino final às águas residuárias ou servidas.

O artigo 3º, por sua vez, estabeleceu relevantes objetivos para o Planasa, em sua maioria voltados à disciplina econômico-financeira da prestação dos serviços de saneamento básico. Vale transcrever seu teor:

Art. 3º O PLANASA tem por objetivos permanentes:

a) – a eliminação do déficit e a manutenção do equilíbrio entre a demanda e a oferta de serviços públicos de água e de esgotos, em núcleos urbanos, tendo por base planejamento, programação e controle sistematizados:

b) – a auto-sustentação financeira do setor de saneamento básico, através da evolução dos recursos a nível estadual, dos Fundos de Financiamento para Água e Esgotos (FAE);

c) – a adequação dos níveis tarifários às possibilidades dos usuários, sem prejuízo do equilíbrio entre receita e custo dos serviços, levando em conta a produtividade do capital e do trabalho;

d) – o desenvolvimento institucional das companhias estaduais de saneamento básico, através de programas de treinamento e assistência técnica;

e) – a realização de programas de pesquisas tecnológicas no campo do saneamento básico.

Importantes aspectos tratados pelo Decreto foram a questão do subsídio tarifário cruzado e o escalonamento da estrutura tarifária por faixas de consumo, além da determinação do limite de remuneração de investimentos de capital das companhias estaduais.

A estruturação da política tarifária com base em subsídio cruzado estabelecia que caberia aos usuários de maior porte e aos usuários de maior poder aquisitivo, de modo que se pudesse preservar o equilíbrio entre o custeio eficiente da prestação dos serviços e a modicidade tarifária. É do Planasa o estabelecimento da franquia de consumo mínima de 10m³ mensais, antevendo, desde os primórdios do que se poderia denominar de operação estruturada, a necessidade de assegurar um fluxo de caixa estável para garantir a prestação adequada dos serviços. Vale destacar os artigos 10 e 11:

Art. 10. Os benefícios dos serviços de saneamento básico serão assegurados a todas as camadas sociais, devendo as tarifas adequar-se ao poder aquisitivo da população atendida, de forma a compatibilizar os aspectos econômicos com os objetivos sociais.

Art. 11. As tarifas deverão ser diferenciadas segundo as categorias de usuários e faixas de consumo, assegurando-se o subsídio dos usuários de maior para os de menor poder aquisitivo, assim como dos grandes para os pequenos consumidores.

§ 1º A conta mínima da categoria residencial, compreendendo o abastecimento de água e a coleta de esgotos, não deverá ser superior à quantia equivalente a 0,50 do valor fixado para a Obrigação Reajustável do Tesouro Nacional (ORTN) do mês inicial de cada trimestre civil, reduzindo-se essa quantia para 0,35, quando se tratar exclusivamente de abastecimento de água.

§ 2º A conta mínima de água resultará do produto da tarifa mínima pelo consumo mínimo, que será de pelo menos 10 m³ mensais, por economia da categoria residencial.

A estrutura técnica da tarifa foi regulamentada, a seu turno, pelo artigo 13, que fixou as categorias de consumo em residencial, comercial, industrial e público. O artigo 14 já dispunha sobre tarifação progressiva, mecanismo que, se sabiamente empregado, tem o condão de incentivar o uso racional da água tratada[7].

---

[7] *Art. 13. Os usuários serão classificados nas seguintes categorias: residencial, comercial, industrial e pública.*

Parágrafo único – As categorias referidas no caput deste artigo poderão ser subdivididas em grupos, de acordo com suas características de demanda e/ou consumo, sendo vedada, dentro de um mesmo grupo, a discriminação de usuários que tenham as mesmas condições de utilização dos serviços.

Art. 14. As tarifas da categoria residencial serão diferenciadas para as diversas faixas de consumo, devendo, em função destas, ser progressivas em relação ao volume faturável.

O DEVER DE PLANEJAMENTO ESTATAL E A EFETIVIDADE NA...

Uma questão técnica muito importante definida pelo Decreto e que, contudo, pouco se verifica na prática, é o dever de se realizarem macromedições no sistema de abastecimento de água:

Art. 18. As companhias estaduais de saneamento básico determinarão, através de estudos, a percentagem conveniente de ligações medidas, por sistema, em sua área de atuação, de forma a otimizar seu programa de implantação de medidores.

§ 1º Na ausência dos medidores, o consumo poderá ser estimado em função do consumo médio presumido, com base em atributo físico do imóvel ou outro critério que venha a ser estabelecido.

§ 2º Haverá, obrigatoriamente, a macromedição dos sistemas de água, sendo o número e os tipos de medidores estabelecidos pelas companhias estaduais de saneamento básico, tendo em conta as características de cada sistema.

O instrumento da macromedição é imprescindível para o maior controle operacional do sistema, sobretudo quanto aos quesitos de perda física e manutenção da pressão da rede. Contudo, com base nos dados do atual Sistema Nacional de Informações em Saneamento (SNIS) verifica-se que pouco investimento foi feito nesse sentido desde a instituição do Planasa, dado o elevadíssimo índice de perda física na expressiva maioria dos municípios da Federação.

Outro aspecto econômico-financeiro de relevo foi a estipulação: [i] do critério de remuneração pelo custo e [ii] a previsão da receita remuneratória das companhias estaduais, limitada, nos termos do artigo 21, a 12% (*doze por cento*) ao ano sobre o *investimento reconhecido*[8]. Para

---

[8] *Art. 21. As tarifas obedecerão ao regime do serviço pelo custo, garantido às companhias estaduais de saneamento básico, em condições eficientes de operação, a remuneração de até 12% (doze por cento) ao ano sobre o investimento reconhecido.*

§ 1º – O custo dos serviços, a ser computado na determinação da tarifa, deve ser o mínimo necessário à adequada exploração dos sistemas pelas companhias estaduais de saneamento básico e à sua viabilização econômico-financeira.

§ 2º – O custo dos serviços compreende:

a) – as despesas de exploração;

b) – as quotas de depreciação, provisão para devedores e amortizações de despesas;

c) – a remuneração do investimento reconhecido.

fins de definição dos componentes de custo, o citado artigo 21 estabeleceu as *despesas de exploração, quotas de depreciação, provisão para devedores e amortizações de despesas* e a *remuneração do investimento reconhecido*.

Vale aqui uma breve crítica de cunho *sociopolítico*: muito embora essa remuneração não possa ser equiparada ao conceito de matemática financeira de *taxa interna de retorno*, é instigante constatar que, para o Poder Público, que deveria prestar, desde o Planasa, serviços de saneamento a preço de custo e sem intenção de lucro, fosse assegurado ganho de capital expressivo, ao passo que, no atual cenário de estímulo às concessões, haja verdadeiro movimento de *"demonização"* da *taxa interna de retorno* almejada pelos particulares que se dispõem a assumir os riscos da prestação desses serviços. A propósito, recentes rodadas de concessões federais amargaram o fracasso de seus processos licitatórios ao tentar limitar a taxa interna de retorno a menos de 6% (seis por cento) ao ano.

Por fim, muito antes do advento do Plano Real e da estabilização econômica, ocasião em que a Lei Federal n. 8.880, de 27 de maio de 1994 estabeleceu, em seu artigo 11, a periodicidade mínima de 12 (doze) meses para aplicação de índices de reajuste, o artigo 29, do Decreto do Planasa já estabelecia essa regra como um dos mecanismos necessários à prestação dos serviços em regime de eficiência para assegurar o equilíbrio econômico-financeiro da prestação:

Art. 29. As tarifas serão revistas uma vez por ano, objetivando a concessão de reajustes para um período de 12 (doze) meses.

§ 1º Para os efeitos deste artigo, as companhias estaduais de saneamento básico encaminharão ao BNH os seus estudos, com a proposta de fixação dos níveis de reajustes atendidos os termos deste Decreto e as normas complementares pertinentes.

§ 2º O BNH procederá à análise das propostas, submetendo-as, com o seu parecer, à consideração do Ministério do Interior.

§ 3º O Ministro de Estado do Interior, após a aprovação do Conselho Interministerial de Preços – CIP, autorizará, por intermédio do BNH, providências para a fixação dos reajustes tarifários.

O DEVER DE PLANEJAMENTO ESTATAL E A EFETIVIDADE NA...

Em suma, esse é o modelo técnico e econômico-financeiro adotado pelo Planasa, certamente, com base na vontade política do Governo Federal de então, qual seja, de universalizar o acesso a tão relevantes serviços.

Desde a instituição do Planasa, em 1978, não se constataram alterações significativas no modelo, sendo certo que, considerando-se os dados do atual SNIS, é possível verificar que uma quantidade expressiva de municípios ainda é atendida por companhias estaduais, sendo que os dados falam por si só: a **cobertura está longe da universalização**, as **perdas são significativas** e, em algumas companhias estaduais, as despesas com pessoal chegam a patamares alarmantes em comparação, proporcionalmente, às despesas operacionais. Curioso, nesse aspecto, o comentário de Julio Cerqueira Cesar Neto:

SEGUNDA FASE (1973-1990)

Corresponde ao período de vigência do Planasa. O Estado conseguiu o financiamento que precisava para os investimentos na região metropolitana, especialmente no Sistema Cantareira, e para os municípios que deram concessão à Sabesp. Os municípios que resistiram e não aderiram ficaram sem recursos durante 17 anos, até o final do Plano.

O comando do programa se manteve na Sabesp com os engenheiros sanitaristas.

O Estado aproveitou os financiamentos e viveu um período muito profícuo, especialmente no que se refere aos sistemas de abastecimento de água. Nos esgotos foram bem mais modestos. Porém pagou os retornos necessários conforme esperavam os seus autores.

Em meados da década de 1980 o BNH foi extinto e em consequência acabou o Planasa. O saneamento básico nacional entrou de férias, como ainda se encontra.[9]

Com a obsolescência do Planasa, sobretudo nos últimos 15 (quinze) anos, muitos municípios têm buscado retomar a prestação dos serviços

---

[9] Ibidem.

outrora delegados às companhias estaduais, muito em função do debate acerca da titularidade constitucional dos serviços e, em muitos casos, de debates sobre a qualidade e a eficiência de sua prestação.

Nesse cenário, outro modelo foi ganhando cada vez mais aplicação pelos Municípios: a *prestação direta por meio de autarquia criada para esse fim*. Contudo, mesmo esse modelo, considerando-se os dados do SNIS, não apresenta índices satisfatórios de cobertura. Aliás, hoje, há apenas um único município no Brasil que logrou universalizar 100% dos serviços de água e esgoto em operação direta por meio de autarquia: trata-se da cidade de Sorocaba. Nada obstante, esse exemplo é isolado.

Retomando-se o histórico, em seguida ao Planasa, sobreveio a consolidação legislativa das normas acerca de direito ambiental por meio da promulgação da Lei da Política Nacional do Meio Ambiente contida na Lei Federal n. 6.938, de 31 de agosto de 1981. Apesar de seu conteúdo não se voltar detalhadamente para as atividades nucleares dos serviços de saneamento em si consideradas, trouxe ampla regulamentação das atividades *potencialmente poluidoras*[10] e instituiu o mecanismo do licenciamento ambiental com base na positivação definitiva do princípio do *poluidor-pagador*[11].

Alguns anos após a edição da Lei da Política Nacional do Meio Ambiente e após longo hiato desde a instituição do Planasa, em 5 de outubro de 1988, foi promulgada a vigente Constituição que alargou, significativamente, sua abrangência, concedendo tutela jurídica expressa

---

[10] *Art 9º São instrumentos da Política Nacional do Meio Ambiente: [...]*

IV – o licenciamento e a revisão de atividades efetiva ou potencialmente poluidoras

[11] *Art 14. Sem prejuízo das penalidades definidas pela legislação federal, estadual e municipal, o não cumprimento das medidas necessárias à preservação ou correção dos inconvenientes e danos causados pela degradação da qualidade ambiental sujeitará os transgressores: [...]*

§ 1º – Sem obstar a aplicação das penalidades previstas neste artigo, é o poluidor obrigado, independentemente da existência de culpa, a indenizar ou reparar os danos causados ao meio ambiente e a terceiros, afetados por sua atividade. O Ministério Público da União e dos Estados terá legitimidade para propor ação de responsabilidade civil e criminal, por danos causados ao meio ambiente.

O DEVER DE PLANEJAMENTO ESTATAL E A EFETIVIDADE NA...

ao meio ambiente, que passou a merecer um capítulo inteiro do texto constitucional. A competência para legislar sobre águas é atribuída com *exclusividade* à União, nos termos do inciso IV do artigo 22, bem como a competência para instituir *diretrizes* para o saneamento básico, conforme se lê no inciso XX do artigo 21.

Também é consagrada a competência concorrente de todos os entes federados para *promover programas de construção de moradias e a melhoria das condições habitacionais e de saneamento básico,* como se constata no inciso IX do artigo 23.

Após a promulgação da Constituição Federal, no entanto, longo interregno decorreu sem que houvesse qualquer avanço legislativo ou regulamentar a propósito do saneamento básico no Brasil. Enquanto isso, multiplicaram-se demandas e, como adiantado anteriormente, muitos Municípios, sobretudo os que não estavam inseridos em regiões metropolitanas, mas que haviam outorgado a prestação dos serviços de saneamento às companhias estaduais, buscaram a retomada da prestação de seus serviços, inclusive, perante o Poder Judiciário.

Nesse intervalo, também se elevou ao Supremo Tribunal Federal uma das mais intensas discussões com reflexo sobre os serviços de saneamento básico: a questão de sua *titularidade*. Trata-se da Ação Direta de Inconstitucionalidade n. 1.842/RJ, recentemente julgada.

Por fim, após longos anos de debates institucionais no setor, sobreveio, em 5 de janeiro de 2007, a promulgação da Lei Federal n. 11.445, que enfim instituiu a Política Nacional para o Saneamento Básico, modelo que rompeu, definitivamente, com a estrutura do Planasa, para reconhecer a ampla liberdade do titular dos serviços para prestá-los por intermédio dos mecanismos existentes: prestação direta, contrato de programa com companhias estaduais, delegação a consórcio público, delegação em regime de concessão, assim, consagra-se a ampla liberdade de planejamento executivo.

Uma inovação bastante interessante foi a classificação dos serviços de drenagem de águas pluviais e de limpeza urbana e manejo de resíduos sólidos urbanos como serviços de saneamento básico, de modo que, hoje, pode-se falar em saneamento como uma categoria mais ampla, que se pode denominar de *saneamento ambiental*, da qual os serviços de abastecimento de água e esgotamento sanitário, sempre reconhecidos como serviços de saneamento básico em *sentido estrito*, passam a ser espécies, e não mais o gênero desse setor.

Do ponto de vista técnico-jurídico, a Lei de Saneamento apresenta importantes avanços e promete ser o baluarte da tão esperada evolução do setor. Todavia, não basta que a lei estabeleça os aludidos deveres sem que os agentes públicos implementem, com efetividade, essa atividade fundamental à saúde pública. Para tanto, o primeiro passo, que inclusive garantirá o resultado útil da universalização dos serviços, é promover um planejamento adequado, o que, infelizmente, não se tem visto na Administração Pública brasileira. É disso que trataremos adiante, já que esse é o problema fundamental que impede a implantação adequada dos serviços tão caros a toda nossa sociedade.

3. DO DEVER DE PLANEJAMENTO E OS SERVIÇOS DE SANEAMENTO BÁSICO

À luz do quanto disposto no § 1º do artigo 174 da Constituição Federal, a *atividade de planejamento*, mais do que uma faculdade, exsurge como verdadeiro dever jurídico:

Art. 174. Como agente normativo e regulador da atividade econômica, o Estado exercerá, na forma da lei, as funções de fiscalização, incentivo e planejamento, sendo este determinante para o setor público e indicativo para o setor privado.

§ 1º – A lei estabelecerá as diretrizes e bases do planejamento do desenvolvimento nacional equilibrado, o qual incorporará e compatibilizará os planos nacionais e regionais de desenvolvimento.

O *planejamento* é atividade corriqueira em qualquer corporação minimamente organizada, voltada para atingir determinada finalidade. Com tanta mais razão, é de se esperar que, independentemente

O DEVER DE PLANEJAMENTO ESTATAL E A EFETIVIDADE NA...

de existência de lei que assim o exija, a Administração planeje suas ações, estabeleça metas e prioridades para atingir o nível adequado de desenvolvimento de modo a atender irremediavelmente a sociedade. Seria despiciendo até, que a Constituição Federal fizesse menção ao planejamento.

Assim, ganha sobrelevo o "**dever de planejar do Estado**, que pode ser reconhecido como uma *atividade estatal exclusiva, de caráter obrigatório, que tem por finalidade o desenvolvimento nacional equilibrado, a ser concretizado mediante a implantação de planos nacionais e regionais de desenvolvimento de caráter geral e abstrato, ou da prática de comandos efetivos e complementares da lei, mas de caráter individual e concreto, sempre sujeitos ao controle de legitimidade pelo Poder Judiciário".*[12]

No que atina ao setor de saneamento básico, cumprindo com o comando constitucional, a Lei confere especialíssimo destaque ao dever de planejamento em seu artigo 19, cujo teor será adiante abordado.

Com base na premissa de que o dever de planejar está juridicamente positivado, tanto na Constituição, quanto na Lei de Saneamento, e que, acima de tudo, tal dever não é recente (*como visto, fora positivado pela primeira vez na Constituição de 1946*), é importante abordar aspectos fundamentais que antecedem a elaboração propriamente dita do plano setorial de saneamento básico. Cita-se, para esse propósito, o conteúdo do artigo 9º da Lei de Saneamento:

Art. 9º O titular dos serviços formulará a respectiva política pública de saneamento básico, devendo, para tanto:

I – elaborar os planos de saneamento básico, nos termos desta Lei;

II – prestar diretamente ou autorizar a delegação dos serviços e definir o ente responsável pela sua regulação e fiscalização, bem como os procedimentos de sua atuação;

---

[12] DAL POZZO, Augusto Neves. *Parceiras Público-Privadas* – teoria geral e aplicação nos setores de infraestrutura. Editora Fórum, p. 54.

III – adotar parâmetros para a garantia do atendimento essencial à saúde pública, inclusive quanto ao volume mínimo per capita de água para abastecimento público, observadas as normas nacionais relativas à potabilidade da água;

IV – fixar os direitos e os deveres dos usuários;

V – estabelecer mecanismos de controle social, nos termos do inciso IV do caput do art. 3º desta Lei;

VI – estabelecer sistema de informações sobre os serviços, articulado com o Sistema Nacional de Informações em Saneamento;

A primeira grande questão a enfrentar, considerando-se a premissa estabelecida pelo inciso I, anteriormente citado, de que compete ao *titular* elaborar o plano, consiste em saber, de fato, quem elabora o Plano e como deve fazê-lo.

Isso leva à primeira proposição: cabe, em regra, ao Poder Executivo do *titular* dos serviços a elaboração do plano. Em regra, o Poder Executivo é o que está mais próximo da realidade dos serviços públicos e que dispõe de maior agilidade, ao menos quando comparado com o Poder Legislativo, para coletar, processar, analisar, compilar e avaliar dados e direcionar o resultado desses estudos à estruturação do plano cabível.

Uma vez elaborado o plano, no entanto, surge a dúvida, que tem sido indagada por muitos municípios desde a promulgação da Lei de Saneamento: *o plano necessita ser instituído por Lei em sentido estrito?* A resposta que se apresenta mais razoável, sob os baluartes elementares da exegese jurídica, é em sentido negativo.

Evoca-se aqui o conceito elementar de que compete ao Poder Executivo constatar as necessidades do interesse público, convertê-las em plano de ação e executar as tarefas materiais necessárias para atingir tal desiderato.

Além disso, toda vez que a Constituição Federal reputou determinada atividade de planejamento como de interesse qualificado, expressamente exigiu a edição ou a aprovação legislativa de determinado plano.

O DEVER DE PLANEJAMENTO ESTATAL E A EFETIVIDADE NA...

Assim ocorre, por exemplo, com os planos de desenvolvimento nacionais e regionais, elaborados e executados pela União com fundamento no artigo 21, inciso IX do Texto Maior, mas que, antes, precisam ser aprovados pelo Congresso, como dispõe o §4º do artigo 165, também da Carta Constitucional. O mesmo ocorre com o Plano Diretor, a teor do disposto no §1º do artigo 182.

Nada obstante, não há, no artigo 9º, tampouco em qualquer norma inscrita na Lei de Saneamento, qualquer exigência expressa no sentido de que o Plano tenha de ser aprovado por Lei. Isso certamente se coaduna com a necessária agilidade que se espera do Poder Executivo, ao menos para constatar as necessidades e elaborar o plano para satisfazê-las.

Para a prestação material, no entanto, poderá contar com o apoio de diversos instrumentos jurídicos, tais como o consórcio público, o contrato de programa e os institutos da concessão e da permissão, que viabilizam a apropriação da capacidade de investimento e de gerenciamento eficientes de que a iniciativa privada dispõe.

Portanto, firma-se aqui o entendimento no sentido de que não é preciso que o Plano de Saneamento seja aprovado ou instituído por lei em sentido estrito, bastando, para tanto, que seja devidamente publicado pelo Poder Executivo, dando-se conhecimento à sociedade civil, normalmente por meio de Decreto.

Em seguida, cabe debater o conteúdo do plano setorial do saneamento básico. Para tanto, é importante conhecer o disposto no artigo 19:

Art. 19. A prestação de serviços públicos de saneamento básico observará plano, que poderá ser específico para cada serviço, o qual abrangerá, no mínimo:

I – diagnóstico da situação e de seus impactos nas condições de vida, utilizando sistema de indicadores sanitários, epidemiológicos, ambientais e socioeconômicos e apontando as causas das deficiências detectadas;

II – objetivos e metas de curto, médio e longo prazos para a universalização, admitidas soluções graduais e progressivas, observando a compatibilidade com os demais planos setoriais;

III – programas, projetos e ações necessárias para atingir os objetivos e as metas, de modo compatível com os respectivos planos plurianuais e com outros planos governamentais correlatos, identificando possíveis fontes de financiamento;

IV – ações para emergências e contingências;

V – mecanismos e procedimentos para a avaliação sistemática da eficiência e eficácia das ações programadas.

§ 1º – Os planos de saneamento básico serão editados pelos titulares, podendo ser elaborados com base em estudos fornecidos pelos prestadores de cada serviço.

§ 2º – A consolidação e compatibilização dos planos específicos de cada serviço serão efetuadas pelos respectivos titulares.

§ 3º – Os planos de saneamento básico deverão ser compatíveis com os planos das bacias hidrográficas em que estiverem inseridos.

§ 4º – Os planos de saneamento básico serão revistos periodicamente, em prazo não superior a 4 (quatro) anos, anteriormente à elaboração do Plano Plurianual.

§ 5º – Será assegurada ampla divulgação das propostas dos planos de saneamento básico e dos estudos que as fundamentem, inclusive com a realização de audiências ou consultas públicas.

§ 6º – A delegação de serviço de saneamento básico não dispensa o cumprimento pelo prestador do respectivo plano de saneamento básico em vigor à época da delegação.

§ 7º – Quando envolverem serviços regionalizados, os planos de saneamento básico devem ser editados em conformidade com o estabelecido no art. 14 desta Lei.

§ 8º – Exceto quando regional, o plano de saneamento básico deverá englobar integralmente o território do ente da Federação que o elaborou.

Em suma, o artigo 19 arrola as matérias fundamentais que devem constar do Plano de Saneamento. Para facilitar a análise, e considerando que os serviços de drenagem, limpeza urbana e manejo de resíduos sólidos não são, ao menos em tese, serviços divisíveis e fruíveis

O DEVER DE PLANEJAMENTO ESTATAL E A EFETIVIDADE NA...

singularmente pelos usuários, a análise que se segue focará nos serviços *uti singuli* consistentes no abastecimento de água e esgotamento sanitário, objeto do presente trabalho.

A primeira questão regulada pelo artigo 19 é o diagnóstico da situação atual dos serviços objeto do plano: constatação da demanda atual, conhecimento das carências, falhas, perdas físicas (no caso de abastecimento de água) e de suas respectivas causas, levantamento, mapeamento e cadastramento de todos os ativos e instalações afetos à prestação dos serviços, conhecimento da situação e das carências e falhas nos sistemas de gestão e monitoramento, tudo com a utilização, nos termos do inciso I, de sistema de indicadores sanitários, epidemiológicos, ambientais e socioeconômicos.

Além disso, é preciso verificar se o sistema tarifário existente é capaz de sustentar o custeio integral da operação e constatar a eventual existência de usuários ou economias não ligados aos sistemas públicos, bem como levantar e mapear todos os processos gerenciais, despesas e custos da operação para que se possa detectar potenciais focos de racionalização ou de redução ou corte de despesas desnecessárias.

Em seguida, o titular deve estabelecer os objetivos e metas de curto, médio e longo prazos para a universalização. Este é o *core*, o núcleo duro de qualquer plano: o objetivo, a entrega que se espera de todo o esforço envidado na atividade de planejamento, que é, justamente, a *disponibilidade dos serviços a todos os cidadãos*. O propósito fundamental que anima e justifica a própria existência do Estado como detentor de poder de polícia e de restrição e ordenação das liberdades individuais somente pode ser o de tutelar e satisfazer as necessidades fundamentais da sociedade, aqui representadas pelos *serviços públicos de abastecimento de água e esgotamento sanitário*.

Pois bem. Para atender tais metas, o Plano deve apresentar, em nível de detalhe compatível com a realidade do serviço constatada em cada local, os programas, projetos e ações necessários para o integral cumprimento da meta maior da universalização.

É nesses documentos que o Poder Público necessita mensurar os investimentos estimados necessários para que sejam realizadas todas as expansões cabíveis para que as metas sejam cumpridas. Contemplam-se aqui os investimentos de capital requeridos para que as deficiências da operação existente sejam superadas, sobretudo perdas físicas e medição imprecisa do consumo, dois grandes problemas que afetam, de maneira generalizada, a prestação do serviço de abastecimento de água e que contribuem para o desperdício e para o déficit que geralmente impede a realização de novos investimentos.

Também compete ao Plano estabelecer ações para emergências e contingências. Não se trata de letra morta. Na verdade, essa disposição veio para alertar o Poder Público da necessidade de também se contemplarem tais medidas em seu planejamento. Se nas últimas décadas o planejamento estatal tivesse antecipado investimentos nessa seara, talvez a sociedade não estivesse a pagar tão caro em situações de emergência como a que foi e ainda se encontra experimentada, em especial, no Estado de São Paulo nos anos de 2014 e 2015.

Esse fato, agora registrado na história bandeirante, evidencia, mais do que tudo, a relevância do Plano, de modo abrangente, e a do Plano de Saneamento, em especial, de modo que situações de crise sejam ao menos estimadas previamente e que exista capacidade operativa do prestador do serviço para contorná-la com o menor transtorno possível ao usuário.

Ato contínuo, os mecanismos e procedimentos para avaliação sistemática da eficiência e eficácia se apresentam, e não com menos relevância. Trata-se de empregar critérios técnicos e científicos de acordo com as particularidades do serviço para estabelecer índices de atendimento e cobertura a serem atingidos de acordo com as metas e que possibilitem a constatação objetiva da qualidade do serviço e do cumprimento das metas.

Por fim, os parâmetros para garantia do atendimento à saúde pública comparecem como o último componente do Plano e evocam, acima de tudo, a interdependência com as normas de saúde pública e

O DEVER DE PLANEJAMENTO ESTATAL E A EFETIVIDADE NA...

vigilância sanitária, o que evidencia o caráter global e interdisciplinar do Plano de Saneamento.

Na verdade, a elaboração do Plano de Saneamento deveria ser encarada e desafiada sob a ótica de gestão de projetos pelo Poder Público: é preciso que haja um esforço concentrado e temporário para que a entrega, ou seja, a elaboração do Plano, seja realizada com sucesso. Essa questão está ligada ao que se reconhece como a maior crítica ao Poder Público atualmente: a falta de capacidade de realizar bons projetos em sentido amplo, na medida em que, talvez em virtude da agenda política e do princípio da alternância do poder, há sempre muita pressão para que sejam tomadas providências tangíveis, como a execução de obras, sem que haja cuidado e atenção na elaboração do projeto que, necessariamente, antecedem-nas.

Um aspecto muito importante a propósito da elaboração do Plano está contemplado no §1º do artigo 19. Como a Lei de Saneamento categorizou como serviços por ela regulados, não apenas os serviços de abastecimento de água e esgotamento sanitário, mas também os de drenagem urbana, limpeza urbana e manejo de resíduos sólidos urbanos, é de se presumir que a eficiência na elaboração do Plano é atingida pela sua potencial setorização.

Isso não significa dizer que os planos não devam se compatibilizar, mas apenas que o Poder Público não está obrigado a **elaborar um único plano** para todos os serviços, o que, por decorrência da mais comezinha lógica, afigura-se totalmente compatível com os princípios que regem a Administração Pública, sobretudo os da eficiência e da efetividade, na medida em que a elaboração de planos de maneira setorizada permite foco absoluto na constatação das deficiências de cada serviço e na propositura das metas e ações necessárias para contorná-las.

Além disso, a previsão da revisão periódica dos planos também é medida salutar. A sociedade é um organismo em constante mutação e evolução e, nesse contexto, não se poderia admitir que o Plano fosse elaborado e deixado estático e inerte. A atividade de planejamento deve ser constante e perene, sempre a acompanhar a evolução e o crescimento inexoráveis da sociedade.

Esse aspecto é fundamental, especialmente nos projetos de delegação dos serviços, em que a modelagem contratual deve prever, de maneira precisa, os mecanismos de alteração contratuais para abarcar essa nova realidade social, sempre em atenção ao princípio do equilíbrio econômico-financeiro dos contratos.

Por fim, um aspecto de absoluta relevância deve ser levado em conta no momento de programar e gerenciar a elaboração do Plano: a necessidade de diálogo com a sociedade civil, por meio de *consultas e audiências públicas*. Quantas? Tantas quantas se afigurarem necessárias para exaurir o debate de modo que o plano não seja apenas bom, mas, sim, ótimo.

Desde a promulgação da Constituição de 1988, a opção política da sociedade brasileira passou a ser a de que a Administração não mais detém poderes imperiais, uma vez que está investida de funções que devem ser desempenhadas para atender às demandas sociais. Dessa forma, espera-se que a Administração esteja disposta a ouvir e colher, da própria sociedade, suas impressões sobre as necessidades que devem ser tuteladas por meio de políticas públicas.

E não se esgota nisso. A função primordial do Poder Executivo é, na sua gênese, executar e cumprir a Lei. Sua vocação natural, por assim dizer, não lhe possibilita acumular, por experiência própria, todo o vasto conhecimento técnico que a ciência e a modernidade produzem a propósito de todos os serviços públicos.

Esse papel, na sociedade moderna, está cada vez mais setorizado, especializado e capilarizado. Nesse sentido, também se confirma a relevância dos mecanismos de participação da sociedade civil, audiência e consulta pública, para que haja o salutar intercâmbio de conhecimentos de que os participantes da sociedade dispõem e que merecem ser apropriados para melhor conduzir a elaboração do Plano de Saneamento.

É por meio do debate de ideias, amplo e acessível a todos, e não aquele que se limita aos gabinetes das autoridades, tão acostumadas ao

O DEVER DE PLANEJAMENTO ESTATAL E A EFETIVIDADE NA...

exercício do Poder descolado da noção de Dever, que se constrói uma atividade de planejamento coesa, precisa, coerente e verossímil que poderá ser fielmente executada em seguida para, enfim, lograr atender uma das mais básicas, elementares e urgentes necessidades da nação brasileira: a disponibilidade universal do serviço de saneamento básico de qualidade, eficiente, adequado, regular e contínuo, e sustentado por tarifas efetivamente módicas.

Informação bibliográfica deste texto, conforme a NBR 6023:2002 da Associação Brasileira de Normas Técnicas (ABNT):

DAL POZZO, Augusto Neves. O dever de planejamento estatal e a efetividade na prestação do serviço público de saneamento básico. *In*: BERCOVICI, Gilberto; VALIM, Rafael. (Coord.) *Elementos de Direito da Infraestrutura*. São Paulo: Editora Contracorrente, 2015. p. 207-239. ISBN. 978-8569-220-046

DESESTATIZAÇÃO DA INFRAESTRUTURA FEDERAL DE TRANSPORTES E FINANCIAMENTO PÚBLICO: ALGUNS PONTOS DE DISCUSSÃO

DANILO TAVARES DA SILVA

1. INTRODUÇÃO

A regulação dos transportes, a exemplo do que ocorre com qualquer setor de infraestrutura objeto de delegação, lida com um dilema alocativo fundamental: privilegiar a remuneração do prestador ou garantir um serviço ao menor custo possível ao usuário? Esta questão se coloca porque a atividade de transporte (como as demais de infraestrutura) é um custo das demais atividades econômicas. Logo, quanto menor o preço do serviço, maior será o benefício para os outros setores da economia. Contudo, quanto menor a remuneração do operador é presumidamente menor a capacidade de realização dos investimentos necessários à manutenção e expansão da malha, principalmente quando o operador do serviço é também responsável pela infraestrutura (caso do setor ferroviário). E a expansão da rede de transportes é indutora de crescimento econômico – seja porque instaura a atividade econômica onde ela seria inviável, seja porque pode reduzir seus custos em razão da instalação de um modal de transporte mais eficiente.

Lidar com o problema de propiciar serviço de qualidade a um preço acessível bem como incentivar o desenvolvimento das atividades de transporte não é tarefa simples e envolve muitas escolhas por parte do poder público na estruturação de um modelo de prestação de serviços, para além da decisão sobre maior ou menor remuneração. Quanto mais robustas forem as obrigações conferidas ao prestador (ex: maior for a frequência das viagens, o numero de itinerários, o conforto dos veículos, ou menor a idade média destes, mais elevada terá de ser a remuneração), maiores serão os seus custos. O regulador tem que avaliar, ainda, em que medida a concorrência (quando viável) é salutar ou não. Existem diversas possibilidades de gradação de controle e liberdade aos agentes regulados. Um exemplo de dilema em política de transportes: conferir exclusividade na exploração de uma linha de transporte ferroviário (e atribuir ao monopolista, estatal ou privado, obrigações de universalização do serviço e da infraestrutura correspondentes à elevada renda que ele tende a auferir) ou permitir ampla e aberta competição entre diversos operadores (apostando que a concorrência cuidará de garantir qualidade do serviço e captação de clientela decorrente da diminuição do preço)?

Questões a respeito do montante de obrigações (ou seja, custos) e direitos remuneratórios dos operadores de bens e serviços de transporte são caracteristicamente decisões regulatórias setoriais, típicas do papel de poder concedente, seja ele exercido diretamente pela União ou por intermédio de uma agência reguladora. Basta analisar leis setoriais, regulamentos administrativos e termos de outorga (concessão, permissão ou autorização) para que se perceba, em linhas gerais, o que incumbe de deveres e direitos a cada empresa regulada.

Mas, no Brasil, todas essas decisões regulatórias setoriais são conformadas por uma decisão prévia do poder público a respeito do financiamento das atividades que ele delega à iniciativa privada. As decisões sobre *(i)* as condições de financiamento do BNDES disponível para o

DESESTATIZAÇÃO DA INFRAESTRUTURA FEDERAL DE...

vencedor de uma licitação de infraestrutura; *(ii)* a eventual presença de uma empresa estatal como sócia da empresa delegatária e/ou *(iii)* o a participação do Fundo de Investimento do Fundo de Garantia do Tempo de Serviço (FI–FGTS) e/ou dos fundos de pensão das empresas estatais como sócios ou investidores da empresa delegada – todas essas decisões podem ser tão ou mais importantes do que todo o conjunto normativo aplicável ao bem ou serviço delegado. Isto porque, caso haja capital estatal abundante e de baixo custo, tem-se um aumento da atratividade do negócio ou maior capacidade do privado de assumir mais obrigações ou de exigir menor remuneração.

Ou seja, o mesmo Estado que decide pela delegação do bem ou serviço acaba por ter de financiar a atividade do privado. A finalidade deste artigo é explicar, sinteticamente, como o processo de desestatização dos transportes federais (a exemplo do ocorrido em outros setores de infraestrutura) foi acompanhado de uma política de financiamento público.

2. AS ATIVIDADES FEDERAIS DE TRANSPORTE

Podemos considerar como infraestrutura federal de transportes tanto os ativos físicos (portos, aeroportos, hidrovias, ferrovias, bem como as estradas de rodagem incluídas no Plano Nacional de Viação como de titularidade federal) como as atividades qualificadas como serviços públicos que se valem desses ativos para serem desempenhadas (transporte interestadual nos modais ferroviário, rodoviário e aquaviário, o transporte aéreo e as respectivas instalações vinculadas a tais serviços) [1]. Em relação a tais bens e serviços, a União pode explorá-los diretamente, delega-los a entidades públicas (mediante transferência a Estados, Municípios

---

[1] "Art. 21. da CF/88: "Compete à União: XII – explorar, diretamente ou mediante autorização, concessão ou permissão: c) a navegação aérea, aeroespacial e a infra-estrutura aeroportuária; d) os serviços de transporte ferroviário e aquaviário entre portos brasileiros e fronteiras nacionais, ou que transponham os limites de Estado ou Território; e) os serviços de transporte rodoviário interestadual e internacional de passageiros; f) os portos marítimos, fluviais e lacustres".

ou consórcios públicos, nos termos do art. 241 da Constituição) ou à iniciativa privada (conforme o art. 175 da Constituição)[2].

A atribuição de titularidade estatal dos bens e serviços vinculados à infraestrutura de transportes não é absolutamente arbitrária e pode ser entendida à luz das razões que justificam um regime regulatório bastante distante dos regimes de livre iniciativa econômica. Não importa quanto se atribua à iniciativa privada o papel de incremento da riqueza material, fato é que há funções que apenas o poder público pode cumprir em relação aos transportes, energia, telecomunicações e saneamento (para citar apenas os setores mais tradicionais) e isso acaba por influenciar como o ordenamento jurídico constitui e ordena mercados.

A exemplo dos demais setores de infraestrutura, os transportes são setores-chave porque têm capacidade de influir decisivamente nos resultados das demais atividades da economia, principalmente em relação ao incremento de produtividade e do bem-estar da totalidade dos agentes econômicos. Os mercados de transportes são intensivos em capital, indispensáveis ao exercício de praticamente todas as atividades da vida social moderna (e condição necessária à fruição do direito fundamental de ir e vir) e se estruturam em torno de ativos que têm, na maioria das vezes, características de monopólios naturais.

---

[2] A titularidade federal desses bens e serviços implica a competência legislativa da União para dispor sobre eles, considerando a autonomia dos entes federativos para organizarem as atividades que lhes são próprias. Além disso, compete privativamente à União legislar sobre diretrizes da política nacional de transportes e trânsito e transporte (art. 22, IX e XI) – o que, se não se identifica totalmente com a competência de organização dos serviços não federais de transporte, pode influenciar no modo com que Estados e Municípios regulam o que lhes cabe. Apesar de a competência federal não poder ser inibidora da autonomia dos demais entes federativos para dispor sobre bens e serviços que lhes são próprios, as políticas de trânsito e transporte ditadas pela União podem, por exemplo, favorecer e privilegiar o uso de determinados modais ou equipamentos, influenciando as políticas estaduais e nacionais – seria o caso hipotético de uma política nacional que privilegiasse e fomentasse fortemente a adoção de trens de grande capacidade e restringisse o tráfego de veículos de menor porte. A Constituição também estabelece, em seu art. 178, que a ordenação dos transportes aéreo, aquático e terrestre deve ser objeto de lei.

DESESTATIZAÇÃO DA INFRAESTRUTURA FEDERAL DE...

Não há economia moderna sem uma rede de transportes que permita que as cadeias produtivas se constituam. Os transportes possuem enorme importância econômica sistêmica porque viabilizam a especialização regional, garantindo que haja maior eficiência produtiva no sistema produtivo na medida em que cada localidade não tem que se incumbir de produzir tudo o que se lhe demanda, mas, ao contrário, pode vender o que faz de modo mais eficiente e adquirir o que lhe for mais vantajoso. Por isso é que, ainda que o capital privado não entenda que seja atrativo o retorno do investimento em infraestrutura de transportes, o Estado não tem como não fazê-lo.

Ademais, o sistema de transportes não se organiza de maneira eficiente pela ação espontânea dos agentes econômicos ofertantes; estes tendem a responder à demanda imediata que se lhes apresenta, possuindo poucos incentivos para realização de investimentos no longo prazo ou vinculados a outros aspectos das políticas de transporte. Essa incapacidade de os agentes de mercado atuarem para além dos seus próprios interesses pode ser prejudicial ao próprio mercado. Exemplo claro disso foi o processo de implantação das ferrovias no Brasil: a variedade das bitolas e o intuito de criar corredores entre pólos de produção e terminal portuário desconectados do restante da malha, apesar de ter viabilizado num primeiro momento a atividade dos agroexportadores, impediu que a rede se desenvolvesse de maneira integrada, propiciando a instalação da indústria de operação ferroviária nos entremeios do país. Isso também se verifica na interface com outros modais: a construção de um porto só faz sentido se existe a conexão com o transporte rodoviário e/ou ferroviário, sendo certo que o investimento em um modal repercute em outro. Mais um exemplo: a construção de rodovias e seus viadutos e passarelas não pode ser incompatível com a altura dos ônibus que nela trafegarão. Por isso é que incumbe ao poder público adotar um papel de coordenação e planejamento do setor em alguns aspectos, conferindo racionalidade ao sistema. Isso se faz principalmente com investimentos na expansão da malha, mas também na definição de padrões técnicos que possibilitem a prestação do serviço em todo o território nacional.

Esse conjunto de características evidencia os setores de infraestrutura como atividades em que o livre mercado não produz resultados alocativos satisfatórios ou socialmente desejáveis, levando o que induz a presença do Estado nesse campo. Bem por isso o discurso acerca da racionalidade do regime jurídico em infraestrutura acaba por se identificar ao das justificativas da presença do Estado no domínio econômico e, por isso mesmo, varia muito a depender da conjuntura em que se aplica. Durante décadas, a conjuntura econômica e política levou o Brasil a adotar um modelo que privilegiava a exploração direta da infraestrutura de transportes pelo Estado. Mas desde meados da década de 1990, no esteio do Plano de Reforma do Estado e do Programa Nacional de Desestatização (PND), a diretriz tem sido a de delegar a operadores privados a exploração dos bens e serviços de transportes federais.

3. BREVÍSSIMO HISTÓRICO DO PROCESSO DE DESESTATIZAÇÃO DOS TRANSPORTES NA ESFERA FEDERAL

A desestatização é um objetivo de política pública claramente definido desde a edição do primeiro Programa Nacional de Desestatização (PND, criado pela Lei n. 8.031/90), mas só passou a ser perseguido de modo mais intenso a partir de 1995, no governo FHC, com a edição da Lei de Concessões (Lei n. 8.987/95) e diversos outros diplomas normativos (dentre estes uma nova lei do PND – Lei n. 9.491/97), dando aplicação ao assim chamado projeto de reforma do Estado brasileiro. De lá para cá, o Estado brasileiro vem privatizando empresas estatais ou delegando bens e serviços públicos à iniciativa privada, tendo produzido inúmeras reformas institucionais em diversos setores da economia. A reforma dos mercados

Em relação ao setor de transportes, o modelo de desestatização e reforma do Estado tem como um dos elementos marcantes certa dispersão institucional, contrapondo-se cenário vigente nos anos 1970, quando o setor experimentou um processo de centralização operacional e decisória amparado na concepção do planejamento global de um sistema de viação integrador do país. Antes da desestatização, o Ministério dos Transportes era a entidade sob a qual atuavam o Departamento Nacional

DESESTATIZAÇÃO DA INFRAESTRUTURA FEDERAL DE...

de Estradas e Rodagem (DNER), a Empresa de Portos do Brasil (Portobrás), a Rede Ferroviária Federal S.A (RFFSA), a Empresa Brasileira de Infraestrutura Aeroportuária (Infraero), a Engenharia, Construções e Ferrovias S.A (VALEC) e a Empresa Brasileira de Planejamento de Transporte (Geipot). Todas essas entidades foram sendo extintas na medida em que a desestatização evoluiu, dando lugar a operadores privados – exceção feita à Infraero (cuja atuação foi reduzida por ter delegado alguns dos aeroportos sob sua administração) e à VALEC (que não tem funções operacionais, mas figura como mera gestora de contratos de construção das ferrovias sob sua responsabilidade).

Tem-se, atualmente, além das duas empresas sobreviventes, uma estrutura institucional que conta com três ministérios, (Transportes e as Secretarias Especiais de Aviação Civil e Portos, as quais têm estatuto de ministério), três agências reguladoras (Agência Nacional de Transportes Terrestres, Agência Nacional de Transporte Aquaviários, e Agência Nacional de Aviação Civil), uma empresa dedicada ao planejamento do setor (Empresa de Planejamento e Logística – EPL), uma autarquia responsável pela administração da infraestrutura do Sistema Federal de Viação (o Departamento Nacional de Infraestrutura de Transportes – DNIT, que entretanto não tem atribuição sobre infraestrutura portuária) e um colegiado que, em princípio, teria um papel de coordenação das políticas dos diferentes modais (Conselho Nacional de Integração de Políticas de Transporte – Conit).

Dentre todas as atividades afetas à infraestrutura federal de transportes, a desestatização não se verificou apenas nos serviços de transporte aéreo de passageiros[3], no transporte aquaviário[4] e no transporte interestadual rodoviário de passageiros[5], cujas operações sempre foram

---

[3] A exceção, neste caso, cabe à Viação Aérea São Paulo – VASP, de propriedade do Estado de São Paulo entre 1935 e 1990.

[4] Tanto a navegação marítima e de apoio quanto a de cabotagem foram setores que se desenvolveram desde há muito no Brasil no âmbito da exploração privada sob o regime de autorização, isso é, dispensando licitação.

[5] Esse serviço jamais foi prestado segundo condições jurídicas regulares. As empresas delegatárias atuam desde o início do século XX em regime de permissão e autorização

predominantemente privadas. Nos demais casos, houve profundas alterações no arcabouço regulatório setorial ao mesmo tempo em que se deu a assunção das atividades pelos operadores privados, de modo que a diretriz da desestatização permanece clara, ainda que com a presença das empresas estatais como a VALEC e a Infraero, às quais têm sido atribuída uma função de fomento dos investimentos privados, como se verá adiante. Mais recentemente, em agosto de 2012, o governo federal lançou o Programa de Investimento em Logística (PIL), assim anunciado como um pacote de concessões em infraestrutura de transportes. O PIL não chegou a ter sua institucionalidade devidamente assegurada (ele não é objeto de normatização alguma, tendo sido apresentado em simples *slides* na internet e assim permanecido até ao menos março de 2015), mas alguns de seus projetos foram adiante. Os itens abaixo descrevem brevemente como isso se deu em cada modal de transporte.

3.1 SETOR FERROVIÁRIO

No setor ferroviário, a construção do sistema estatal ganhou impulso na década de 1930, com a encampação, pela União, de diversas empresas nacionais e estrangeiras que exploravam as linhas construídas para servirem principalmente ao escoamento de produtos agrícolas. Com a criação da RFFSA em 1957, aperfeiçoou-se o processo de consolidação do setor e se prosseguiu com a expansão da malha ferroviária existente, aumentando a oferta de transporte de cargas e também de passageiros; alguns Estados também constituíram suas próprias companhias ferroviárias, mimetizando em escala regional o modo de atuação da estatal federal[6]. Quase toda a malha ferroviária existente no país hoje resulta do período de operação pela RFFSA. A crise que atingiu as estatais nos anos 1980 e 1990 parece ter sido especialmente grave no caso desta empresa, que sofreu

---

precárias e não licitadas, não obstante as entidades federais serem objeto de recorrentes demandas judiciais por parte do Ministério Público Federal e receberem seguidas críticas do TCU.

[6] Originados da malha da RFFSA, mais a malha da FEPASA, que foi incorporada pelo Decreto n. 2.502/1998

DESESTATIZAÇÃO DA INFRAESTRUTURA FEDERAL DE...

com redução drástica de investimentos por parte da União e levou ao completo abandono de centenas de quilômetros de estradas de ferro.

A desestatização do setor ferroviário teve seu primeiro capítulo entre 1996 e 1998, com a divisão da malha ferroviária da RFFSA em sete trechos, cada qual originando uma área de concessão do serviço de transporte de carga, e submetida a leilão. No âmbito de cada área que foi submetida à licitação, os atuais concessionários possuem exclusividade da operação do serviço (afora os direitos de passagem e tráfego mútuo) e remuneram a União pelo uso da malha ferroviária que lhes foi arrendada. As estradas de ferro Vitória-Minas e Carajás continuaram vinculadas ao patrimônio da CVRD e foram concedidas à empresa, a qual foi posteriormente privatizada.

O serviço de transporte de passageiros não foi concedido e praticamente se extinguiu, restando operante em poucos trechos de maior dimensão, afora as linhas de caráter turístico ou comemorativo. Apesar de a venda da RFFSA ter sido aventada, o grande passivo da empresa, em torno de 3 bilhões de reais (a maioria com vencimento em curto e médio prazo e de natureza trabalhista) iria diminuir bastante a atratividade do leilão. Assim é que o arrendamento da malha pago pelos concessionários foi utilizado para abatimento da dívida. A RFFSA encerrou suas atividades operacionais depois do leilão e entrou em liquidação, tendo sido posteriormente extinta por meio da Lei n. 11.483/07 e sucedida pela União em seus direitos e obrigações. Ao tempo das licitações dos sete trechos da antiga malha da RFFSA o modelo regulatório era bastante rudimentar, amparado precipuamente em regulação de tetos tarifários e metas de redução de acidentes e movimentação de carga[7]. Questões fundamentais sobre direito dos usuários, compartilhamento da malha ferroviária pelos operadores e realização de investimentos foram regulamentadas apenas posteriormente, com a criação da ANTT.

Se a desestatização da RFFSA foi a toque de caixa e seguiu um modelo relativamente simples de concessão, as atividades da VALEC se

---

[7] A regulação da concessão foi baseada no Decreto n. 1.832/96, o então vigente Regulamento de Transportes Ferroviários.

dão numa trajetória institucional mais sinuosa. A empresa pública, responsável desde sua criação pela implantação da Ferrovia Norte-Sul (FNS), quando era uma subsidiária da Cia. Vale do Rio Doce para construção de ferrovias, teve seu papel ampliado com a edição da Lei n. 11.772/11. A empresa se tornou concessionária e administradora da implantação da malha ferroviária que lhe foi conferida [8]. Em 2007 ela realizou a subconcessão de trecho da FNS, em licitação decidida pelo critério de maior valor de outorga que é exemplo único em todo o PND, pois, sem justificativa declarada, atribuiu todo o risco de construção da ferrovia à empresa estatal, cabendo à subconcessionária apenas a exploração posterior da obra executada. Além disso, a Valec figura como papel central em recente modelo regulatório[9] que se pretende implantar nas novas ferrovias, baseado no livre acesso à malha pelos operadores ferroviários; segundo tal regime, a construção e manutenção da malha ferroviária caberia a um concessionário que seria remunerado pela VALEC pela aquisição de capacidade de transporte que a estatal venderia posteriormente aos operadores. Ou seja, a VALEC assumiria o risco de demanda face ao construtor e responsável pela manutenção da malha ferroviária, podendo se ressarcir posteriormente junto aos operadores ferroviários (os quais não se confundiriam com os concessionários da malha) interessados em usar os trilhos para operações de transporte. Contudo, até abril de 2015 não há perspectiva de que esse novo modelo seja aplicado.

3.2 INFRAESTRUTURA RODOVIÁRIA

A malha rodoviária federal foi implantada pelo poder público e teve pequena parcela submetida à concessão. Até o início da segunda fase

---

[8] Arts. 5º e 6º, caput e parágrafo único, da Lei n. 11.772/11. EF Norte-Sul; EF 267 – Panorama- Porto Murtinho; EF 334 – Ferrovia da Integração Oeste-Leste; EF 354 – Ferrovia Transcontinental. Apenas parte da FNS foi construída e está em operação.

[9] Vide Decreto n. 8.129/13, que institui a "política de livre acesso ao Subsistema Ferroviário Federal". Em consonância a este modelo, que requer da VALEC capacidade de pagamento da aquisição de. A Lei n. 12.872/13 autorizou a emissão de bilhões de reais em favor da VALEC como sinalização de garantia de cumprimento de compromissos financeiros que venha a assumir no programa de concessões.

DESESTATIZAÇÃO DA INFRAESTRUTURA FEDERAL DE...

do PND, o DNER, autarquia federal criada em 1937, era o responsável exclusivo pela execução das obras e administração das vias. As estradas federais passaram a integrar o programa de desestatização em 1996; algumas delas foram concedidas diretamente pela União, enquanto outros trechos foram delegados aos Estados com tal propósito.

As primeiras 6 concessões licitadas nos anos 1990 envolveram pagamento de outorga, e deram-se num ambiente institucional pouco estruturado para a regulação das outorgas; a exemplo da concessão da malha da RFFSA, o objetivo arrecadatório acelerou o processo de desestatização e não permitiu maiores aperfeiçoamentos do modelo contratual.

Em 2001 o DNER foi extinto, sendo sucedido pelo com a criação do Departamento Nacional de Infraestrutura de Transportes, (DNIT) pela Lei n. 10.233/01, também uma autarquia, o qual assumiu a incumbência de realizar não só obras rodoviárias, mas também a infraestrutura de outros modais.

A partir de 2007, as licitações foram disputadas em torno do menor valor de tarifa, em consonância ao discurso pró-modicidade tarifária que embasou o modelo de regulação do setor elétrico de 2004. Pode-se dizer que a rodada das rodovias federais de 2007 foi paradigmática, e teve importante repercussão na política de financiamento público das desestatizações dali em diante por *dois motivos* principais.

O *primeiro*: o significativo deságio das propostas vencedoras abriu espaço político para que o governo do PT passasse a assumir a execução do PND e construir uma retórica de diferenciação do modelo do PSDB; acentuou-se bastante que os modelos de privatização dos partidos eram diferentes: enquanto um produzia tarifas altas, o outro prometia o mesmo resultado a um preço substancialmente menor para o usuário. A réplica ao discurso governamental se deu pela crítica de a União ter realizado investimentos elevados nas estradas antes da concessão, sem o quê o modelo de busca de modicidade tarifária não seria exequível; ou seja, teria havido uma espécie de subsídio disfarçado à tarifa de pedágio, ao passo que as concessões dos anos 1990, além do objetivo arrecadatório, atribuíam ao concessionário investimentos de grande monta para recuperação e ampliação da malha rodoviária concedida.

251

O *segundo* motivo: a busca por modicidade tarifária ensejou uma árdua discussão em torno da Taxa Interna de Retorno (TIR), iniciada quando da análise do edital pelo TCU e depois estendida a todo e qualquer processo de concessão como se em torno de tal número estivesse sendo verdadeiramente decidido o resultado econômico obtido pelo delegatário privado. Considerando que numa licitação de menor tarifa, os estudos econômicos de uma concessão têm de indicar o maior valor aceitável pela Administração, o estabelecimento da TIR ganha contornos de tribunal dos conflitos distributivos – pois tal valor deve representar um "justo", mesmo que não venha a ter competição em torno dele (caso de um certame com apenas um único concorrente sabedor de sua condição na disputa). As diversas celeumas criadas em torno desse tema seriam justificáveis se a realidade das licitações não insistissem em afirmar que a TIR estipulada pela Administração pouco reflete os parâmetros de avaliação de atratividade do negócio por parte dos licitantes, dado que as propostas vencedoras das licitações desde 2007 têm veiculados valores consideravelmente menores do que os máximos aceitos pelo poder concedente[10]. Ou seja, perde-se muito tempo com algo de eficácia praticamente nula.

Esses dois motivos impactaram sobremaneira na política de financiamento das concessões porque reforçou a tendência de oferecimento de condições mais atrativas tendo em vista a diminuição do custo de capital e, por consequência, viabilizando propostas de tarifas mais baixas, de modo que é praticamente impossível desvencilhar as condições de financiamento do BNDES do modelo de busca da modicidade tarifária, nos termos hoje vigentes.

3.3 INFRAESTRUTURA AEROPORTUÁRIA

No setor de aeroportos, a Empresa Brasileira de Infraestrutura Aeroportuária (INFRAERO), criada em 1972, permaneceu até 2012

---

[10] Exemplificando: o desconto médio da tarifa de pedágio das sete concessões licitadas em 2007 foi de 43%; as quatro de 2013 tiveram deságio médio de 51%. A primeira licitação de 2015 (ponte Rio-Niterói) apresentou desconto de 36,67%.

DESESTATIZAÇÃO DA INFRAESTRUTURA FEDERAL DE...

como praticamente a única operadora de relevo do setor. Ela exerceu suas atribuições de administração e exploração de maneira bastante autônoma, não obstante a competência normativa do Departamento de Aviação Civil e, posteriormente, da Agência de Aviação Civil (ANAC) a partir de 2005. A INFRAERO somente não atuava em pequenos aeroportos delegados a Estados ou Municípios, alguns desses concessionados.

A desestatização do setor se deu pela concessão de alguns dos maiores aeroportos do país (Rio Grande do Norte, Guarulhos, Campinas, Brasília, Belo Horizonte e Galeão) em licitação na modalidade de leilão pelo maior valor de outorga. Cada vencedor tornou-se controlador da concessionária dos aeroportos, a qual tem a INFRAERO como sócia minoritária (participação inicial e máxima de 49%) e responsável pela realização de investimentos.

Apesar da participação da INFRAERO no capital da concessionária dos aeroportos ser elevada, ela não detém controle algum sobre a operação aeroportuária, salvo na etapa de transição, quando do início da execução contratual. Nota-se também a ausência de mecanismos de apropriação de técnicas gerenciais ou qualquer programa de capacitação em favor da estatal. Não obstante a possibilidade de a INFRAERO vir a auferir lucro no futuro em decorrência da atividade da concessionária da qual é acionista, fato é que isso não a livra de prejuízos, tampouco se mostra a medida mais simples e segura de a União auferir recursos. Se o objetivo desse arranjo era arrecadatório, bastava que fosse estabelecido outro sistema de pagamento de outorga por parte do delegatário privado.

3.4 INFRAESTRUTURA PORTUÁRIA

O setor portuário foi o primeiro a receber um tratamento regulatório específico tendo em vista a desestatização, com a edição da Lei n. 8.630/93. Antes disso, o setor chegou a ser organizado em torno da Portobrás, constituída em 1975, que atuava como *holding* das empresas federais administradoras dos portos públicos. A Portobrás foi extinta em

1990[11] e o controle sobre as companhias Docas passou a ser exercido diretamente em nível ministerial. A edição da Lei n. 8.630/93 permitiu que os terminais portuários situados dentro dos portos públicos fossem arrendados à iniciativa privada e possibilitou a autorização para operação de terminais de uso privativo caso o interessado tivesse o domínio útil do terreno. O regime jurídico dos arrendamentos situados na área do porto público quase sempre (a depender de algumas especificidades dos contatos) conferia a tais instalações o perfil de serviço público, exigindo licitação prévia e as obrigações de investimento e atendimento isonômico e contínuo. Já os terminais de uso privado assemelhavam-se bastante a uma atividade econômica ordinária, pois não exigia licitação e, quando não se destinavam exclusivamente à movimentação de carga própria, era exercida em regime de liberdade de preços e sem obrigação de atendimento isonômico e contínuo.

No âmbito do programa de arrendamento portuário iniciado na década de 1990, as Cias. Docas (federais) celebraram contratos de arrendamento portuário de áreas nos portos públicos; além disso, foram autorizados dezenas de terminais de uso privativo para detentores de áreas dentro e fora do porto organizado.

A administração das outorgas e passou a ser exercida pela Agência Nacional de Transportes Aquaviários (ANTAQ), criada pela Lei n. 10.233/01. Posteriormente, foi criada a Secretaria Especial dos Portos, com estatuto de Ministério. A Lei que criou a SEP também conferiu ao Instituto Nacional de Pesquisas Hidroviárias

O setor passou por um entrave regulatório em razão da disputa entre terminais públicos e terminais privativos de uso misto, pois algumas dessas instalações atuavam predominantemente na movimentação de cargas de terceiros, o que era visto pelos arrendatários de terminais públicos como uma prestação ilícita de serviço público e uma situação de desequilíbrio concorrencial. O Decreto 6.620/09 impôs severos entraves à criação de novos terminais de uso privativo, e o resultado foi que a partir de sua edição os investimentos no setor praticamente cessaram.

---

[11] Art. 4º da Lei n. 8.029/90.

DESESTATIZAÇÃO DA INFRAESTRUTURA FEDERAL DE...

A tentativa de superação desse impasse se deu com a publicação da Lei n. 12.815/13, que pouco modificou o regime de arrendamento das áreas em portos públicos e conferiu maior segurança e previsibilidade na autorização e operação de terminais privados, que agora são livres para movimentar qualquer tipo de carga (inclusive carga geral), sem limites para movimentação de carga de terceiros. É como se o titular da instalação operasse um porto público mas sem ônus próprios que a prestação do serviço público acarreta ao operador atuante no porto público (obrigações de generalidade de continuidade no atendimento). Apesar de se considerar que texto da MP 595/12, que a originou, ter sido inicialmente entendido como muito intervencionista e atribuidor de poder excessivo à Administração (pois, no limite, caberia ao poder concedente a decisão acerca do local de instalação dos terminais privados e até mesmo a seleção do operador em procedimento de disputa pública), a redação final da Lei acabou por possuir um tom mais liberal do que a revogada Lei n. 8.630/93. De acordo com o novo regime[12], os arrendamentos portuários prosseguem com características de serviço público e devem ser licitados; já os terminais de uso privado se submetem a regime de autorização requisitada pelos interessados precedida de um procedimento de verificação de interessados em projetos assemelhados na mesma área de influência. Na ausência de projetos que disputem a mesma localização, o particular interessado obtém a outorga para explorar o terminal. Desde a edição de Lei n. 12.815/13, a Secretaria Especial dos Portos e a ANTAQ editaram um plano geral de outorgas visando à execução de um plano de logística destinado ao arrendamento de terminais e autorização de terminais privados.

4. FINANCIAMENTO PÚBLICO DA DESESTATIZAÇÃO DA INFRAESTRUTURA DE TRANSPORTES?

O financiamento público pode ser entendido como toda atribuição de recursos oriundos do orçamento público em favor de um agente

---

[12] O detalhamento de muitos aspectos essenciais da Lei n. 12.815/13 foi feito pelo Decreto n. 8.033/13 e por regulamentos editados pela ANTAQ.

econômico, seja ele de natureza pública ou privada. O financiamento se caracteriza como um instrumento de fomento na medida em que tal atribuição de recursos se dá em condições mais favoráveis do que as praticadas no mercado bancário (têm-se juros menores, prazos maiores de carência e pagamento e maior percentual do total financiável do empreendimento).

Em razão dos elevadíssimos juros de mercado praticados no Brasil (consequência, dentre tantos fatores, de decisões de política monetária que deixam sempre elevados os juros de remuneração de títulos públicos), o financiamento de empreendimentos de infraestrutura depende primordialmente do sistema público de fomento financeiro. Essa é uma constante na política econômica brasileira: sempre houve um descompasso entre as necessidades de crédito para dar suporte às políticas industriais e de infraestrutura e a oferta de crédito e financiamento no mercado privado, razão pela qual o poder público se encarregou de criar um sistema de oferta de recursos de grande magnitude: instituições financeiras em todas as esferas da Federação, mecanismos de poupança compulsória como o PIS-PASEP e o FGTS, regimes especiais de financiamento (com fundos e instituições específicos). Isso para não falar de instrumentos como a doação de bens públicos, subvenções dos mais diversos tipos e desonerações tributárias. E justamente por se traduzir num claro benefício, proporcionado pela alocação de recursos da coletividade, que o financiamento público em condições favoráveis deve ser utilizado em atividades cujo exercício seja especialmente relevante para a sociedade.

O Estado financiador atua como saneador de falha dos mercados de crédito e financeiro, que não provêm recursos no montante e nas condições que tornam a atividade financiada viável e atrativa para as empresas. O financiamento público também se faz presente no provimento de capital barato, a fim de que o usuário/cliente/consumidor final usufrua de um produto ou serviço de menor preço. Isso é, mesmo nas atividades economicamente viáveis, o Estado pode decidir atuar como um financiador fomentador com o objetivo de baratear o bem ou serviço.

As condições do financiamento público tendem a ser modificadas em razão das características do empreendimento, operando em uma

DESESTATIZAÇÃO DA INFRAESTRUTURA FEDERAL DE...

lógica inversa à que prevalece no mercado privado de crédito, isso é, o caráter do fomento é tão mais acentuado quanto maiores forem os riscos envolvidos no empreendimento, ao passo que seria justamente a presença de tais riscos que tornariam o financiamento privado mais caro. Também a importância sistêmica do empreendimento ou o interesse público no barateamento do preço final do bem ou serviço justificam o financiamento público em condições favoráveis.

Ao se tratar do financiamento de atividades e bens públicos delegados, é importante diferenciar o financiamento direcionado à *empresa delegatária* do financiamento da *atividade delegada,* pois nem sempre este abrange aquele.

O financiamento público da *atividade delegada* diz respeito a toda forma de destinação de recursos ou redução de custos que venha a viabilizá-la ou favorecê-la. Isso pode se concretizar, por exemplo na realização de obras custeadas e executadas pelo poder público que se vinculem à atividade do delegatário privado; em subsídios à tarifa numa concessão ordinária; na desoneração tributária, num contrato de concessão patrocinada ou, ainda, nos aportes de recursos no âmbito dos contratos de concessão patrocinada ou administrativa. Todos esses mecanismos visam à redução dos custos de capital e operacionais dos operadores, mas, em termos jurídicos, não integram as obrigações das empresas operadoras. Cito exemplos, tomando o setor de exploração de rodovias: o poder público pode realizar parte das obras civis, conceder vale-pedágios para determinada classe de usuário, reduzir tributos diretos ou que incidam sobre os insumos, ou subsidiar o serviço e/ou a obra no âmbito de contratos de concessão patrocinada – isso tudo tende a reduzir a tarifa de pedágio e ajuda a viabilizar a atividade da empresa delegatária, mas são medidas que não fazem parte do seu plexo de obrigações jurídicas, configurando um financiamento à atividade, mas não um apoio direto à empresa.

Todos esses mecanismos de financiamento das *atividades delegadas* acima citados devem integrar um quadro analítico amplo que permite compreender os instrumentos de atuação estatal sobre as atividades que lhe são próprias, mas não fazem parte do financiamento direto das *empresas delegatárias* desse setor.

Portanto, para fins deste artigo a categoria de financiamento público compreende *(i) os contratos de mútuo celebrado* entre os bancos federais e as empresas delegatárias ou aos seus controladores (considerando que os recursos emprestados a eles têm por destinação o aporte nas empresas controladas); *(ii) a subscrição de valores mobiliários* de dívida corporativa instrumentalizada por debêntures e notas promissórias por parte de entidades federais e *(iii) a participação societária minoritária* das empresas estatais, o Fundo de Investimento do Fundo de Garantia do Tempo de Serviço (FI–FGTS), e fundos de pensão das empresas estatais em empresas delegatárias. Considera-se aqui que essas formas de captação de recursos geridos pelo Estado têm como finalidade oportunizar meios de cumprimento das obrigações das empresas delegatárias (privadas).

A análise da política de financiamento deve começar pela pergunta sobre o estatuto de seu próprio objeto: existe e faz sentido que exista uma política de financiamento público para a desestatização se um dos principais motivos para que ela exista é justamente desobrigar o Estado do dispêndio de recursos com empresas que poderiam amealhar capital privado?

4.1 FINANCIAMENTO PÚBLICO DA POLÍTICA DE REDUÇÃO DOS GASTOS PÚBLICOS?

A Lei do Programa Nacional de Desestatização estabelece um vínculo entre a concessão de crédito e os objetivos da privatização[13]. Tem-se uma relação de instrumentalidade clara, e é de se supor que a parte final do dispositivo foi incluída para servir como uma autorização genérica de atuação dos bancos públicos no suporte à desestatização e eliminar eventuais discussões sobre a legalidade do apoio financeiro

---

[13] Lei n. 9.491/97, "art. 1º O Programa Nacional de Desestatização – PND tem como objetivos fundamentais: (...) IV – contribuir para a reestruturação econômica do setor privado, especialmente para a modernização da infraestrutura e do parque industrial do País, ampliando sua competitividade e reforçando a capacidade empresarial nos diversos setores da economia, inclusive através da concessão de crédito".

DESESTATIZAÇÃO DA INFRAESTRUTURA FEDERAL DE...

público ao capital privado chamado a assumir as atividades estatais. Na Lei do PND não se tem uma política pública devidamente estruturada – afora uma destinação de recursos da União em favor do BNDES com o propósito específico e declarado de financiamento do PND, que de modo algum impedia outras ações do próprio banco ou de outras entidades federais[14].

A estruturação de tal política ocorreu no âmbito das normas operacionais dos bancos públicos e da normatização do Conselho Monetário Nacional no tocante às condições gerais de apoio ao capital privado na forma de operações de crédito (definição das características das linhas de financiamento via contrato de mútuo). Já a decisão acerca dos empreendimentos contemplados pela política de financiamento público é totalmente discricionária, situando-se no nível decisório dos bancos públicos e a alta Administração federal direta. O mesmo se diga a respeito da adoção do apoio por meio de instrumentos de participação societária – também eles têm aplicação altamente discricionária e sujeita a uma avaliação circunstancial cujos critérios não estão estabelecidos em leis ou regulamentos.

A crítica ao uso de recursos dos bancos públicos no âmbito do programa de desestatização é das mais frequentes quando o PND é

---

[14] Lei n. 9.491/1997, "art. 26. A União transferirá ao Banco Nacional de Desenvolvimento Econômico e Social – BNDES 94.953.982 (noventa e quatro milhões, novecentos e cinqüenta e três mil, novecentos e oitenta e duas) ações ordinárias nominativas e 4.372.154 (quatro milhões, trezentos e setenta e duas mil, cento e cinquenta e quatro) ações preferenciais nominativas, de sua propriedade no capital da Companhia Vale do Rio Doce. (...); art. 27. O BNDES destinará o produto da alienação das ações que lhe forem transferidas na forma do art. 26, à concessão de crédito para a reestruturação econômica nacional, de forma a atender os objetivos fundamentais do Programa Nacional de Desestatização, estabelecidos no art. 1º desta Lei, observado ainda que: I – as operações serão registradas no BNDES, em conta específica; II – as disponibilidades de caixa serão aplicadas conforme as normas emanadas do Conselho Monetário Nacional; III – é vedada a concessão de empréstimo ou a concessão de garantias à Administração direta, indireta ou fundacional, excetuando-se: a) o repasse às empresas subsidiárias integrais do BNDES para realização dos respectivos objetivos sociais; b) os empréstimos ao setor privado de que participem, na qualidade de agentes repassadores, instituições financeiras públicas".

colocado em execução e pode ser enunciado de modo muito simples: não é justo destinar o tão escasso dinheiro público a empresas cuja atuação se justifica, dentre outras razões, pela necessidade de diminuição do gasto público. Noutros termos, a crítica se ampara justamente no argumento fiscalista da desestatização, segundo o qual a desestatização é medida de economia fiscal, possibilitando o emprego de recursos públicos em outras áreas na medida em que o capital privado seria chamado para suportar os ônus inerentes à atividade empresarial que viesse a assumir.

A desestatização liberaria o poder público dos elevados custos associados ao desempenho de determinadas atividades que ele resolveu deixar de operar e isso teria um resultado econômico importante que é a aplicação das disponibilidades do erário em outras áreas nas quais o capital privado não atua a contento. Nessa perspectiva, tem-se a preferência pela não utilização de recursos estatais em favor de empresas que poderiam captá-los no mercado financeiro ordinário.

Em última análise, essa crítica é uma variante de uma crítica genérica que pode ser elaborada contra qualquer banco de fomento e, no limite, a qualquer política de fomento: o Estado não deve privilegiar determinados setores e empresas com condições de crédito favoráveis (ou qualquer forma de vantagem econômica, na versão mais ampla do argumento), ao passo que o restante dos agentes privados no Brasil tem de conviver com condições de financiamento menos vantajosas (alto custo de crédito, quando disponível, e reduzidos prazos de amortização e carência). Tal privilégio instaura uma situação de iniquidade entre agentes econômicos, distorce a alocação de recursos e incentiva a corrupção[15].

As respostas a essa crítica genérica à política de fomento financeiro são basicamente fundadas na ideia de que as falhas do mercado de crédito podem inviabilizar atividades fundamentais para toda

---

[15] Para uma crítica incisiva sobre o sistema de fomento financeiro no Brasil, vide LAZZARINI, Sérgio Giovanetti. *Capitalismo de Laços: Os Donos do Brasil e suas Conexões*. Rio de Janeiro: Elsevier, 2011.

DESESTATIZAÇÃO DA INFRAESTRUTURA FEDERAL DE...

economia. Na inexistência de incentivos suficientes para realização de investimentos (no caso, disponibilidade de capital que viabilize uma atividade), o capitalista não age e, em último caso, tem-se a estagnação econômica.

Mas a presença do argumento fiscalista (necessidade de diminuição do dispêndio público) torna a crítica ao financiamento público das desestatizações peculiar, talvez mais incisiva, pois ela denunciaria algo como uma contradição intrínseca e manifesta na ação estatal. Afinal de contas, se o objetivo é não gastar dinheiro público em tais empresas e atividades, por que promover o gasto público por meio dos bancos estatais em benefício das empresas delegatárias?

A crítica ao financiamento público também tem como premissa a viabilidade da delegação como negócio, isso é, a capacidade de uma concessionária ou autorizada de serviço ou bem público explorar uma atividade e, por si só, gerar a receita necessária a garantir a viabilidade econômico-financeira do empreendimento; dadas as condições de tarifa e preço vigentes e considerando padrões razoáveis de remuneração, a empresa delegatária deveria se mostrar viável o suficiente para obter crédito junto ao mercado privado.

Contudo, essa crítica não parece ser muito efetiva junto às autoridades de política econômica, pelo contrário. A política de financiamento das desestatizações se dá em condições favoráveis aos beneficiários *vis a vis* as condições do mercado privado de crédito, isso é, tem características de política de fomento financeiro na medida em que esta provê recursos para parte significativa dos investimentos, com prazos de pagamento e de carência estendidos, sob juros reduzidos.

O BNDES[16] foi e ainda é bastante ativo no financiamento das desestatizações, e não se nota nenhuma intenção de alterar esse papel, muito pelo contrário. A própria criação do FI-FGTS também reforça o viés de incremento da política de financiamento público da infraestrutura

---

[16] CURRALLERO, Cláudia Regina. *A atuação do sistema BNDES como instituição financeira de fomento no período 1952/1996*. 1998. 165 f. Dissertação (Mestrado em Economia) – Universidade Estadual de Campinas, Campinas, 1998.

operada por empresas privadas. Cabe enumerar, portanto, algumas das razões e justificativas para essa forma de atuação do Estado brasileiro.

A *primeira justificativa* é a de que não há motivos para discriminar os setores de infraestrutura em relação a todos os outros setores financiados pelo BNDES e demais bancos públicos. Se é inegável a importância dos setores de infraestrutura para a economia nacional, e se eles foram talvez a principal razão de ser de uma instituição como o BNDES, por que deixar de financiá-los justamente num contexto em que é urgentemente necessário aumentar o oferta de bens e serviços dessa natureza? No mais, financiar grandes grupos econômicos privados em infraestrutura seria mais seguro e eficiente do que financiar estatais em penúria financeira que exploravam os mesmos serviços antes da desestatização. Note-se que essa primeira justificativa não responde à objeção principal sobre a existência de uma política estatal de concessão de crédito, mas apenas defende que, em existindo uma política de tal teor, os setores de infraestrutura devem ser contemplados.

A *segunda justificativa* é o alto custo de capital no Brasil. Se os controladores das empresas atuantes nos setores desestatizados fossem captar recursos no mercado, algumas atividades talvez fossem inviabilizadas ou pouco atrativas *vis a vis* investir em títulos do Tesouro brasileiro. Aqui se faz sentir uma consequência indesejada da política macroeconômica brasileira: as condições de acesso ao crédito por parte de interessados privados em investir no país – seja em infraestrutura ou não – é totalmente determinada por alguns fatores da política monetária (taxa dos juros básicos da economia, controle sobre disponibilidade de crédito) e demais aspectos institucionais relevantes da decisão de investimento em grande montante (disponibilidade de poupança privada, robustez do mercado financeiro) que repercutem diretamente no custo de capital. Sem o capital barato oriundo do Estado, talvez não seja bom negócio investir em setores que tradicionalmente exigem grandes somas de dinheiro e resultam em retorno de longo prazo. Seguir essa justificativa, pois, é reconhecer que o financiamento da infraestrutura brasileira parece viver um contexto parecido ao verificado em meados do século passado e que ensejou a criação das empresas estatais: ausência de capital privado em montante suficiente para financiar integralmente suas atividades.

DESESTATIZAÇÃO DA INFRAESTRUTURA FEDERAL DE...

A *terceira justificativa* deriva da segunda: a política de financiamento estatal é benéfica porque colabora com a redução do custo de capital da empresa delegatária, e isso tende a beneficiar o usuário final, isso é, praticamente toda a sociedade, considerando que todos usufruem, direta ou indiretamente, dos serviços de infraestrutura. Há uma espécie de subsídio no crédito ofertado aos operadores privados de infraestrutura que é financiado pela população brasileira, mas ele reverteria para a própria população. Essa justificativa, entretanto, leva ao exame de uma importante questão: os empreendimentos de infraestrutura financiados realmente disseminam vantagens por toda a economia ou eles podem servir a setores e agentes bem restritos e determinados que se apropriam da renda da coletividade?

Responder a tais questões é saber se o empreendimento tem efetiva importância sistêmica ou não. A análise, neste ponto, é bastante complexa, pois há de se verificar todos os desdobramentos das decisões de financiamento e viabilização de determinados empreendimentos, tal qual se deveria fazer com todo e qualquer investimento público.

Pode-se ter tanto um enclave produtivo quanto um centro irradiador de outros investimentos. Pense-se nessa situação hipotética: uma ferrovia que serve quase que exclusivamente uma região de produção agrícola tendo em vista a exportação, sendo certo que na área de influência da malha ferroviária não há nenhuma outra atividade econômica relevante que venha a demandar o transporte. A realização do investimento público – tanto pelo regime de contratação da obra quanto por meio do financiamento da concessionária – implica uma socialização de custos, apropriação privada do fundo público de caráter concentrador de renda ou coisa que o valha na medida em que a atividade econômica beneficiada pela infraestrutura de transportes não se vincula a outros empreendimentos ou apresenta pouca articulação com outras atividades. Entretanto, essa mesma ferrovia poderia fazer parte da estruturação de um pólo de desenvolvimento, no âmbito do qual se realizam outros investimentos que incrementem a dinâmica econômica da região.

A definição da utilidade social do investimento público, pois, deve se submeter a uma avaliação em muitas dimensões e amplitudes, considerando os setores e segmentos sobre os quais o empreendimento de infraestrutura repercutirá.

4.2 MODALIDADES DE FINANCIAMENTO PÚBLICO

O financiamento público, nos termos aqui delimitados, abrange modalidades que variam segundo o grau de intrusão do poder público no capital da empresa beneficiada, numa escala que vai da grande distância das decisões gerenciais até o compartilhamento do seu controle. Numa ponta estão contratos de mútuo e subscrição de debêntures não conversíveis, enquanto na outra ponta está a participação do capital das empresas delegatárias.

> (i) **Instrumentos de dívida:** os instrumentos de dívida se prestam a simples atribuição de um montante determinado em dinheiro para o tomador a fim de que ele o empregue no empreendimento. O Estado figura na posição de credor, que gere o risco de inadimplência, cabendo ao devedor cumprir com suas obrigações de pagamento enquanto executa o empreendimento que deu ensejo ao empréstimo. Os instrumentos mais comuns são o contrato de mútuo, as debêntures simples e as notas promissórias. A operacionalização é relativamente simples: o devedor recebe o dinheiro, normalmente conforme um cronograma vinculado a etapas do investimento que deve realizar, e tem um prazo para pagar o empréstimo (contemplando o valor principal corrigido e os juros), contando com um período de carência. Os bancos públicos operam predominantemente com o instrumento do contrato de mútuo, valem-se das debêntures simples, enquanto que as notas promissórias são de aplicação diminuta. Não há diferenças relevantes entre o contrato de mútuo e as debêntures simples, dado que todo o conteúdo de um contrato (condições, prazos, garantias, etc) pode constar da emissão de uma debênture.

A subscrição do título mobiliário, no entanto, cumpre o propósito de fomento do mercado financeiro, estimulando que demais agentes compartilhem da aquisição dos títulos conjuntamente aos bancos públicos.

DESESTATIZAÇÃO DA INFRAESTRUTURA FEDERAL DE...

Em algumas oportunidades as debêntures simples financiam empresas que executam empreendimentos que, em princípio, conteriam itens não financiáveis, como a desapropriação de terrenos (item especialmente importante em infraestrutura); assim, se o contrato de mútuo não seria aplicável porque se refere diretamente a determinado empreendimento que envolve itens sobre os quais caiam restrições pelo financiamento pela via contratual, os títulos emitidos pela empresa devedora podem servir como alternativa.

(ii) **Instrumentos de dívida e participação (*quasi equity*):** essa categoria compreende instrumentos que consubstanciam dívida, mas com condições tais de pagamento que levam o credor a assumir riscos assemelhados aos dos acionistas da empresa, o que contempla igualmente maiores possibilidades de ganho. Na medida em que as condições de financiamento tendem a ser mais favoráveis e aumentam os riscos do poder público financiador, crescem eventuais prerrogativas de controle sobre aspectos da gestão do empreendimento e/ou da empresa financiada. Os principais instrumentos aqui utilizados são as debêntures conversíveis em ações (com ou sem remuneração variável), a debênture subordinada e a ação preferencial resgatável.

(iii) **Instrumentos de participação societária (*equity*):** esta categoria abrange a participação direta de entidades públicas em empresas privadas na condição de sócio ou acionista minoritário ou por meio de fundos de investimentos. Tratam-se de hipóteses em que o Estado pode figurar como empresário sem que se valha da sociedade de economia mista e da empresa pública, as quais pressupõem o controle da empresa pelo poder público. Essas modalidades de atuação no domínio econômico podem ser tão ou mais efetivas do que as das empresas estatais, pois podem conferir poderes de gestão em empreendimentos, a depender do arranjo societário estipulado entre as partes. Cria-se uma organização que mobiliza recursos públicos em larga escala e não se submete aos controles típicos da Administração Pública porque tecnicamente não a integra. A participação estatal, nessas modalidades, torna menos clara a natureza da alocação de recurso: estaríamos diante de uma hipótese de subsídio à atividade privada ou de investimento estatal tendo em vista a geração de lucros futuros, ou, ainda, de um modo de a empresa estatal capturar alguma tecnologia de gestão presente no sócio privado para replicá-la em outro empreendimento sob sua responsabilidade? Todas as hipóteses são possíveis e não necessariamente excludentes uma das outras. A se considerar o modo pelo qual tem ocorrido a participação minoritária estatal em projetos de infraestrutura, não há como se identificar mecanismos de apropriação de tecnologias gerenciais, pois a totalidade da gestão da empresa tende a ficar nas mãos da iniciativa privada, ainda que se reserve poder decisório para o sócio estatal em relação a determinadas matérias. No tocante à obtenção de resultados futuros, é de se reconhecer que o ganho financeiro poderia ser obtido de modo mais simples e com menor assunção de risco mediante a simples imposição de pagamento de outorga baseado no faturamento da empresa delegatária. Daí a presunção de que a presença do Estado como acionista minoritário se deve predominantemente ao objetivo de contribuir com o financiamento dos empreendimentos.

Essas três categorias de financiamento acima arroladas ensejam a questão acerca dos critérios que devem ser levados em consideração pelo Estado no emprego de cada qual. Não há nenhuma norma constitucional ou legal explícita, mas caso se leve em conta a natureza dos interesses públicos envolvidos no empreendimento financiado, pode-se decidir pelo uso das categorias de financiamento em razão das possibilidades de atuação que proporcionam.

Se a administração da empresa privada responsável pelo empreendimento não for assaz determinante para a consecução de outras finalidades públicas que não estritamente aquelas relacionadas ao objeto social da empresa, não há muitas razões para o Estado atuar no controle da sociedade delegatária. Ou seja, se não se deseja que a empresa aja de modo diferente a de qualquer boa gestão comercial, a iniciativa privada não necessita ser conformada de modo algum, de modo que os instrumentos pouco interventivos (mútuo, debêntures simples) bastam para o propósito da ação estatal: viabilizar o empreendimento. Mas se a presença do Estado contribui, de alguma forma, para aperfeiçoar a consecução das finalidades da iniciativa privada, então haveria razões para que instrumentos mais incisivos sejam aplicados.

Tome-se o caso de uma sociedade autorizada de terminal portuário de uso privado que não se destine a servir senão à sua controladora,

DESESTATIZAÇÃO DA INFRAESTRUTURA FEDERAL DE...

sem aparentes implicações logísticas maiores (interesses de terceiros em acessar a instalação, interfaces com outros terminais, etc); não parece que há nenhuma decisão essencial de política econômica que dependa da gestão da empresa, logo, ela não precisa ser instrumentalizada pelo Estado e, portanto, não se justifica participação societária; questões outras sobre sua atuação são resolvidas no âmbito dos reguladores setoriais (ANTAQ e SEP). Agora suponha-se uma empresa de logística de larga atuação nacional que detenha ativos de operação ferroviária, hidroviária e portuária e possua um programa de inovação tecnológica em transportes com grande potencial de disseminação; nesse caso a participação societária estatal tanto instrumentaliza o aporte de capital quanto poderia garantir, em alguma medida, que determinados aspectos da política de investimento da empresa pudessem ser controlados pelo poder público. O Estado age como financiador e acionista, segundo a premissa de que a detenção de participação societária aperfeiçoaria a política de investimento viabilizada com os recursos aportados.

Friso que, no Brasil, não existe um regramento claro da escolha dos instrumentos de financiamento; ela é feita num nível de elevada discricionariedade, no âmbito da operação dos agentes dessa política.

4.3 AGENTES DAS POLÍTICAS DE FINANCIAMENTO PÚBLICO

A principal entidade pública atuante na política de financiamento à infraestrutura é o BNDES, banco federal que figura entre as maiores instituições de fomento financeiro do mundo. Apesar do enorme orçamento do banco voltado também à infraestrutura, o Estado brasileiro se vale de outros instrumentos como os fundos de pensão das empresas estatais e, mais recentemente, o FI–FGTS

O BNDES é e foi concebido para ser o principal agente financiador da infraestrutura brasileira[17]. Ele passou a influenciar ainda mais fortemente os rumos da infraestrutura brasileira ao operar como o principal

---

[17] Para um histórico sobre a atuação do BNDES cf. MENDONÇA, Paulo Augusto Furtado. *A Intervenção do Estado Brasileiro no Setor Financeiro: estudo sobre o Banco Nacional*

administrador dos processos de desestatização, os quais tinham nos programas de financiamento um aspecto essencial[18]. Ele não é um banco comercial e cumpre o escopo específico de fomento financeiro, apoiando empreendimentos em quase todos os setores da economia com condições bastante favoráveis se comparadas às do mercado privado. As diversas linhas de crédito do banco possuem uma composição que se segue o seguinte padrão: Taxa de Juros de Longo Prazo (TJLP), que serve de base para todas as linhas do banco e é categorizada como custo financeiro dos empréstimos, estipulada pelo Conselho Monetário Nacional, acrescida de uma remuneração básica do banco (variável segundo a linha), uma taxa de risco de crédito (variável conforme o cliente), e, na hipótese de uma instituição financeira se interpor entre o BNDES e o cliente, uma taxa de intermediação financeira e uma remuneração para o banco intermediário (que, nesse caso, assume o risco de inadimplência da operação)[19].

O BNDES tem um *funding* assegurado pela vinculação dos depósitos do Fundo do Amparo ao Trabalhador (FAT) e Fundo do Programa de Integração Social – Programa de Formação do Patrimônio do Servidor Público (PIS-PASEP), conforme determinado pela Constituição Federal[20]; além disso, em menor escala, o banco se vale do Fundo da Marinha Mercante e realiza captações internas (emissões de debêntures junto ao público e junto ao FI-FGTS) e externas (principalmente junto a organismos multilaterais e instituições de fomento estrangeiras) e tem recebido aportes e empréstimos da União que aumentaram significativamente sua capacidade de empréstimo nos últimos anos[21].

---

de Desenvolvimento Econômico e Social, Mestrado. Faculdade de Direito da USP, São Paulo, 2005; e CURRALERO, Claudia Regina Baddini. *A Atuação do Sistema BNDES como Instituição Financeira de Fomento no Período 1952-1996*, Dissertação de Mestrado. Instituto de Economia da UNICAMP, 1998.

[18] PINHEIRO, Armando Castelar. Privatização no Brasil: Por que? Até onde? Até quando? *In* GIAMBIAGI, Fábio & MOREIRA, Mauricio Mesquita. *A Economia Brasileira nos Anos 90*, Rio de Janeiro, BNDES, 1999, pp. 146-179.

[19] Informações disponíveis no sitio do banco na internet. http://www.bndes.gov.br/SiteBNDES/bndes/bndes_pt/Institucional/Apoio_Financeiro/ Acesso em 13.07.15

[20] Art. 239 da Constituição Federal.

[21] As Leis n. 11.948/09, 12.096/09, 12.249/10, 12.385/11, 12.337/11 e 12.453/11 autorizam a União a conceder crédito ao banco no montante de até 285 bilhões de reais.

DESESTATIZAÇÃO DA INFRAESTRUTURA FEDERAL DE...

Parte do aumento expressivo da destinação de recursos do Tesouro para o banco pode ser explicada como uma resposta à crise financeira de 2008, que retraiu o crédito no mercado privado e demandou medidas anticíclicas por parte do governo federal. Para sustentar os aportes e empréstimos a União emitiu dívida mobiliária, o que suscitou críticas em razão de o custo de captação ser mais elevado do que os juros cobrados pelo banco, de modo que os financiamentos do banco originados desses recursos contém um "sobre-subsídio" arcado por toda a sociedade[22]. Favoravelmente ao programa de repasses ao BNDES, sustenta-se que o efeito multiplicador dos seus desembolsos do banco suplanta a diferença e foi fundamental para a elevação do investimento no país nos últimos anos[23]. Os demais bancos federais são bancos comerciais e não têm atuação exclusiva de fomento. Todos podem atuar em infraestrutura, mas o fazem diferentemente, com linhas de crédito que não costumam ser tão atrativas quanto as do BNDES, a não ser quando atuam como agentes financeiros das agências federais de desenvolvimento regional[24].

A criação do FI-FGTS pela Lei n. 11.491/07 marca a expansão da oferta do crédito público não estatal na área de infraestrutura. O fato

---

[22] Por decisão do TCU, o BNDES elabora relatórios trimestrais a respeito do emprego dos recursos oriundos de empréstimo da União. Disponível em: http://www.bndes.gov.br/SiteBNDES/bndes/bndes_pt/Institucional/BNDES_Transparente/Aplicacao_dos_Recursos_Financeiros/

[23] PEREIRA, Thiago; SIMÕES, Adriano; CARVALHAL, André. Mensurando o Resultado Fiscal das Operações de Empréstimo do Tesouro ao BNDES: Custo ou Ganho Líquido Esperado para a União? Texto para discussão n. 1.665. Rio de Janeiro: IPEA, setembro 2011).

[24] O Banco do Brasil atua como agente financeiro da Superintendência de Desenvolvimento do Centro-Oeste, com recursos do Fundo Constitucional do Centro-Oeste do Fundo de Desenvolvimento do Centro-Oeste. O mesmo faz o Banco do Nordeste com a SUDENE (Fundo Constitucional do Nordeste e do Fundo de Desenvolvimento do Nordeste.) e o Banco da Amazônia com a SUDAM (Fundo Constitucional da Amazônia e Fundo de Desenvolvimento da Amazônia). As condições de financiamento são estipuladas pelo Conselho Monetário Nacional. A Caixa Econômica Federal não administra nenhum fundo regional, e sua atuação fomentadora em infraestrutura se dá principalmente nas áreas de saneamento e mobilidade urbana (que não são objetos desta tese) e como administradora do FI-FGTS.

de ser uma relevante novidade institucional, ainda pouco estudada, impõe que seja analisado de forma mais detida. Ele tem o propósito de ser um veículo de alocação de recursos do Fundo de Garantia de Tempo de Serviço em empreendimentos dos setores de energia, rodovia, ferrovia, hidrovia, porto e saneamento, tendo o setor de aeroportos sido incluído posteriormente.

A atuação do FI-FGTS poderia ser entendida como um simples instrumento de rentabilização dos recursos dos trabalhadores. Isso seria verdadeiro se seu escopo não se limitasse a empreendimentos em infraestrutura e alcançasse outros setores eventualmente mais rentáveis. Contudo, o seu escopo em empreendimentos de infraestrutura torna inegável que ele é um instrumento de viabilização de crédito para determinados objetivos de política econômica. Ele se caracteriza como é um fundo público na medida em que os recursos do FGTS, que se caracterizam como poupança compulsória, têm recolhimento obrigatório e são geridos pelo Estado, na figura do órgão do Conselho Curador, não obstante, seus titulares, em última análise, sejam os trabalhadores beneficiários dos depósitos individuais. O FI-FGTS opera segundo uma lógica semelhante à que rege a aplicação do FAT pelo BNDES: poupança popular compulsória canalizada para empreendimentos intensivo em capital que demandam condições favoráveis de financiamento *vis a vis* as condições ordinárias do mercado financeiro. A principal diferença é que o FI-FGTS não atua como agente exclusivamente mutuante, mas tem natureza jurídica de investidor.

O fundo se constitui como condomínio aberto e de patrimônio segregado do FGTS, e sua natureza de fundo de investimento o submete à regulação da CVM[25]. Sua política de investimento é determinada pelas diretrizes, critérios e condições do Conselho Curador do FGTS[26] e implementada por um Conselho de Investimento, que decide acerca dos investimentos que serão realizados, cabendo à CEF a administração e gestão, sendo ela a responsável pela avaliação inicial de projetos que são

---

[25] Vide Instrução CVM n. 462/2007.
[26] Vide Lei n. 8.036/90.

DESESTATIZAÇÃO DA INFRAESTRUTURA FEDERAL DE...

submetidos à apreciação do Fundo. A decisão de investimento em um determinado empreendimento ou empresa é discricionária, isso é, os interessados em receber recursos não possuem direito a serem objeto de investimento do Fundo. O FI-FGTS pode aplicar até 80% (oitenta por cento) do patrimônio líquido do FGTS registrado em 31 de dezembro do exercício anterior àquele em que se der a autorização para a integralização das cotas. Em julho de 2014 o FGTS havia integralizado quase 30 bilhões de reais no fundo[27].

A política de investimento do FI-FGTS[28] autoriza que ele se valha de diversos meios de atuação (participação societária; debêntures, notas promissórias e outros instrumentos de dívida corporativa; cotas de fundo de investimento imobiliário; cotas de fundo de investimento em direitos creditórios; cotas de fundo de investimento em participações; certificados de recebíveis imobiliários; contratos derivativos; e títulos públicos federais) e impõe regras de diversificação de investimentos. O limite de concentração em cada um dos setores de infraestrutura é de até 40% do valor total do Fundo; a exigência mínima de capital do próprio empreendedor é de 10% (dez por cento) do valor total do empreendimento, de modo que o Fundo pode aportar até 90% (noventa por cento) em instrumentos de dívida – um percentual elevado, superior ao do BNDES. As aplicações em empreendimentos controlados pelo

---

[27] Relatório de gestão de 2013 do FI-FGTS: "Tendo em vista o desempenho verificado para o FI-FGTS para o ano de 2013, destaca-se ainda a autorização, por parte do CCFGTS, por meio da Resolução/CCFGTS n. 731/2013 juntamente com a Resolução n. 698/2012, com o objetivo de utilização dos recursos do Fundo que foram objeto de desinvestimentos e retorno das aplicações. Com isso, o FI-FGTS adicionou aos recursos para fazer frente aos investimentos de 2013 a monta aproximada de R$ 5,2 bilhões. Com isso, o Valor Total Comprometido com o FI-FGTS totaliza aproximadamente R$ 40 bilhões, sendo que destes, R$ 29,3 bilhões estão subscritos e disponíveis para utilização do Fundo. Em 31 de dezembro de 2013, a carteira do FI-FGTS é composta por 41 projetos distribuídos em 49 operações, sendo que foi comprometido um total de aproximadamente R$ 25 bilhões em projetos distribuídos por todo território nacional." Disponível em http://www.caixa.gov.br/Download/fundoinvestimentofgtsrelatorio%20 de%20gestao/RELATORIO_GESTAO_FIFGTS_2013.pdf.

[28] Regulamento do Fundo veiculado pela Resolução do Conselho Gestor do FGTS n. 553/07.

mesmo grupo econômico não poderão exceder 30% (trinta por cento) do valor total comprometido do FI–FGTS.

Por fim, cabe citar o emprego dos fundos de pensão das empresas estatais como instrumento de financiamento da infraestrutura federal delegada. Muito embora as entidades fechadas de previdência complementar das empresas estatais não integrem a Administração Pública, é fato que o poder detido pelas empresas estatais patrocinadoras influencia suas decisões de investimento[29]. Não há, aqui, uma avaliação se a influência da empresa estatal patrocinadora, e, por consequência, da Administração Pública direta, é feita contra ou a favor dos interesses patrimoniais do fundo de pensão, mas não se pode negar que elas funcionaram e funcionam como veículos da decisão estatal de investimento. Essas entidades foram fortemente atuantes em todo o processo de desestatização, tendo adquirido participações societárias relevantes em diversas empresas delegatárias de bens e serviços de infraestrutura.

O poder exercido pelo controlador da empresa estatal patrocinadora (isso é, a União) e a presunção de que os fundos de pensão das estatais cumpririam uma função pública de fomento financeiro é o que explica uma manifestação como a ocorrida por ocasião do lançamento do Programa de Investimento em Logística (PIL) do governo federal. Nesse caso específico, FUNCEF e PETROS figuraram ao lado de BNDESPar, Banco do Brasil e Caixa Econômica Federal no oferecimento de apoio financeiro aos eventuais vencedores de licitações de ferrovias e rodovias[30].

---

[29] Lei Complementar 108/01: "Art. 10. O conselho deliberativo, órgão máximo da estrutura organizacional, é responsável pela definição da política geral de administração da entidade e de seus planos de benefícios. (…) Art. 11. A composição do conselho deliberativo, integrado por no máximo seis membros, será paritária entre representantes dos participantes e assistidos e dos patrocinadores, cabendo a estes a indicação do conselheiro presidente, que terá, além do seu, o voto de qualidade".

[30] O apoio financeiro viria na "forma de subscrição de instrumentos de participação acionária emitidos pelas sociedades de propósitos específicos ("SPEs") ou holdings empreendedoras, incluindo operações que envolvam valores mobiliários conversíveis e fundos de investimento em participações". Disponível em www.antt.gov.br/html/objects/downloa.php?codblob=8765. Acesso em 15 de março de 2015.

DESESTATIZAÇÃO DA INFRAESTRUTURA FEDERAL DE...

A política de financiamento público no setor de transporte fornece exemplos do anacronismo do modelo "dar com uma mão e tirar com a outra": as concessões ferroviárias, algumas rodoviárias, os arrendamentos portuários e os aeroportos foram licitados pelo critério do maior valor de outorga pago ao poder concedente – sendo tais valores auferidos diretamente pelo Tesouro ou pela entidade federal vinculada ao setor objeto da desestatização. Ocorre que essas mesmas concessões tiveram relevante fomento do BNDES ou mesmo do Tesouro.

Nos caso dos aeroportos, tem-se um modelo peculiar em razão da participação obrigatória da Infraero no capital social das concessionárias (até 49% das ações ordinárias); logo, a estatal tem de arcar com os desembolsos correspondentes à realização dos investimentos por parte da operadora. A maior parte desses recursos é obtida mediante integralização de capital social por parte da empresa pública. Por ocasião dos leilões dos aeroportos, o BNDES forneceu linhas de financiamento específicas, financiando até 70% do investimento e alcançando até 90% dos itens financiáveis, ao custo da TJLP, acrescido de 2,4%, ao ano[31].

No setor portuário, em que desde a Lei n. 8.630/93 já existia a diretriz para o BNDES financiar o setor de modo prioritário[32], estima-se que o banco seja responsável por 60% dos investimentos dos projetos em portos; as regras dos programas do banco permitem o financiamento de até 80% do valor dos projetos[33].

No setor de rodovias federais[34], os desembolsos do BNDES corresponderam, até o início dos anos 2000, a uma média de 30% do total

---

[31] http://www.bndes.gov.br/SiteBNDES/bndes/bndes_pt/Areas_de_Atuacao/Infraestrutura/Logistica/condicoes_apoio_aeroportos.html Acesso em 13.07.15

[32] "Art. 73. O BNDES, por intermédio do Finame, financiará, com prioridade, os equipamentos portuários."

[33] Campos Neto, Carlos Álvares, Filho, Bolívar Pego & alli. *Gargalos e demandas da infraestrutura portuária e os investimentos do PAC: mapeamento IPEA de obras portuárias.* Texto para Discussão n. 1423. pp 16-17.

[34] Excluídas as rodovias federais transferidas aos Estados para subsequente concessão à iniciativa privada.

de investimentos no setor[35]. Por ocasião das licitações da terceira rodada de licitações, o banco anunciou linhas de financiamento que cobrem até 70% do volume de investimentos obrigatórios da concessão, ao custo de TJLP +2%, e oportunizou apoio via BNDESPar por meio de eventual subscrição de ações ou outros valores mobiliários[36]. Essa modalidade de financiamento pode inaugurar a participação societária do banco como acionista de concessionárias de rodovias.

No setor ferroviário, o BNDES detém a maior participação individual como acionista de uma concessionária (12,10% da ALL), sem prejuízo de ter contribuído decisivamente para o financiamento da atividade desde a concessão da malha da RFFSA[37].

O quadro abaixo expõe o somatório dos desembolsos do BNDES para o setor de transporte terrestre[38]. Não há dados consolidados e sistematizados a respeito do desembolso dos demais bancos públicos.

Desembolsos do BNDES para empresas de transporte terrestre	
Ano	Valores (milhões de reais)
2003	2.946,2
2004	4.654,5
2005	7.310,4
2006	8.423,1
2007	12.588,3

---

[35] As concessões rodoviárias. Cadernos de Infraestrutura. BNDES. pp.13-15.

[36] http://www.bndes.gov.br/SiteBNDES/bndes/bndes_pt/Areas_de_Atuacao/Infraestrutura/Logistica/condicoes_apoio_concessoes_rodoviarias.html Acesso em 13.07.15

[37] VILLAR, Leandro Badini; MARCHETTI, Dalmo dos Santos. Dimensionamento do potencial de investimentos para o setor ferroviário. *BNDES Setorial*, Rio de Janeiro, n. 24, 2006.

[38] As demais categorias informadas pelo banco – transporte aéreo e aquaviário – não integram a pesquisa desta tese.

274

DESESTATIZAÇÃO DA INFRAESTRUTURA FEDERAL DE...

2008	17.531,3
2009	23.731,1
2010	28.473,5
2011	28.623,8
2012	18.844,0
2013	25.538,0
2014	28.118,0
Fonte: Elaboração própria com base nas estatísticas operacionais do banco. Disponível em http://www.bndes.gov.br/SiteBNDES/bndes/bndes_pt/Institucional/BNDES_Transparente/Estatisticas_Operacionais/painel3_setorial.html Consulta em 14.03.15.	

Já o FI-FGTS realizou operações no setor de transporte que somaram 6,6 bilhões de reais até 2013, sendo esse total distribuído em ferrovias (1,6 bilhões), portos (2,1 bilhões) e rodovias (2,9 bilhões)[39].

5. OBSERVAÇÕES FINAIS

A política pública de desestatização tem sido reafirmada desde 1995. Mesmo tendo havido governos de orientações ideológicas presumidamente distintas, fato é que a diretriz constante do PND acerca da assunção dos setores de infraestrutura pelo capital privado não foi modificada decisivamente por nenhuma lei setorial. Pelo contrário, não é exagero perceber um movimento de amplos incentivos à iniciativa privada, ainda e cada vez mais vista como fundamental para aumentar os investimentos em infraestrutura.

À luz disso, a política de financiamento público das desestatizações certamente tem o potencial de produzir efeito de estranhamento e crítica,

---

[39] Números obtidos a partir da análise dos relatórios de gestão do FI-FGTS disponíveis em http://www.fgts.gov.br/trabalhador/FI_FGTS_Relatorios.asp. Acesso em 15 de março de 2015.

dado que seria de se supor a desnecessidade do fundo público para a viabilidade ou atratividade de atividades que saem da órbita da operação estatal justamente em razão do argumento de que estariam mais bem exploradas na exclusiva esfera do capital privado. Desde o início do PND o capital público teve de se fazer presente em dimensão nada desprezível, e não há sinais de que isso vá se encerrar. Ao contrário, a última década apresentou uma tendência do fomento financeiro via fundo público no setor de infraestrutura – seja pelo aumento dos aportes do BNDES ou da rápida expansão de crédito propiciada pela criação do FI-FGTS.

Do ponto de vista jurídico, financiar o capital privado nacional ou estrangeiro em empreendimentos em infraestrutura não tem estatuto diverso do financiamento de outros setores. Mas é importante que fique claro que, passados mais de vinte anos da primeira lei da desestatização, e estando o Brasil no infindável processo de estabilização econômica, sem o qual aparentemente nunca se terão as condições macroeconômicas para a instalação de um mercado financeiro robusto, os sucessivos governos têm afirmado e reafirmado uma clara política de sustentação do modelo de desestatização pela via do dinheiro estatal. O preço da tarifa mais baixa ou da outorga mais alta é pago por toda a coletividade; ainda que ela não perceba isso refletido nos preços com o quais lida cotidianamente.

Informação bibliográfica deste texto, conforme a NBR 6023:2002 da Associação Brasileira de Normas Técnicas (ABNT):

SILVA, Danilo Tavares de. Desestatização da infraestrutura federal de transportes e financiamento público: alguns pontos de discussão. *In*: BERCOVICI, Gilberto; VALIM, Rafael. (Coord.) *Elementos de Direito da Infraestrutura*. São Paulo: Editora Contracorrente, 2015. p. 241-276. ISBN. 978-8569-220-046

CONTROLE PÚBLICO DE PROJETOS DE INFRAESTRUTURA

FERNANDO FACURY SCAFF

1. POSIÇÃO DA QUESTÃO

O objetivo deste trabalho é apresentar as formas através das quais é exercido o controle interno e externo do Estado e como este se dá sobre as obras de infraestrutura onde há participação de verbas públicas, seja através de subsídios, participação societária ou por renúncia fiscal.

Vale lembrar que o controle não ocorre apenas sobre as atividades públicas, mas também nas atividades privadas existem sistemas de controle, como pode ser visto nas auditorias internas realizadas nas empresas, nas obrigações das sociedades anônimas de capital aberto serem auditadas por empresas registradas e controladas pela CVM – Comissão de Valores Mobiliários, pela exigência de publicação e arquivamento de vários atos e deliberações societárias, e por aí vai.

Logo, a despeito de não ser um procedimento exclusivo do setor público, este possui regras próprias que serão analisadas neste apartado.

O que se deve compreender como *infraestrutura*? Sem descer a detalhes normativos, e também sem pretender dar uma definição que possa ser adotada em qualquer tempo e lugar, pode-se dizer que *infraestrutura* se refere a setores *estratégicos* para o desenvolvimento de um país. Tratam-se de vários setores necessários ao desenvolvimento nacional, tais como o de transportes, educação, mineração, elétrico, portos, aeroportos, financeiro, segurança, comunicações, dentre outros. Como será visto, o controle público não ocorre somente nesses setores, mas em todo lugar em que haja contato com verbas públicas – é o que costumo chamar de "*Toque Público de Midas*", pois onde houver um centavo público colocado ou renunciado aí deverá estar presente a atividade de controle público.

Não se trata de afirmar que o Estado deva atuar diretamente em todos estes setores, mas seguramente existem áreas da economia que devem ter regulação e coordenação realizadas pelo Estado. E, em muitos casos, deve haver a participação direta do Estado naquela atividade econômica.

Vejamos algumas hipóteses apenas para melhor compreensão do conceito. A atividade de Correios e Telégrafos, que até cerca de 50 anos atrás era estratégica em qualquer país, hoje se apresenta quase como um resquício de uma era passada, cujas atividades bem poderiam ser desenvolvidas sem a participação estatal, com melhor ou pior qualidade. Trata-se de um setor que deixou de ser estratégico em face do avanço tecnológico.

Outro setor relevante, que em certas geografias pode ser mais importante que em outras, diz respeito ao setor de portos, por exemplo. Pode ocorrer que em países com grande litoral, como o Brasil, este setor seja mais estratégico do que em países sem litoral, como a Suíça, onde só existem portos lacustres – embora possa ocorrer que nesse país um específico porto tenha uma importância estratégica no comércio ou na segurança interna.

Portanto, o conceito de *infraestrutura* encontra-se vinculado ao conceito de *estratégia política e econômica*, e deve ser determinado de acordo com o país e o momento histórico em que se analisa.

Outro aspecto que se deve anotar neste passo preliminar é que esta participação do Estado nesses empreendimentos não ocorre porque este assim o queira, mas justamente porque o setor privado o determina. Melhor explicando: diferentemente do que certo setor do pensamento econômico defende, de que o Estado atua onde a iniciativa privada não quer atuar, entendo que na realidade a situação é inversa; o Estado atua justamente onde a iniciativa privada quer que ele aja para integrar aquele setor à atividade capitalista. Ou seja, o Estado não é um *tertius* agindo onde a iniciativa privada não quer, mas é um *títere* da iniciativa privada, agindo onde ela determina que ele ingresse antes, desbastando fronteiras econômicas e integrando mercados. Isso é próprio do sistema capitalista, e funciona desta forma tanto no Brasil como nos Estados Unidos da América.

Nesse labor, o Estado lança mão de recursos públicos, que são arrecadados de toda a sociedade (seguramente mais de uns do que de outros, mas isso é outra prosa, deslocada neste âmbito) em prol de determinado projeto de integração capitalista, o que é diverso de uma atuação tipicamente privada, em que os bolsos colocados em risco são os dos empreendedores ou dos acionistas.

Feitas estas considerações iniciais, entremos na matéria sob análise.

2. SOBRE O QUÊ INCIDE O SISTEMA PÚBLICO DE CONTROLE DE CONTAS ?

O sistema normativo brasileiro, constitucional e legal, prevê que o uso dos recursos públicos deva ser controlado de diversas formas e sob diversos prismas.

Controle é um conceito mais amplo do que *fiscalização*, este contido naquele. A Receita Federal do Brasil, por exemplo, faz *fiscalização*, mas não *controle*. O controle diz respeito às fases iniciais do procedimento; da possibilidade de autorizar, sustar ou impedir a realização de atos que estejam sendo realizados por terceiros. O *controle* também se diferencia de *auditoria*, atividade igualmente distinta da *fiscalização,* pois implica na comparação de procedimentos e no diálogo para correção de rotas. Logo, *auditar* é mais amplo do que *fiscalizar*. A atividade de *fiscalização* implica na verificação e punição dos atos realizados, constatando se eles foram realizados obedecendo os parâmetros legais, e as recomendações realizadas pelo sistema de *auditoria*. Portanto, *controle* é um termo amplo que abrange as atividades de *auditoria* e de *fiscalização*, dentre outras.

No tema sob análise, a atividade imposta pela Constituição é de *controle*, pois abrange fases anteriores ao procedimento que se deve *auditar* e *fiscalizar*, tais como a elaboração orçamentária, de exame e aprovação legislativa, quando o Poder Legislativo *controla* o Executivo, consoante nos ensina Ricardo Lobo Torres[1]. Inseridos nessa atividade de *controle* estão as de *auditoria* e de *fiscalização*.

O sistema de controle público estabelecido pela Constituição tem caráter federativo, pois o modelo estabelecido para a União, detalhado na Carta e abaixo exposto, tem obrigatoriamente que ser seguido pelos Estados, no que tange à organização, composição e fiscalização, conforme o art. 75, CF, o que inclui também o âmbito municipal, alcançando os dois Tribunais de Contas municipais existentes no Brasil, o do Município do Rio de Janeiro e o do Município de São Paulo.

Como é sabido, as classificações não são certas ou erradas, elas são úteis ou inúteis[2], e, desta forma, são inúmeras as possibilidades classificatórias das diversas formas de controle.

Considerando a *origem* do controle, ele pode ser *interno, externo ou social*.

O controle interno está previsto no art. 74 da Constituição, que determina aos Poderes Executivo, Legislativo e Judiciário da União estabelecerem um sistema integrado de controle interno com diversas finalidades, dentre as quais se destaca a avaliação do cumprimento das metas do plano plurianual de governo, dos programas de governo e dos orçamentos da União, comprovar a legalidade e avaliar os resultados,

---

[1] *Curso de Direito Financeiro e Tributário*, 19ª ed., Rio de Janeiro: Renovar, 2013, p. 202.

[2] Genaro R. Carrió, *Notas sobre derecho y lenguagem*, Buenos Aires: Abeledo-Perrot, 2006, p. 100.

CONTROLE PÚBLICO DE PROJETOS DE INFRAESTRUTURA

quanto à eficácia e eficiência, da gestão orçamentária, financeira e patrimonial dos órgãos e entidades da administração federal, bem como da aplicação de recursos por parte das entidades de direito privado.

Visando conectar esse sistema de controle interno com o externo, os responsáveis pelas atividades de controle interno, tão logo tomem conhecimento de alguma irregularidade, devem comunicar imediatamente ao Tribunal de Contas da União, sob pena de responsabilidade solidária, consoante estabelece o art. 74, §2º, CF. Por exemplo, o órgão que exerce o controle interno do Poder Executivo da União é a CGU – Controladoria Geral da União.

O controle externo da União é efetuado pelo Poder Legislativo – que no caso da União é bicameral, centrado na Comissão Mista do Orçamento (art. 72, CF) que, como o nome indica, é composta de deputados federais e senadores – com o auxílio do Tribunal de Contas da União, o qual possui diversas competências estabelecidas pelo art. 71, CF, que adiante serão mencionadas.

É usual a doutrina mencionar que controle externo também tem um perfil *social*, ancorado no §2º do art. 74, CF, que estabelece que qualquer cidadão, partido político, associação ou sindicato é parte legítima para efetuar denúncias de irregularidades ou ilegalidades ao Tribunal de Contas. Na verdade, mais do que um controle *social*, esta norma relaciona-se intimamente com o *direito de petição* consagrado na Constituição no art. 5º, inciso XXXIV, "a".

Uma verdadeira forma de *controle social* foi criada pela Lei n. 12.846/13, ainda não regulamentada, conhecida usualmente como *Lei da Compliance*, e que estabelece normas sobre a responsabilização administrativa e civil de pessoas jurídicas pela prática de atos contra a administração pública, nacional ou estrangeira. Neste âmbito, a legislação transferiu o *controle* de eventuais irregularidades para o setor privado, efetuando posteriormente a *fiscalização* de seu cumprimento; ou seja, parte da atividade de *controle* do setor público foi *terceirizada* para o setor privado, remanescendo nas mãos do Estado apenas a função de *fiscalização* do cumprimento dessa diretriz, e sob fortes penas civis e administrativas a serem impostas às empresas que tiverem falhado nesse controle[3].

Considerando o *momento do exercício*, verifica-se que o controle pode ser *prévio, concomitante* ou *posterior*, sendo que os nomes indicam as hipóteses em que este controle pode ocorrer.

Ricardo Lobo Torres[4] entende que o sistema *prévio* de controle é uma interferência do Legislativo em atos do Executivo, e que desapareceu do sistema brasileiro a partir da Constituição de 1967, posicionamento com o qual não concordamos. Um exemplo de controle *prévio* ocorre quando o art. 52, V, da Constituição preceitua que Senado deva ser consultado previamente para autorizar ou não a contratação de empréstimos externos por parte dos entes públicos. Afinal, o controle do endividamento público é uma forma de controle financeiro do Poder Público, em especial em um país que adota o sistema federativo e, no caso, se caracteriza como uma exigência prévia à contratação de operações financeiras com entidades estrangeiras por parte dos entes federados.

O controle *concomitante* pode ser visto no art. 72, CF, que ocorre quando a Comissão Mista de Orçamento, diante de indícios de despesas não autorizadas, pode requerer à autoridade responsável que preste os esclarecimentos necessários no prazo de cinco dias, findo os quais e sendo considerados insatisfatórios, abre a possibilidade para que atos sejam sustados. O mesmo tipo de controle *concomitante* pode ser visto nos parágrafos 1º e 2º do art. 71, CF.

O controle *sucessivo* ou *posterior* é o mais comum, e ocorre quando o Poder Legislativo, diretamente ou instado pelo Tribunal de Contas, promove a *fiscalização* do que foi executado pelo Poder Executivo ou Judiciário. Exemplos não faltam, como no art. 71, incisos I e II. Aqui se está defronte a um típico caso de exercício de *controle* através de *fiscalização*.

---

[3] Sobre o tema encontra-se no prelo o livro de Renato de Mello Jorge Silveira e Eduardo Saad Diniz denominado "*Compliance*, Direito Penal e Lei Anticorrupção", o qual é recomendado para a perfeita compreensão do tema sob vários ângulos.

[4] *Curso de Direito Financeiro e Tributário*, 19ª ed., Rio de Janeiro: Renovar, 2013, p. 207.

CONTROLE PÚBLICO DE PROJETOS DE INFRAESTRUTURA

Observa-se que tais modalidades se aplicam tanto ao controle *interno* quanto ao *externo*.

A aplicação disso no âmbito dos projetos de infraestrutura, constata que o controle do Estado sobre as contas públicas pode ocorrer em diversos momentos do processo, tal como durante o processo licitatório, ou mesmo após, no curso do contrato, ou posteriormente, até que ocorra a prescrição administrativa referente àqueles eventos jurídicos.

Considerando os *âmbitos* do *controle* verifica-se que o art. 70 da Constituição permite que o Poder Legislativo exerça-o sob a forma de *fiscalização contábil, financeira, orçamentária, operacional* e *patrimonial*.

Sobre a *fiscalização contábil* Regis Fernandes de Oliveira[5] lembra a existência do art. 83 da Lei n. 4.320/64, ainda plenamente vigente, estabelecendo que "a contabilidade evidenciará perante a Fazenda Pública a situação de todos quantos, de qualquer modo, arrecadem receitas, efetuem despesas, administrem ou guardem bens a ela pertencentes ou confiados". Assim, insere na fiscalização contábil a análise documental dos lançamentos efetuados a débito ou a crédito que envolvam dinheiro público, bem como a que se refira à guarda de bens públicos.

A fiscalização *financeira* diz respeito ao movimento de entradas e saídas de recursos públicos.

A fiscalização *orçamentária* é relacionada ao exato cumprimento das determinações constantes dos Orçamentos Públicos, que são três: o Plano Plurianual (PPA), a Lei de Diretrizes Orçamentárias anual (LDO) e a Lei Orçamentária Anual (LOA).

O âmbito *operacional* da fiscalização diz respeito à "obediência aos meios legais de liberação de verbas ou sua arrecadação", nas palavras de Regis de Oliveira[6].

---

[5] Regis Fernandes de Oliveira, *Curso de Direito Financeiro*, 6ª. ed. São Paulo: Ed. RT, p. 677.

[6] Regis Fernandes de Oliveira, *Curso de Direito Financeiro*, 6ª. ed. São Paulo: Ed. RT, p. 678.

E o âmbito *patrimonial* indica que a fiscalização deve alcançar a análise do patrimônio público, considerado em sentido amplo, englobando tanto o dinheiro quanto os bens físicos e imateriais.

Quem está submetido à prestação de contas? Todo aquele que "utilize, arrecade, guarde, gerencie ou administre dinheiros, bens e valores públicos", consoante determina o parágrafo único do art. 70 da CF.

O alcance desta norma é amplíssimo, pois abrange qualquer "pessoa física ou jurídica, pública ou privada" que pratique os atos acima descritos, incluindo também aqueles pelos quais o Poder Público responda, ou que, em nome deste, assuma obrigações de natureza pecuniária.

Deve-se observar que, consoante o *caput* do art. 70, CF, mesmo a *"aplicação de subvenções"* e a *"renúncia de receitas"* devem ser objeto de análise por parte do sistema de controle de contas público.

A palavra *"subvenção"* merece mais detida análise. Conforme leciona Regis de Oliveira[7], *subvenção* quer dizer "auxílios que o Poder Público concede a entidades públicas ou privadas sem finalidade lucrativa, para ajuda-las na consecução de finalidades tidas como relevantes ou de interesse público pelo Estado", o que faz focado no conceito de *subvenções sociais* e *econômicas* estabelecido pelos arts. 16 a 19 da Lei n. 4.320/64.

Todavia, a legislação do Imposto de Renda amplia este conceito, ao tratar das "subvenções para investimento" (Regulamento do Imposto de Renda – RIR, Decreto n. 3.000/99, art. 443), ao mencionar que "não serão computadas na determinação do lucro real as subvenções para investimento, inclusive mediante isenção ou redução de impostos concedidas como estímulo à implantação ou expansão de empreendimentos econômicos", desde que cumpridas certas condições. O sentido de *subvenção* conforme explicitado por Regis de Oliveira, é denominado na legislação do Imposto sobre a Renda de "doações feitas pelo Poder Público" (art. 443, RIR).

---

[7] Regis Fernandes de Oliveira, *Curso de Direito Financeiro*, 6ª ed. São Paulo: Ed. RT, p. 679.

CONTROLE PÚBLICO DE PROJETOS DE INFRAESTRUTURA

Observa-se que a expressão *subvenção* para fins de Imposto de Renda não corresponde nem mesmo à de *subvenções econômicas* estabelecido pelo art. 18 da Lei n. 4.320/64, a qual é utilizada para "a cobertura dos déficits de manutenção das empresas públicas, de natureza autárquica ou não", ou ainda como dotações destinadas a "cobrir a diferença entre os preços de mercado e os preços de revenda, pelo Governo, de gêneros alimentícios ou outros materiais", ou "destinadas ao pagamento de bonificações a produtores de determinados gêneros ou materiais"

Na realidade, o Regulamento do Imposto sobre a Renda – RIR regula a cobrança ou isenção desse imposto sobre o que denomina de *subvenção para investimentos* que são aquelas "concedidas como estímulo à implantação ou expansão de empreendimentos econômicos", o que é distinto das mencionadas na legislação financeira. Ocorre que o art. 19 da Lei n. 4.320/64, em sua parte final, permite uso mais amplo do que o acima exposto acerca das *subvenções econômicas* e das *subvenções sociais* quando estabelece que "a Lei de Orçamento não consignará ajuda financeira, a qualquer título, a empresa de fins lucrativos, *salvo quando se tratar de subvenções cuja concessão tenha sido expressamente autorizada em lei especial*". Pois bem, existe uma enormidade de leis especiais, de cada ente federado, concedendo *subvenções para investimentos*, o que é plenamente legal, pois acata a exceção formulada pela parte final do art. 19 da Lei n. 4.320/64. Logo, o que o RIR faz é estabelecer regras para isentar estas *subvenções para investimento*, caracterizadas como *inversão de capital público para investimento em empresas privadas*, desde que preenchidas as condições estabelecidas no art. 443 do RIR[8].

---

[8] RIR, art. 443: "Não serão computadas na determinação do lucro real as subvenções para investimento, inclusive mediante isenção ou redução de impostos concedidas como estímulo à implantação ou expansão de empreendimentos econômicos, e as doações, feitas pelo Poder Público, desde que (Decreto-Lei n. 1.598, de 1977, art. 38, § 2º, e Decreto-Lei n. 1.730, de 1979, art. 1º, inciso VIII): I – registradas como reserva de capital que somente poderá ser utilizada para absorver prejuízos ou ser incorporada ao capital social, observado o disposto no art. 545 e seus parágrafos; ou II – feitas em cumprimento de obrigação de garantir a exatidão do balanço do contribuinte e utilizadas para absorver superveniências passivas ou insuficiências ativas."

FERNANDO FACURY SCAFF

Todavia, mesmo sendo isentas estas *subvenções* caracterizadas como *inversão de capital público para investimento em empresas privadas*, estão submetidas ao controle de contas do Poder Público, consoante o art. 70 da Constituição, pois esta norma se utiliza de expressão ampla para abranger o alcance do controle, que é a de "renúncia de receitas", que possui várias vertentes, seja a de imunidade, isenção, redução de base de cálculo ou de alíquota, crédito presumido, ou qualquer outro mecanismo fiscal que implique em redução de receitas públicas.

Por exemplo, toda a operação de subvencionamento, tributação e de isenção prevista no art. 6° da Lei n. 11079/04 deve ser objeto de *controle* pelo Tribunal de Contas da União, independente da fiscalização a ser realizada pela Receita Federal do Brasil.

Aqui se evidencia novamente o *"Toque Público de Midas"*, conforme acima mencionado, pois onde houver um centavo público colocado ou renunciado, aí poderá alcançar a atividade de controle público, seja seu utente uma pessoa física ou jurídica, de direito público ou privado.

Aliás, um mecanismo de controle muito pouco mencionado, e menos ainda utilizado, verifica-se no parágrafo único do art. 8° da Lei Complementar n. 24/75, o qual permite ao Tribunal de Contas presumir irregulares as contas e suspender o pagamento das quotas do Fundo de Participação dos Estados, em caso de descumprimento das normas lá estabelecidas, dentre as quais consta a exigência de unanimidade do CONFAZ para que ocorra renúncia fiscal do ICMS interestadual, o que implica diretamente na guerra fiscal em curso no país. Trata-se de mais um mecanismo de controle nas transferências interfederativas de recursos públicos.

Tal controle se fará analisando a *legalidade*, *legitimidade* e a *economicidade* desses atos envolvendo recursos públicos.

Por *legalidade* deve-se entender a obediência ao Princípio da Legalidade, que vincula verticalmente toda a organização e a execução orçamentária em sentido vertical, através da Constituição, das leis e normas regulamentares.

CONTROLE PÚBLICO DE PROJETOS DE INFRAESTRUTURA

Já a *legitimidade* não tem o caráter formal da legalidade, pois diz respeito ao atendimento das aspirações da sociedade no atendimento das necessidades públicas. Tal preceito permite a análise do mérito do gasto público.

E a *economicidade* é relativa à melhor proposta para a realização de determinada despesa pública, considerando-se que a mesma foi feita com modicidade, consoante a melhor relação custo-benefício.

3. QUEM CONTROLA E QUEM AUXILIA NO CONTROLE

O controle é efetuado pelo Poder Legislativo, auxiliado pelo Tribunal de Contas.

Federativamente existem 4 diferentes Tribunais de Contas. O da União, de âmbito federal, cujo órgão é o Tribunal de Contas da União.

Existem também o de cada Estado-membro, denominados de Tribunais de Contas dos Estados, que podem cumprir dúplice função, pois em alguns Estados atuam como órgão auxiliar das Assembleias Legislativas, e em outros cumulam também a função de órgão auxiliar das Câmaras dos Vereadores, tal como ocorre no Estado de São Paulo. Em outros Estados a função de auxiliar as Câmaras de Vereadores é incumbida a outro órgão estadual, o Tribunal (ou Conselho) de Contas dos Municípios, tal como ocorre com os Estados do Pará e do Rio de Janeiro (art. 31, §1º, CF).

E existe a vedação à criação de Tribunais, Conselhos ou órgãos de Contas Municipais, constante no art. 31, §4º, CF, mas que comporta duas exceções, pois instalados anteriormente à atual Constituição: a do Tribunal de Contas do Município do Rio de Janeiro e a do Tribunal de Contas do Município de São Paulo, que se constituem nos dois únicos órgãos de contas municipais no Brasil.

Deve-se registrar a questão interfederativa relativamente ao controle de contas público, e que foi decidido no julgamento do Mandado de Segurança 24.312, impetrado originalmente no STF pelo Tribunal de Contas do Estado do Rio de Janeiro contra o Tribunal de Contas da União, em que foi relatora a Ministra Ellen Gracie, julgado em 19 de fevereiro de 2003.

A questão de fundo dizia respeito à competência do Tribunal de Contas da União para julgar as contas das receitas de *royalties* que são arrecadadas pela União e transferidas para os Estados. Normas do Decreto 1/1991 e do Regimento Interno do TCU atribuíam-lhe competência para apreciar essas contas. O TCE-RJ se insurgiu contra essas normas por entender que por ser verba do Estado Membro, ele seria competente para exercer essa atividade fiscalizatória.[9] O STF deu provimento ao pleito do TCE-RJ e declarou a inconstitucionalidade das normas atacadas, afirmando a competência do órgão estadual.

No caso, o voto da Ministra Relatora foi originalmente pela improcedência do pedido, afirmando a competência do TCU para fiscalizar essas receitas, pois oriundas do patrimônio da União, o que induzia "à conclusão de serem também da União, e não dos Estados, o resultado da exploração desses recursos". Ou seja, a receita pertence a quem pertence o patrimônio – foi esse o sentido exposto no voto inicial da Min. Relatora – sendo o patrimônio da União, a esta pertenceriam as receitas e, por conseguinte a competência fiscalizatória seria do TCU, e não do TCE-RJ.[10]

Após a exposição do voto da Ministra Relatora, intervieram os Ministros Sepúlveda Pertence, com observações ligeiras, e o Ministro Nelson Jobim, com longa intervenção de caráter histórico, relatando fatos que teriam ocorrido à época da Assembleia Constituinte, da qual foi Relator-Adjunto da Comissão de Sistematização.[11]

---

[9] Análise dessa decisão, com foco histórico nas decisões e normas internas do TCU acerca dessa matéria durante os 16 anos em que essas normas vigoraram antes dessa declaração de inconstitucionalidade, podem ser vistas no artigo de Sérgio Honorato dos Santos, Fiscalização dos royalties do petróleo. De quem é a competência, afinal?, *Boletim Doutrina Adcoas*, n. 8, 2ª quinzena, abr. 2004, ano VII, p. 157-158.

[10] Para maiores detalhes, ver SCAFF, Fernando Facury. Royalties do petróleo, minério e energia – Aspectos constitucionais, financeiros e tributários. São Paulo: *Revista dos Tribunais*, 2014.

[11] É interessante registrar a relação que o Ministro Jobim faz com o papel da história e os juristas. Em trecho da palestra proferida em 24-06-2002, transformado em artigo

CONTROLE PÚBLICO DE PROJETOS DE INFRAESTRUTURA

O Tribunal de Contas da União é composto por nove Ministros que devem cumprir os seguintes requisitos: ser brasileiro, ter mais de 35 e menos de 65 anos, idoneidade moral e reputação ilibada, ter notórios conhecimentos jurídicos, contábeis, econômicos e financeiros ou de administração pública e mais de dez anos de exercício de função ou de efetiva atividade profissional que exija os conhecimentos mencionados (art. 73, CF).

É curioso notar, como faz José Maurício Conti em aulas e palestras, que tais requisitos são mais rigorosos que os exigidos para os Ministros do Supremo Tribunal Federal, pois para esses basta ter o mesmo requisito de idade e notável saber jurídico e reputação ilibada (art. 101, CF).

Os membros dos Tribunais de Contas estaduais (Tribunais de Contas dos Estados e Tribunais de Contas dos Municípios) serão compostos por apenas 07 membros (art. 75, parágrafo único, CF).

O sistema de provimento nesses Tribunais é de um terço pelo Presidente da República, com aprovação do Senado Federal, sendo dois alternadamente dentre auditores e membros do Ministério Público indicado em lista tríplice pelo Tribunal, segundo os critérios de antiguidade e merecimento; e dois terços pelo Congresso Nacional.

No Tribunal de Contas da União, composto por 9 membros, essa regra matemática se aplica com facilidade. Nos Tribunais Estaduais, em que são 7 os componentes, a divisão entre 1/3 e 2/3 tem causado grandes disputas no Supremo Tribunal Federal para a perfeita aplicação da norma.

---

publicado sob o título de Aspectos Jurídicos da abertura do mercado de petróleo, menciona: "... há que se lembrar que tudo que está posto é algo que se produz na história, não é algo que venha de determinadas elucubrações acadêmicas. Tudo é um produto da história e vale e é eficaz enquanto funciona na história. Afastada a possibilidade de funcionamento na história, desaparece a necessidade da instituição ou da categoria jurídica. Ou seja, o grande problema dos juristas é que cada vez mais eles se afastam da história, por uma razão, inclusive, de orgulho pessoal, eles querem ser a história, porque eles querem determinar as linhas da história" (JOBIM, Nelson. Aspectos jurídicos da abertura do mercado de petróleo, in: Marilda Rosado (Coord.), *Estudos e pareceres* – Direito do petróleo e gás, Rio de Janeiro: Renovar, 2005, p. 399 – grifos apostos).

FERNANDO FACURY SCAFF

A competência desses Tribunais é assinalada pelo art. 71, CF, dentre as quais, em função do objeto deste trabalho, deve-se destacar a de aplicar aos responsáveis, em caso de ilegalidade de despesa ou irregularidade de contas, as sanções previstas em lei, que estabelecerá, entre outras cominações, multa proporcional ao dano causado ao erário; assinar prazo para que o órgão ou entidade adote as providências necessárias ao exato cumprimento da lei, se verificada ilegalidade; e sustar, se não atendido, a execução do ato impugnado, comunicando a decisão à Câmara dos Deputados e ao Senado Federal, representando ao Poder competente sobre irregularidades ou abusos apurados.

Isso é extremamente relevante, pois concede ao Tribunal de Contas o poder de aplicar penalidades fortíssimas aos envolvidos em irregularidades, que no âmbito financeiro se transformam em dívida ativa e podem ser cobradas mediante processo executivo regido pela Lei n. 6.830/80.

Pode também haver a sustação de *atos* ou *contratos* públicos firmados com entes públicos ou privados, pessoas físicas ou jurídicas obrigadas à prestação de contas, o que caracteriza o modo *concomitante* de controle. No caso de *contratos* públicos (não no de *atos* públicos), a sustação será adotada diretamente pelo Congresso Nacional, que solicitará, de imediato, ao Poder Executivo as medidas cabíveis. Se os Poderes Legislativo e Executivo nada fizerem a respeito, o Tribunal tem o poder de sustar tais atos.

Isso tem direta implicação com as questões envolvendo obras contratadas para a implementação de infraestrutura, permitindo que editais de licitação ou para a realização de obras pelo sistema de Parcerias Público-Privadas − PPPs que envolvam recursos públicos possam ser controlados pelo Tribunal de Contas da unidade da federação correspondente ao subsídio-renúncia fiscal concedido. O mesmo se aplica para as demais fases em que esses processos se desenvolvem, além do edital: contratação e posteriormente ao encerramento do contrato.

Deve-se fazer breve referência, dentro das competências dos Tribunais de Contas, a duas que são paralelas e trazem muita dificuldade de interpretação.

CONTROLE PÚBLICO DE PROJETOS DE INFRAESTRUTURA

Uma, que diz respeito à competência de apreciar as contas prestadas anualmente pelo Chefe do Poder Executivo, mediante parecer prévio que deverá ser elaborado em sessenta dias a contar de seu recebimento. Nesta, o papel da Corte será o de emitir um parecer prévio à análise do Poder Legislativo, que poderá acatá-lo ou não. É exatamente por isso que pode acontecer de as contas do Presidente da República, do Governador do Estado ou Prefeito serem aprovadas pelo Tribunal de Contas e rejeitadas pelo Poder Legislativo, ou vice-versa. A função aqui descrita é a de *auxiliar* o Poder Legislativo a decidir, sendo que é a palavra deste que prevalece.

Outra função é a de *julgar* as contas dos administradores e demais responsáveis por dinheiros, bens e valores públicos da administração direta e indireta, incluídas as fundações e sociedades instituídas e mantidas pelo Poder Público, e as contas daqueles que derem causa a perda, extravio ou outra irregularidade de que resulte prejuízo ao erário público. Neste caso ocorre um verdadeiro julgamento das contas, as quais, se incorretas, podem gerar a imposição de penalidades e a cobrança através de processo executivo regido pela Lei n. 6.830/80.

É necessário ainda fazer breve referência a três leis que introduziram instrumentos relevantes para o exercício desse controle.

A Lei Complementar n. 131/09, que introduziu na Lei de Responsabilidade Fiscal (Lei Complementar n. 101/00, arts. 48 e 48-A) o princípio da transparência fiscal nas contas públicas e que estabeleceu a adoção de sistema integrado de administração financeira e controle, que atenda a padrão mínimo de qualidade estabelecido pelo Poder Executivo da União.

Nesse passo, foi determinado aos entes da Federação que disponibilizem a qualquer pessoa física ou jurídica o acesso a informações referentes a todos os atos praticados pelas unidades gestoras no decorrer da execução da despesa, no momento de sua realização, com a disponibilização mínima dos dados referentes ao número do correspondente processo, ao bem fornecido ou ao serviço prestado, à pessoa física ou jurídica beneficiária do pagamento e, quando for o caso, ao procedimento licitatório realizado; bem como o lançamento e o recebimento de toda a receita das unidades gestoras, inclusive referente a recursos extraordinários.

Esse preceito vem sendo gradativamente implantado pelo Poder Público nos três níveis da Federação.

Outra norma relevantíssima para aperfeiçoar o sistema de controle diz respeito à Lei de Acesso à Informação (Lei n. 12.527/11), que gerou o direito de obter em prazo não superior a vinte dias:

I – orientação sobre os procedimentos para a consecução de acesso, bem como sobre o local onde poderá ser encontrada ou obtida a informação almejada;

II – informação contida em registros ou documentos, produzidos ou acumulados por seus órgãos ou entidades, recolhidos ou não a arquivos públicos;

III – informação produzida ou custodiada por pessoa física ou entidade privada decorrente de qualquer vínculo com seus órgãos ou entidades, mesmo que esse vínculo já tenha cessado;

IV – informação primária, íntegra, autêntica e atualizada;

V – informação sobre atividades exercidas pelos órgãos e entidades, inclusive as relativas à sua política, organização e serviços;

VI – informação pertinente à administração do patrimônio público, utilização de recursos públicos, licitação, contratos administrativos; e

VII – informação relativa:

a) à implementação, acompanhamento e resultados dos programas, projetos e ações dos órgãos e entidades públicas, bem como metas e indicadores propostos;

b) ao resultado de inspeções, auditorias, prestações e tomadas de contas realizadas pelos órgãos de controle interno e externo, incluindo prestações de contas relativas a exercícios anteriores.

CONTROLE PÚBLICO DE PROJETOS DE INFRAESTRUTURA

A negativa de acesso às informações, quando não fundamentada, sujeitará o responsável a medidas disciplinares, bem como o extravio da informação solicitada poderá ocasionar a imediata abertura de sindicância para apurar o desaparecimento da respectiva documentação.

Ainda existem núcleos de grande resistência à esta norma, notadamente no Poder Judiciário e no Ministério Público de alguns Estados, que dificultam a divulgação de sua remuneração integral nos sites. Também o Senado resiste à divulgação de informações, tanto que foi obrigado pelo Supremo Tribunal Federal a divulgar os valores recebidos à título de verba remuneratória (Mandado de Segurança 28178), em caso protagonizado pela empresa Folha da Manhã, que edita o jornal Folha de São Paulo.

Uma terceira norma que merece destaque é a que trata das despesas sigilosas, consideradas aquelas "cujo sigilo seja imprescindível à segurança do Estado e da sociedade" (Lei n. 8159/91; Decreto n. 4553/02), as quais são amparadas pela Constituição (art. 5º, XXXIII), podendo ser classificadas como ultra secretas (30 anos para divulgação), secretos (20 anos), confidenciais (10 anos) e reservados (5 anos). Ocorre que muitas vezes são acobertadas como sigilosas despesas banais, que não devem ser inseridas nesse contexto, consoante análise efetuada em anteriormente[12].

4. GARANTIAS PRESTADAS PELO PODER PÚBLICO NOS PROJETOS DE INFRAESTRUTURA: VINCULAÇÃO DE RECEITAS E O FUNDO GARANTIDOR

Um aspecto tormentoso da questão financeira vinculada à infraestrutura diz respeito às garantias prestadas pelo Estado para as empresas que se dispõem a desenvolver parcerias público-privadas (PPPs) e que são reguladas pela Lei n. 11.079/04.

---

[12] SCAFF, Fernando Facury. Direitos fundamentais e orçamento: despesas sigilosas e o direito à verdade In: CONTI, Jose Mauricio; SCAFF, Fernando Facury (Coord.). *Orçamentos públicos e direito financeiro*. São Paulo: Revista dos Tribunais, 2011. p. 215-234.

FERNANDO FACURY SCAFF

Registre-se que o vetusto e já revogado Regulamento do Código de Contabilidade Pública previa a necessidade de que fossem prestadas cauções *em favor do Poder Público*[13] em qualquer contratação com este, enquanto a regulamentação atual prevê que as garantias, gênero que inclui as cauções, devam ser prestadas *em favor de quem contrata com o Poder Público*. Até mesmo os funcionários públicos que eram encarregados de pagamentos, arrecadação ou guarda de dinheiros públicos tinham que prestar caução[14]. Eram outros tempos... Hoje, além de receber[15], o Estado tem que prestar garantias.

Prescreve a Lei n. 11.079/04 (lei das PPPs):

Art. 8º – As obrigações pecuniárias contraídas pela Administração Pública em contrato de parceria público-privada poderão ser garantidas mediante:

I – **vinculação de receitas**, observado o disposto no inciso IV do art. 167 da Constituição Federal;

II – instituição ou utilização de **fundos especiais** previstos em lei;

III – contratação de seguro-garantia com as companhias seguradoras que não sejam controladas pelo Poder Público;

IV – garantia prestada por organismos internacionais ou instituições financeiras que não sejam controladas pelo Poder Público;

V – garantias prestadas por **fundo garantidor ou empresa estatal criada para essa finalidade**;

VI – outros mecanismos admitidos em lei.

---

[13] Decreto n. 4536/22: Art. 56. As cauções que deverão ser estatuidas em todos os contractos com a Fazenda Nacional só poderão ser restituidas após autorização do Tribunal de Contas, mediante prova de execução ou rescisão legal dos contractos.

[14] Decreto n. 4536/22: Art. 83. Os funccionarios encarregados de pagamentos, arrecadação ou guarda de dinheiros publicos ou responsaveis por quaesquer bens da União, só entrarão em exercicio após haverem prestado as cauções fixadas em regulamentos, ou, em falta destes, em tabellas organizadas triennalmente pelos Ministerios e registradas pelo Tribunal de Contas.

[15] Permanece a necessidade de que os contratantes privados apresentem garantias, de acordo com a Lei n. 8987/95, dentre outros dispositivos legais.

CONTROLE PÚBLICO DE PROJETOS DE INFRAESTRUTURA

Vamos nos debruçar sobre os itens I, II e V, que são os mecanismos mais usuais para este tipo de contratação, para após analisarmos se é aplicável o sistema público de controle de contas e em que situações.

Uma hipótese de prestação de garantias é através da *vinculação de receitas*, observado o disposto na norma constitucional que prevê o Princípio da Não-Afetação, que veicula o Princípio da Liberdade Orçamentária.

A norma, uma das mais alteradas da nossa Constituição, possui hoje a seguinte redação:

Art. 167. São vedados:

IV – a vinculação de receita de impostos a órgão, fundo ou despesa, ressalvadas a repartição do produto da arrecadação dos impostos a que se referem os arts. 158 e 159, a destinação de recursos para as ações e serviços públicos de saúde, para manutenção e desenvolvimento do ensino e para realização de atividades da administração tributária, como determinado, respectivamente, pelos arts. 198, § 2º, 212 e 37, XXII, e a prestação de garantias às operações de crédito por antecipação de receita, previstas no art. 165, § 8º, bem como o disposto no § 4º deste artigo;

O escopo da Liberdade Orçamentária é permitir que o legislador tenha liberados todos os recursos financeiros possíveis para fazer frente às políticas públicas para as quais foi eleito. Caso os recursos sejam vinculados pela Constituição ou pela legislação ordinária, o legislador terá menos recursos para implementar suas políticas, em face da pré-ordenação de prioridades. O fato é que essa política de liberdade *versus* vinculações acaba por criar uma corrida sem fim, na qual os gestores centrais do orçamento lutam para desvincular receitas, enquanto os gestores setoriais buscam vinculá-las, pois, para estes, contar com recursos vinculados é um conforto, pois "não precisam disputar esses recursos com os demais gestores durante a elaboração e aprovação do orçamento", segundo a análise de James Giacomoni.[16]

---

[16] James Giacomoni, Receitas vinculadas, despesas obrigatórias e rigidez orçamentária. In: José Maurício Conti; Fernando Facury Scaff (Coord.), *Orçamentos públicos e direito financeiro*, São Paulo: RT, 2011, p. 332.

A rigor técnico os conceitos de *afetação* e de *vinculação* são correlatos, mas designam realidades diferentes. O conceito de afetação possui correlação com finalidades. Enquanto a vinculação cria um liame normativo entre receita e despesa, a afetação diz respeito a uma *finalidade* a ser realizada com aquela despesa. A vinculação é um instrumento financeiro formal, enquanto a afetação é uma técnica financeira de conteúdo, pois cria um objetivo a ser alcançado com aquele recurso, usualmente de conteúdo social, de investimento ou de garantia. Na prática, os dois conceitos se entrelaçam, embora tenham conotações distintas. Por exemplo, na Constituição brasileira há vinculação (liame) de 18% da receita de impostos federais afetados (finalidade) à manutenção e desenvolvimento do ensino, tudo por força do art. 212.

Giacomoni lembra que em nenhuma época foi possível ver o mecanismo das *vinculações* e *afetações* aplicado de maneira tão generalizada,[17] embora alguns dos conceitos utilizados para *afetar* essas *vinculações* sejam de tal maneira abertos e vagos, que possibilitam uma "grande flexibilidade alocativa 'por dentro' dessas vinculações, que permite a escolha de distintos programas ou ações como beneficiárias desses recursos", como ressalvam Franselmo Araújo Costa e Hélio Martins Tolini.[18]

No caso brasileiro, as receitas que estão relacionadas com a Não-Afetação são as que decorrem de *impostos*, podendo haver a vinculação legal de outras formas de receita pública, tais como a arrecadação das demais receitas tributárias, como as decorrentes de *taxas, contribuições sociais, contribuições de melhoria, contribuições de intervenção no domínio econômico*, etc., bem como de *receitas públicas patrimoniais*, como as que decorrem da exploração de minérios, petróleo e energia elétrica, ou de programas de privatização.

Logo, nada obsta que sejam realizadas *vinculações* de receita pública para a realização de garantias nos contratos de PPPs, desde que a

---

[17] James Giacomoni, Receitas vinculadas, despesas obrigatórias e rigidez orçamentária. In: José Maurício Conti; Fernando Facury Scaff (Coords.), *Orçamentos públicos e direito financeiro* cit., p. 332.

[18] Franselmo Araújo Costa; Hélio Martins Tolini, Vinculações das receitas orçamentárias: teoria e prática. In: José Maurício Conti; Fernando Facury Scaff (Coords.), *Orçamentos públicos e direito financeiro*, São Paulo: RT, 2011, p. 953.

CONTROLE PÚBLICO DE PROJETOS DE INFRAESTRUTURA

arrecadação não seja decorrente da receita de *impostos*, pois isso feriria o art. 167, IV, CF.[19]

É igualmente possível a criação de *fundos especiais* para fazer frente a essas garantias. *Fundo Especial* é uma expressão técnica estabelecida pela Lei n. 4320/64, art. 71 e ss, que o conceitua como aquele constituído do produto de receitas especificadas que por lei se vinculam à realização de determinados objetivos ou serviços, facultada a adoção de normas peculiares de aplicação. A aplicação dessas receitas orçamentárias vinculada aos *fundos especiais* será feita através de dotação consignada na Lei de Orçamento ou em créditos adicionais, sendo possível, a depender da lei que o instituiu, que o saldo credor de um ano seja transferido para utilização pelo mesmo fundo nos exercícios subsequentes.

O art. 74 da Lei n. 4.320/64 estabelece de modo peremptório que "a lei que instituir fundo especial poderá determinar normas peculiares de controle, prestação e tomada de contas, sem de qualquer modo, elidir a competência específica do Tribunal de Contas ou órgão equivalente." Arianne Cal registra que a Lei n. 4.320/64, criada ainda sob a égide da Constituição de 1946, é reconhecida pelo STF como norma complementar de direito financeiro.[20]

Assim, dever-se-á analisar caso a caso as leis que criam *fundos especiais* para verificar se existem normas peculiares para o exercício de seu controle, que, de qualquer modo, ficará a cargo do Tribunal de Contas da unidade federativa que dele fizer uso.

Uma última forma de garantia que iremos analisar diz respeito ao inciso V, do art. 8º, da Lei das PPPs, que trata do Fundo Garantidor de Parcerias Público-Privadas – FGP.

Este Fundo foi criado pela Lei n. 11.079/04, art. 16, e desde 2012 (Lei n. 12.766/12) conta com a seguinte redação:

---

[19] Nesse sentido, André Castro Carvalho, *Vinculação de receitas públicas*. SP: Quartier Latin, 2010, p. 150.

[20] Arianne Brito Rodrigues Cal, *As Garantias nos Contratos de Parcerias Púbico-Privadas (PPP) no Brasil*. Tese de Doutorado em Direito defendida perante a Faculdade de Direito da Pontifícia Universidade Católica de São Paulo – PUC-SP. 2007, mimeo, p. 254.

Art. 16. Ficam a União, seus fundos especiais, suas autarquias, suas fundações públicas e suas empresas estatais dependentes autorizadas a participar, no limite global de R$ 6.000.000.000,00 (seis bilhões de reais), em Fundo Garantidor de Parcerias Público-Privadas – FGP que terá por finalidade prestar garantia de pagamento de obrigações pecuniárias assumidas pelos parceiros públicos federais, distritais, estaduais ou municipais em virtude das parcerias de que trata esta Lei.

Desde logo se observa o caráter interfederativo das finalidades desse Fundo, pois a despeito dos recursos serem provenientes da União e de seus entes descentralizados (todos da esfera federal de governo), inclusive *fundos especiais*, ele poderá ser utilizado para prestar garantia de pagamento de obrigações pecuniárias dos demais entes federados. Logo, uma PPP realizada entre o Município de Duque de Caxias, no Rio de Janeiro, poderá contar com garantias prestadas pelo FGP, que é um *fundo especial formado com verbas federais*.

O FGP tem natureza privada e patrimônio próprio, separado do de seus quotistas, sendo sujeito a direitos e obrigações próprias (art. 16, §1º, Lei n. 11.079/04). O patrimônio do Fundo é formado pelo aporte de bens e direitos realizado pelos cotistas, por meio da integralização de cotas e pelos rendimentos obtidos com sua administração (art. 16, §2º). Para evidenciar o caráter de fundo financeiro privado, o art. 17 da Lei n. 11.079/04 determina que o FGP seja criado, administrado, gerido e representado judicial e extrajudicialmente por instituição financeira controlada, direta ou indiretamente, pela União, que no caso é o Banco do Brasil, sendo seu estatuto e regulamento aprovados através de assembleia de quotistas.

Prevê o art. 18 dessa Lei que as seguintes modalidades de prestação de garantias:

I – fiança, sem benefício de ordem para o fiador;

II – penhor de bens móveis ou de direitos integrantes do patrimônio do FGP, sem transferência da posse da coisa empenhada antes da execução da garantia;

III – hipoteca de bens imóveis do patrimônio do FGP;

CONTROLE PÚBLICO DE PROJETOS DE INFRAESTRUTURA

IV – alienação fiduciária, permanecendo a posse direta dos bens com o FGP ou com agente fiduciário por ele contratado antes da execução da garantia;

V – outros contratos que produzam efeito de garantia, desde que não transfiram a titularidade ou posse direta dos bens ao parceiro privado antes da execução da garantia;

VI – garantia, real ou pessoal, vinculada a um patrimônio de afetação constituído em decorrência da separação de bens e direitos pertencentes ao FGP.

A escolha desses bens se dá de forma discricionária pela Administração Pública, embora sua avaliação deva respeitar critérios técnicos, a fim de que o montante de recursos previstos na norma para a composição do FGP seja efetivamente alcançado.

Essas garantias poderão ser exigidas pelos parceiros privados nos seguintes casos:

I – crédito líquido e certo, constante de título exigível aceito e não pago pelo parceiro público após 15 (quinze) dias contados da data de vencimento;

II – débitos constantes de faturas emitidas e não aceitas pelo parceiro público após 45 (quarenta e cinco) dias contados da data de vencimento, desde que não tenha havido rejeição expressa por ato motivado.

III – O FGP é obrigado a honrar faturas aceitas e não pagas pelo parceiro público.

Em caso de inadimplemento, os bens e direitos do Fundo poderão ser objeto de constrição judicial e alienação para satisfazer as obrigações garantidas.

O FGP é proibido de pagar faturas rejeitadas expressamente por ato motivado, os quais deverão ser informados ao FGP no prazo de 40 dias contados da data de vencimento. Se não houver aceite ou não houver rejeição no prazo de 40 dias, ocorrerá aceitação tácita da fatura e obrigação de seu pagamento por parte do FGP.

Há quem argumente que a criação do FGP é inconstitucional pois a autorização para sua criação ocorreu através da Lei Ordinária n. 11.079/04, e não por Lei Complementar, o que seria exigido pelo inciso II, §9º do art. 165 da CF. Ocorre que até a presente data essa Lei Complementar não foi editada, o que, em tese, impediria os entes federados a criarem Fundos Financeiros. Dispõe a norma:

§ 9º – Cabe à lei complementar:

II – estabelecer normas de gestão financeira e patrimonial da administração direta e indireta bem como condições para a instituição e funcionamento de fundos.

E, no mesmo sentido, consta do art. 163, III, CF:

Art. 163. Lei complementar disporá sobre:

III – concessão de garantias pelas entidades públicas;

Ocorre que esse é um argumento falacioso, pois para incontáveis outras matérias não foram editadas as leis complementares exigidas pela Constituição, e nem por isso os assuntos exigidos deixaram de ser tratados consoante as leis ordinárias que já os vem regulando, até que outras normas, veiculadas por Lei Complementar, venham a dispor de forma diferente. O melhor exemplo está no próprio § 9º do art. 165 da CF, no inciso I, onde consta que:

§ 9º – Cabe à lei complementar:

I – dispor sobre o exercício financeiro, a vigência, os prazos, a elaboração e a organização do plano plurianual, da lei de diretrizes orçamentárias e da lei orçamentária anual;

Verifica-se que a cada quatro anos são aprovados planos plurianuais, e a cada ano leis de diretrizes orçamentárias e leis orçamentárias, pela União, por cada qual dos 26 estados e pelo Distrito Federal, e pelos cerca de 5.500 municípios brasileiros, sem que haja a inquinação de inconstitucionalidade de nenhuma dessas normas em face desse dispositivo da Constituição. Claro que diversas outras normas regulam essa matéria, mas não a Lei Complementar exigida no inciso I, §9º, art. 165, CF.

CONTROLE PÚBLICO DE PROJETOS DE INFRAESTRUTURA

Logo, a ausência dessa norma não inibe que providências em prol do interesse público, representado pelos que governam o Estado, sejam aprovadas de acordo com as leis vigentes ao tempo de sua edição, e sejam necessariamente ajustadas quando sobrevier a norma que altere a sistemática adotada.

Assim, o argumento de ausência da Lei Complementar exigida pelo art. 165, §9º, II, como ícone da inconstitucionalidade do FGP, não se sustenta.

Não se pode deixar de registrar a peculiaridade do sistema criado para garantir as obrigações do Poder Público para com as empresas parceiras privadas, pois a afastou do pagamento através do sistema de precatórios, a que a totalidade das demais situações estão submetidas.

A rigor, qualquer infração contratual ou legal cometida pelo Poder Público, comprovada judicialmente, e que encerre obrigação de pagar, obriga o credor a se utilizar da via prevista no art. 100 da Constituição, que estabelece o sistema de precatórios judiciais para recebimento das quantias estabelecidas.

Ocorre que este sistema, a despeito de ser idealmente correto, na prática funciona de modo muito defeituoso em vários Estados e Municípios do país, sendo exemplos destacados o Estado e o Município de São Paulo, onde a dívida total de precatórios alcança níveis estratosféricos.[21]

É como se tivessem criado dois diferentes tipos de credores da Fazenda Pública: os *gerais*, que devem se utilizar do sistema de precatórios para receber seus créditos contra o Poder Público, e os *especiais,* cuja atividade é *garantida* por um Fundo Privado, formado com bens e dinheiro público, que afasta integralmente o sistema de precatórios para ressarcir ou indenizar os valores que seriam devidos.

---

[21] Sobre o uso de precatórios para diversos fins, ver SCAFF, Fernando Facury. O uso de precatórios para pagamento de tributos após a EC 61. *Revista Dialética de Direito Tributário*. São Paulo: Dialética, v. 175, p. 88-105, 2010; e SCAFF, Fernando Facury. O uso de precatórios para pagamento de tributos. In: ROCHA, Valdir de Oliveira (Coord.). *Grandes questões atuais do direito tributário*. São Paulo: Dialética, 2009. v. 13, p. 102-117. E também SCAFF, Fernando Facury. Sentenças aditivas, direitos sociais e reserva do possível. *Revista Dialética de Direito Processual*. São Paulo: Dialética, v. 51, p. 79-99, 2007.

FERNANDO FACURY SCAFF

A Ordem dos Advogados do Brasil, Secção de São Paulo, solicitou Parecer a Kyioshi Harada[22], que opinou pela inconstitucionalidade do referido Fundo, nos seguintes termos:

O poder público só é parceiro do particular na compulsória divisão da riqueza produzida por este. A confusão trazida pela Lei das PPPs é inadmissível. Não bastasse o poder tributário, exercitado até com dose de crueldade, pretender por esse instrumento híbrido, sem possibilidade de preciso enquadramento jurídico, retirar mais recursos da sociedade em proveito de apenas alguns de seus segmentos.

Como é possível a União, contumaz devedora de dívidas oriundas de condenação judicial, subtrair R$ 6.000.000.000,00 do seu orçamento anual, para compor um fundo destinado a garantir futuros, possíveis e eventuais credores, como bem assinalado pela consulente? Qual a fonte dessa extraordinária e espantosa despesa? Mais tributos? Mais dívida pública? Mais privatização? De duas uma: ou aumenta a receita pública, ou reduz outras despesas. Redução de despesas não se ajusta à nossa tradição.

Por isso, uma coisa é certa: o contribuinte irá arcar com essa nova despesa qualquer que seja o meio escolhido para custeá-la, porque o Estado não produz e nem é sua função produzir riquezas.

O fato é que, mesmo após tantos anos instituído, o debate não chegou ao STF acerca de sua constitucionalidade, registrando-se, contudo, que indiscutivelmente foram criadas duas distintas categorias de credores contra o Poder Público, uma com mais privilégios que outra.

Feitas as considerações acima acerca de *vinculação*, *fundo especial* e *FGP*, resta analisar se estas verbas "garantidoras" devem ser objeto do sistema de controle público.

Respondo positivamente nos três casos, conforme segue.

No primeiro, *vinculação de receitas públicas, excetuadas as de impostos*, inegavelmente haverá dinheiro ou bens públicos envolvidos, o que, consoante os arts. 70 e 71 da CF, acarretam o "*Toque Público de Midas*", gerando a obrigação de prestar contas.

---

[22] Texto disponível em http://jus2.uol.com.br/pecas/texto.asp?id=615. Acesso em 14.8.2015.

302

CONTROLE PÚBLICO DE PROJETOS DE INFRAESTRUTURA

Situação idêntica se verifica no segundo caso, de criação do *fundo especial*, o que é reforçado pelo art. 74 da Lei n. 4.320/64, que expressamente obriga a fiscalização do Tribunal de Contas sobre esta verba.

No terceiro caso, do *FGP*, a situação é a mesma, a despeito de se caracterizar como um fundo privado, constituído por acionistas privados, regido por um estatuto criado consoante normas de direito privado, gerenciado pelo Banco do Brasil, a origem dos recursos é inegavelmente pública, o que obriga o Fundo a prestar contas ao Tribunal de Contas da União. Nesse passo, discordamos do que afirma Kyioshi Harada no mencionado parecer proferido para a OAB/SP, quando afirma que:

Outrossim, esses seis bilhões de reais, a salvo de contingenciamento e de sequestros para honrar os precatórios judiciais descumpridos, ficam fora da fiscalização e controle externo, a ser exercido pelo Congresso Nacional com auxílio do Tribunal de Contas da União, na forma do art. 71 da CF. Os controles, interno e privado, nem pensar!

No caso, deve haver o controle público das contas do FGP, além do controle através da CVM – Comissão de Valores Mobiliários, pois se trata de um Fundo Financeiro gerenciado pelo Banco do Brasil, o qual, por sua vez, é também controlado pelo Banco Central do Brasil. Desta forma, amparado nos arts. 70 e 71 da CF, entende-se que cabe o controle público das contas do FGP, a contrário senso do que foi exarado para a OAB/SP no trecho acima transcrito. A *desafetação* do bem público deve ser objeto de controle por parte do sistema público de controle de contas.

Por fim, existe um outro aspecto a ser analisado, que diz respeito à dívida pública dos entes federados e à concessão de garantias.

Como regra geral, estabelece a Lei de Responsabilidade Fiscal, em conjunto com as Resoluções 40 e 43 do Senado Federal, que os Estados e o Distrito Federal podem se endividar até o limite de 2,0 vezes sua Receita Corrente Líquida; e os Municípios até 1,2 vezes sua Receita Corrente Líquida. Na verdade, trata-se de uma regra formal, sem base na realidade do assimétrico federalismo fiscal brasileiro, pois existem Estados com Receita Corrente Líquida e população muito menores que vários Municípios brasileiros, sendo suficiente comparar o Estado do Amapá ou de Sergipe com os Municípios de São Paulo ou do Rio de Janeiro para

303

FERNANDO FACURY SCAFF

constatar a injustiça da regra. Todavia, é a norma vigente e deve ser respeitada. Uma vez ultrapassado este limite, os entes federados sofrerão sanções financeiras, que incluem a vedação ao recebimento de transferências voluntárias e a não aprovação de novos empréstimos.

No âmbito das PPPs, a regra é um pouco diversa, pois veda a União de conceder garantia ou realizar transferências voluntárias aos demais entes federados, "se a soma das despesas de caráter continuado derivadas do conjunto das parcerias já contratadas por esses entes tiver excedido, no ano anterior, a 5% (cinco por cento) da receita corrente líquida do exercício ou se as despesas anuais dos contratos vigentes nos 10 (dez) anos subsequentes excederem a 5% (cinco por cento) da receita corrente líquida projetada para os respectivos exercícios" (art. 28), o que inclui as despesas derivadas de contratos de parceria celebrados pela administração pública direta, autarquias, fundações públicas, empresas públicas, sociedades de economia mista e demais entidades controladas, direta ou indiretamente, pelo respectivo ente, excluídas as empresas estatais não dependentes.

5. CONCLUSÕES

Em breve síntese, e focando apenas as conclusões referentes ao tema central deste trabalho, pode-se afirmar que toda vez que houver a utilização de recursos públicos, ou renúncia fiscal, aproveitada por pessoa física ou jurídica, de direito público ou privado, deverá estar presente o controle público de contas, o que inclui todas as modalidades de prestação de garantia previstas na Lei n. 11.079/04, bem como todos os projetos de infraestrutura nos quais ocorra inversão de recursos públicos ou renúncia fiscal.

Informação bibliográfica deste texto, conforme a NBR 6023:2002 da Associação Brasileira de Normas Técnicas (ABNT):

SCAFF, Fernando Facury. Controle público de projetos de infraestrutura. *In*: BERCOVICI, Gilberto; VALIM, Rafael. (Coord.) *Elementos de Direito da Infraestrutura*. São Paulo: Editora Contracorrente, 2015. p. 277-304. ISBN. 978-8569-220-046